方旺春 汪荣有◇著

大学生活的伦理思考

DAXUE SHENGHUO DE LUNLI SIKAO

图书在版编目(CIP)数据

大学生活的伦理思考/方旺春,汪荣有著.—合肥:安徽大学出版社,2013.5

ISBN 978-7-5664-0420-6

Ⅰ.①大… Ⅱ.①方… ②汪… Ⅲ.①大学生—学生生活—伦理学—研究 Ⅳ.①G645.5

中国版本图书馆 CIP 数据核字(2013)第 099922 号

大学生活的伦理思考 方旺春 汪荣有 著

出版发行:北京师范大学出版集团
安 徽 大 学 出 版 社
(安徽省合肥市肥西路 3 号 邮编 230039)
www.bnupg.com.cn
www.ahupress.com.cn

印 刷:中国科学技术大学印刷厂
经 销:全国新华书店
开 本:155mm×235mm
印 张:13.5
字 数:241 千字
版 次:2013 年 5 月第 1 版
印 次:2013 年 5 月第 1 次印刷
定 价:28.00 元
ISBN 978-7-5664-0420-6

策划编辑:刘中飞 姜 萍 装帧设计:鲁 榕 柳梦曦
责任编辑:姜 萍 美术编辑:李 军
责任校对:程中业 责任印制:陈 如

目　录

第一章　大学生伦理研究的基础与发展趋势

时代的车轮滚滚向前，人类已经进入新的历史时期。在21世纪上半叶，我国要建立和完善社会主义市场经济体制，基本实现现代化。发展中国特色社会主义的重任，必然历史地落到青年一代身上。在青年中，大学生是最活跃、最积极、最有知识、最具创新能力的力量，是发展中国特色社会主义的生力军，他们的思想道德状况如何，将在很大程度上影响我国社会主义的未来前景。本书力图运用马克思主义伦理学的基本观点和方法，从大学生的具体实践出发，对大学生在校期间的生活进行伦理思考，分析和研究当代大学生的道德现象，阐明大学生伦理发展的一般过程、特点和规律，探讨培养和增强大学生社会主义、共产主义道德意识的途径。

第一节　大学生伦理研究的理论基础

理论必须向我们证明，精神生活有它自己独特和神圣的价值。精神生活的价值，绝对不是在于它能为我们增进多少物质利益，而是在于它能使我们从狭隘的当下的经验现实之中摆脱出来，迈入另一个无限开阔、充盈、丰富的时间序列，与一切时代建立起精神联系，做一切时代精神意义上的公民……对大学生活进行伦理思考，首先就需要厘清其思想来源和理论基础。

一、大学生伦理研究的理论基础

（一）伦理学与马克思主义伦理学

道德是一个古老并经历了漫长历史发展的概念。在我国古代典籍中，“道”、“德”始初是被当成两个相互关联的词来使用的。我国古代思想家老子写《道德经》时，并没有把“道”、“德”两个词联在一起，而是区分为

《道经》和《德经》两个不同的篇章。从词源上分析，“道”字在古汉字象形文字中为，中间是“首”形状，四周是“行”形状，首代表人，行代表走路，表示人人可走四通八达的道路。后来，在先秦典籍中将之引申为一种能指导一切的最高原则，“道”成了道理，表示事物运动变化发展的规律。“德”字在古汉字中同“得到”的“得”字相通。内得于己，外施于人，谓之“德”。它是与“道”字相关联的，所谓“内得于己”，是说人们能认识和把握这些最高原则和道理，使“道”根植在内心之中，使身心各得其益；所谓“外施于人”，是把得到的道德施给别人，让众人各得其益。到了春秋战国时期，管仲、荀子等思想家才把“道”和“德”合并使用，形成完整的道德概念，并赋予“道德”以特定的含义。管仲说：“君之在国都也，若心之在身体也，道德定于上，则百姓化于下矣。”[①]在管仲看来，道德是治国的根本，只要国君确定和奉行社会道德规范和行为准则，模范地遵循最高原则，老百姓就会接受教化，服从治理。荀子说：“故学至乎礼而止矣，夫是谓道德之极。”[②]荀子认为，只要懂得道理，遵循礼仪等行为规范，就是道德的表现。又说：“道德纯备，智慧甚明。”[③]在这里，荀子不仅将“道”和“德”两字合用，而且对道德的内容作了具体阐述，指明道德是处理人们各种伦常关系中表现出来的崇高境界、高尚品质以及调整人们之间关系的原则和行为规范。所以，只有那种“道德纯备”的人才能充分发挥其聪明才智，达到“智慧甚明”的境地。

在西方国家，“道德”一词源于拉丁语的“摩里斯”(moralis)，如英语的 morales，俄语的 mopatb 等，翻译成汉语是“习俗”、“风尚”的意思，同时又有“特点”、“内在本性”、“规律”、“规定”、“性格”、“品质”等多种含义。同我国古代的“道德”概念大致相同，指的是调整人们之间关系的原则、规范和内心信念，是一种高尚的社会意识。

无论在我国还是在西方国家，“道德”从词源到具体含义，都是指人们之间、个人和社会之间的行为规范，是调整人们之间伦常关系的准则。在现代社会中，调整人们之间相互关系的规范是多种多样的，为了维持社会的正常生活，除了道德规范外，还有法律规范、政治规范、经济规范等，众多规范共同行使社会职能。

伦理学是关于道德问题的学说，是研究道德现象、本质和发展规律的学问，是道德问题的系统化和理论化，也可以说，伦理学是道德哲学。

“伦理”和“道德”这两个概念虽然不尽相同，但其含义却是一致的。

---

① 《管子·君臣下》。

② 《荀子·劝学篇》。

③ 《荀子·正论篇》。

“伦理”这个词，在我国古籍中同“道德”差不多，开始也是作为两个相互关联的概念来使用的。“伦”的本意是指辈分，即父子、祖孙之间一代一代辈分关系。长幼尊卑不能颠倒，否则就是“乱伦”。孟轲把“父子有亲，君臣有义，夫妇有别，长幼有序，朋友有信”①这些封建社会的道德关系称为“五伦”，即做人的五条道德标准，故又称“人伦”，它是维持封建社会人际关系的根本准绳。“理”的本意是治玉，从玉石的花纹线条而引申出纹理、条理、精微、道理等含义，即规律性的意思。“伦”和“理”相连，就是处理人和人之间各辈分相互关系的原则和道理，是人们之间道德关系的概括和总结，是道德的学说或道德的系统化和理论化。

公元前 3 世纪，古希腊亚里士多德在雅典学院讲授伦理美德时，首先提出了“伦理学”(ethika)这个名词，即谋求最高道德境界、寻求“至善”的学问。

无论是国内还是国外，都把伦理学看成道德的理论形态，它是适应统治阶级推行其道德规范的需要而兴起的。在古代，伦理学是哲学的重要组成部分，古代很多著名的哲学家，同时又是伦理学家。古希脂的哲学体系包括物理学、逻辑学、伦理学三个组成部分，这三个组成部分是密不可分的整体。例如，古希腊斯多噶学派和伊壁鸠鲁学派，把哲学体系比喻为一个苹果园，逻辑学是苹果园的围墙，物理学是园里的苹果树，伦理学则是苹果树上结出的苹果。所以，伦理学历来是古希腊哲学的中心问题之一，占有十分重要的地位。到了 18 世纪，德国哲学家康德创立了完整的伦理学体系，才使之从哲学中分化出来，成为一门独立的学科。

马克思主义伦理学是无产阶级道德学说，它继承和总结了人类伦理思想的积极成果，运用唯物主义历史观，从总体上和联系方面来研究社会道德现象，科学地揭示了道德的本质和发展规律。

马克思主义伦理学认为，道德是依靠人们的内心信念和特殊社会手段即社会舆论维持的，是以善恶进行评价的心理意识和行为规范。它的社会作用是调整人们之间、个人和社会之间的相互关系，借以维持一定的社会生活和社会秩序。

道德在马克思主义伦理学中，是被当作具有多样规定性的社会范畴来对待的。这种多样规定性可以概括为规范性质和道德结构诸方面。从道德的规范性质看，任何道德都不是天上掉下来的，也不是人们头脑中所固有的，而是由社会经济关系决定的。人们为了维护一定的社会经济利益，提出适应其利益的道德原则和规范，并提出其特定的善恶评价标准，规定哪些思想和行为是好的，称为“善”；哪些思想和行为是不好的，称为

① 《孟子·滕文公篇》。

“恶”,并且通过宣传、教育形成社会舆论、内心信念和传统习惯。所以,道德属于社会上层建筑和社会意识形态。从道德结构上看,亦包括极为广泛的内容。例如:道德观念、道德意识、道德品质、道德活动、道德教育和道德修养等方面。

由于道德的多样规定性,出现了各类不同的道德现象。现实生活中的道德现象是错综复杂,形形色色,相互交织的。大致可以区分为三大类:即道德活动现象、道德意识现象和道德关系现象。“道德活动现象”指的是人们在一定善恶观念指导下的群体活动和个人行为,它侧重于道德实践方面,包括群体和个人的道德实践活动,也包含道德评价、道德教育和道德修养等环节的道德实践活动。“道德意识现象”是指在道德实践基础上形成的各种具有善恶价值的社会心理、个人心理,以及各种类型的道德思想、观点和道德理论体系。“道德关系现象”是指一定社会条件下评价和指导人们行为的准则和规范,例如:符合道德准则和规范的行为,被誉为善良的道德行为;违背道德准则和规范的行为,则被斥为丑恶的不道德行为。道德活动、道德意识和道德规范这三类道德现象是统一而相互联系的。道德活动是道德意识形成、巩固、深化、提高的基础,道德意识是道德活动的动机,道德规范是道德意识和道德实践的概括和总结,三者在社会实践的基础上有机统一而构成完整的社会道德体系。

马克思主义伦理学,就是从道德诸多规定性和各类道德现象的总体上和联系上研究道德的普遍现象、一般过程和最基本问题,阐述道德形成和发展的客观必然性,揭示道德的本质和规律。它对各个领域、各个方面的道德生活,具有普遍的指导作用。简言之,马克思主义伦理学是运用马克思主义世界观和方法论,从总体上和联系上考察社会道德现象,揭示道德本质和规律的理论科学。

(二)大学生伦理研究与马克思主义伦理学的关系

伦理学从哲学中分离出来并成为独立的学科理论体系后,随着社会道德生活的发展,伦理学也在发展。由于科学技术的进步,人们的科学文化知识普遍提高,道德生活已发展到更深的层次和更广泛的领域,诸多新兴的道德现象推动着伦理学对其进行进一步研究分析。除了理论伦理学展开了更深的层次研究外,为解决现实生活中大量具体的道德问题,各种应用伦理学应运而生,涉及道德领域及社会道德生活的各个方面,出现了一系列伦理学的分支学科。诸如:经济伦理学、医学伦理学、新闻伦理学、生态伦理学、家庭伦理学、生命伦理学等。这是社会发展和科学发展顺乎自然的一种现象。

马克思主义伦理学也需要随着道德生活的发展而发展。无产阶级道德学说仅仅停留于对道德现象的总体考察是不够的,还必须从新时期的现实需要出发。为正确反映无产阶级和人民群众的当前利益和长远利益,需对社会上各个领域、各个行业人们提出的伦理道德问题作出正确的回答和说明。在当今社会主义初级阶段,为了宣传正确的道德,鞭笞不道德的行为和种种错误的道德意识,以保持马克思主义伦理学的科学性和战斗性,对马克思主义伦理学的研究也必须深化和发展,特别需要针对不同领域和方面的道德现象进行深入研究,作出新的概括和总结,建立一系列马克思主义伦理学的分支学科。

大学生伦理研究就是运用马克思主义伦理学的基本原理,分析大学生道德生活,研究大学生伦理现象、本质和发展规律。

大学生伦理研究必须从大学生的实际出发,反映大学生的特点,并富有时代感,同时,应当注意汲取中外关于青年伦理学研究的新成果。其根本目的在于加强社会主义精神文明建设和道德建设,造就一代有理想、有道德、有文化、有纪律的新人。

大学生伦理研究不是简单地对大学生进行道德说教,而是忠实地描绘当代大学生的道德现实,力图对大学生的道德现状,进行更深入的解剖和分析,探究大学生道德原委和真谛。依据社会发展规律,用新时代的视野来观察、分析大学生道德生活,揭示大学生伦理道德的特点和带有规律性的问题。它与当前我国各类大学中进行的道德品质教育课,就其内容来说,既有联系,又有区别。两者虽然都是阐述和研究大学生道德问题,然而,道德品质教育课重点在阐述社会主义和共产主义道德规范,纯化大学生道德品质,告诉人们应该如何做。大学生伦理研究重点则在于揭示大学生道德形成和发展的历史必然性和客观规律性,给人们提供道德原则、原理、范畴、规律构成的逻辑体系。它不是简单地说明和介绍大学生应该遵循什么样的道德规范,而是说明规范的理论根据、意义和起作用的原因,分析研究大学生伦理道德形成和发展的规律。它同马克思主义伦理学一样,是阐述道德理论问题的,所不同的是,它讲的是大学生这个领域的道德理论。所以说,大学生伦理研究是从马克思主义伦理学母体中分化出来的一个分支学科。

大学生伦理研究作为马克思主义伦理学的一个分支学科,能够形成和发展,不仅适应了中国社会主义初级阶段基本路线的需要,而且它本身具备形成和发展的主、客观条件。我们党历来重视对大学生进行品德教育。革命战争时期,延安抗大制定的教育方针,就把德育放在首位,以马克思主义立场、观点、方法来武装大学生,转变大学生思想,培养出一大批德才兼备的革命干部,加快了革命战争胜利的历史进程。社会主义建设时期,我们党又提出德智体美劳全面发展的教育方针,仍然把德育放在第一位。50年代培养了一大批又“红”又“专”的专家、学者、干部,他们现在已成为社会主义现代化建设的骨干力量。后来，由于“左”的思想影响，导致“红”、“专”对立，道德教育被歪曲，沦为不切实际的空谈。十一届三中全会后，拨乱反正纠正了“左”的错误，高等学校普遍开设了品德教育课，编写了一批思想品德教育教材，积累了一定的品德教学经验，使伦理道德教育前进了一大步。由于有了历史上思想道德教育正、反两方面的经验和教训，又有了新时期对大学生进行思想道德品质教育的新经验，从而为大学生伦理研究这门学科的建立，提供了理论和实践基础。正是在这种主、客观条件都已成熟了的历史时刻，大学生伦理研究才有了产生的可能。因为它是新兴学科，还很不完善，需要理论工作者和从事大学生道德教育的实际工作者共同努力，使之不断发展和完善。

（三）大学生伦理研究与道德遗产的批判继承关系

大学生伦理研究不仅是大学生现实道德现象的概括和总结，而且是对我国历史上道德成果的批判继承和发展。

我国素来以“礼仪之邦”闻名于世。我国历史上就十分重视青年的道德教育并注重提高他们的道德修养，把培养青年高尚的道德品质当作重要任务。1922 年以前，我国各级各类学校中都把“修身课”作为必修课程。

我国最早一部系统研究伦理道德的专著《礼记》，就是以青年的“修身”为其中心内容。《礼记》中的《大学篇》说：“大学之道在明明德，在亲民，在止于至善。”这就是说，青年学习的根本宗旨在于弘扬高尚的品德，在于使人弃旧图新，在于使人达到最完善的道德境界。同时对青年个体的集团群体、青年的内心修养和外在环境关系进行了比较深入的探讨，指出达到崇高的道德境界不是一蹴而就的，而是需要经过长期的体验、内省，用毕生的时间反复锻炼，由浅入深，由小到大，由个人到家庭，再到国家、社会，逐步普及深化的过程。所以《礼记》中说：“古之欲明明德于天下者，先治其国；欲治其国者，先齐其家；欲齐其家者，先修其身；欲修其身者，先正其心；欲正其心者，先诚其意；欲诚其意者，先致其知，致知在格物。”《礼记》揭示了“明德于天下”，即普及道德是一个从“我”做起，由浅到深，由自己到别人的循序渐进过程，并把这个过程分解为前后相继、具有内在联系的八个阶段：格物—致知—诚意—正心—修身—齐家—治国—明德于天下。它集中表达了道德意识形成和起作用的过程。尽管其表述欠科学，道德规范内容具有明显的局限性，但是，重视道德的传统是确定无疑的。它对中华民族传统道德的形成和发展起了极为重要的作用。我国历史上各个不同时期，无数爱国爱民的志士仁人都以自己的实践为不同时期的道德理想而献身，为人类的古老文明作出过巨大贡献。这些中华民族优秀的道德传统，在进行大学生伦理研究时必须批判继承和发展。

我国伦理道德的发展虽然具有悠久的历史，但我们不能忽视我国具有两千多年封建制度传统，曾经处于小农经济的汪洋大海中，是自然经济占统治地位的国家。人身依附、等级特权、绝对平均主义等消极、保守、落后的道德习俗，不利于市场经济和生产力发展。对于这些道德习俗必须加以摒弃，引进先进的、有利于生产力和市场经济发展的道德观念。列宁说："无产阶级文化并不是从天上掉下来的，也不是那些自命为无产阶级文化专家的人杜撰出来的。如果硬说是这样，那完全是一派胡言。无产阶级文化应当是人类在资本主义社会、地主社会和官僚社会压迫下创造出来的全部知识合乎规律的发展。"①伦理道德是人类文化很重要的内容，无疑具有历史继承性。列宁指出："马克思主义这一革命无产阶级思想体系赢得了世界历史性的意义，是因为它并没有抛弃资产阶级时代最宝贵的成就，相反却吸收和改造了两千多年来人类思想和文化发展中一切有价值的东西。只有在这个基础上，按照这个方向，……才能认为是发展真正无产阶级文化。"②大学生伦理研究对历史上的道德传统并不采取全盘否定的态度，而是吸收我国及人类历史上一切积极的道德成果。诸如：助人为乐，团结奋起，"先天下之忧而忧，后天下之乐而乐"，"言而信"，"谋而忠"，"严于律己、宽以待人"等，并在社会主义初级阶段加以创新和发展。同时，彻底摒弃不利于市场经济的道德传统。诸如：我国封建集权制度所形成"大一统"官工、官商遗风，使人们重视仕途官宦，鄙视生产技能，以当官牧民为人才主要指向，视能工巧匠为下流，对于握有权力的官吏顶礼膜拜，为经济仕途光宗耀祖、显姓扬名而奔波，只讲权术，不讲技术，轻视科学，严重束缚了生产力发展。又如，与自然经济相一致的平均主义意识，重农抑商，扼杀竞争，压抑个性，保护落后，打击先进，"枪打出头鸟"，"出头的椽子先烂"等，这种平均主义道德传统，必然会压抑人才，扼杀商品生产，诋毁竞争，不利于生产力发展。大学生伦理研究要从大学生的道德现状出发，通过系统的理论分析，正确认识和评价我国历史上积极的道德成果，引进有利于社会主义市场经济发展的道德观念，摒弃消极落后的道德传统，通过道德批判继承，使我国大学生在道德的发展迈上新的台阶，大力推动我国生产力发展。

二、大学生伦理研究的对象和方法

（一）大学生伦理研究的对象

大学生伦理研究以大学生道德为自己的研究对象。大学生道德是指

① 《列宁选集》，第4卷，北京：人民出版社，1995年，第285页。

② 《列宁选集》，第4卷，北京：人民出版社，1995年，第299页。

大学生的个人道德和群体道德，包括大学生道德生活的种种问题。大学生是社会的成员，他们的道德与社会道德除有其共性外，还有其自身不同的特点。例如，大学生与已经走上工作岗位的青年职工和社会青年不同，他们大部分时间是在学校生活，社会实践经验不足，大学时期也正是他们人生观、世界观逐步确立的时期。因此，大学生道德有一个形成和发展的过程，伴随着大学生的不成熟、不稳定，大学生道德呈现出一种不断变化和发展的活动状态。大学生从社会生活各个方面接受信息，吸收营养，发展自己的道德意识。一方面，当代大学生适应新时期的要求，不断地吸收新的道德信息，抛弃旧的道德观念，给社会道德生活增添新的活力，这是大学生道德的积极方面。正是这些积极因素，会促使他们成长为既坚持四项基本原则，又坚持改革开放的新型人才。这是当代大学生道德的主导方面。另一方面，当代大学生不是在封闭的真空环境中成长的，不可能脱离现实社会。我国尚处在社会主义初级阶段，我国曾是一个具有两千多年封建传统的古老国家，传统道德中除了有利于社会主义发展的积极因素外，还存在着大量封建主义糟粕。例如：因循守旧、依赖意识、裙带风、关系网、嫉贤妒能、绝对平均主义等。这些消极因素会通过各种渠道来影响大学生的道德观念。此外，西方资产阶级利己主义和个人主义通过文化艺术、理论的交流和社会交往，也在不断对大学生施加影响。例如：损人利己、金钱万能、投机取巧、淫乱颓废等。我国是一个开放的国家，大学生在生活的每个环节都会遇到各种腐朽道德思想的挑战，在这些挑战面前，他们可能会作出不同的道德选择，这就决定了当代大学生道德现象的复杂。

大学生是一支人数众多的队伍，他们正处在青春发育的后期，处在生命力最旺盛的长身体、长知识时期。他们在学校接受正规的、现代最新科学文化知识教育，是社会主义建设的强大后备军。我国大量的社会主义建设人才，都是在各级各类学校中通过专业教育打下基础，然后在社会实践中锻炼成长起来的。青年是社会的希望，青年代表着未来，大学生只有德智体美劳全面发展，才能承担起历史赋予他们的伟大使命。因此，对大学生进行全面培养教育是一个事关国家和社会全局的重要问题。加强大学生这个领域的道德建设，是教育工作者责无旁贷的责任，也是全党、全民、全社会共同的责任。

（二）大学生伦理研究的方法

大学生伦理研究的任务，要求对大学生道德研究需采用一种科学的、辩证的研究方法。这种研究方法，既能保证此种伦理研究理论上的正确性，又能使它结合青年的思想实际。

大学生伦理研究的方法包括两大方面，即方法论和具体方法。大学生伦理研究的方法论是：

1. 历史的和逻辑的方法

一定社会的道德，不仅受到一定社会的经济关系的制约，还受到一定社会的政治、法律、哲学、美学、教育等上层建筑和意识形态的影响。表现在大学生身上的各种道德现象的出现，不仅有其社会原因，还同历史上的各种道德思想有着程度不同的联系。因此，当我们研究大学生的道德品质和道德行为特点时，不仅要深入研究社会现状以及它在道德方面给予大学生的影响，还要研究历史上的各种意识形态在思想和道德方面对大学生的影响。实际情况也是如此。有些大学生具有的一些错误观点，例如“人的本性是自私的”、“合理的利己主义”等，在历史上都可以找到它们的渊源。17 世纪英国哲学家霍布斯、18 世纪法国哲学家爱尔维修、19 世纪德国哲学家费尔巴哈等，都提出过这些观点。有些大学生由于缺乏历史知识、理论修养和辨别能力，在读了他们的著作后，就深受其影响，提出上述这些错误观点。因此，对于这些错误观点，不但要指出它们产生的社会根源，而且要指出它们产生的思想根源，给予历史的、逻辑的分析和评价，从而使各种结论具有科学性，让人信服。总之，研究青年的道德状况，不能采取静止的、孤立的方法，一定要坚持历史的和逻辑的方法，才能得出正确的结论。

2. 阶级分析的方法

马克思主义认为，在阶级社会里，各种不同的道德观念和伦理学说都是一定阶级利益的反映，体现着一定的阶级关系和阶级矛盾。因此，同研究其他各门社会科学一样，大学生伦理研究也应当坚持阶级分析的方法。列宁在论述研究阶级社会的社会问题时，曾经指出：必须牢牢把握住社会阶级划分的事实，阶级统治形式改变的事实，把它作为基本的指导线索，要用这个观点去分析一切社会问题，即经济、政治、精神和宗教等问题。社会关系和社会现象是纷繁复杂、扑朔迷离的，关于伦理学的各种观点和流派又是那样繁多，只有坚持阶级分析的方法，才能透过现象看本质，才能揭示各种道德观点和学说的阶级属性，才能正确解释各种道德对大学生的影响。反之，如果不用阶级分析的方法，就会为繁杂的道德现象所迷惑，识别不出各种道德学说的阶级属性，也就不能科学地解释这些道德学说对大学生的影响。当然，我们说用阶级分析的方法来进行大学生伦理研究，并不是要求把阶级分析的方法当作一种教条或是一种标签简单地生搬硬套，而是把它作为一个“基本线索”来分析大学生所具有的道德思想和道德观点，揭示各种伦理学说理论、原则和规范所体现的阶级利益及其对大学生的影响。大学生的道德思想和道德观点并不是从天上掉下来的，而是受社会现实状况以及各种意识形态影响的结果。运用阶级分析的方法，就能从总体上把握大学生的道德意识，并能正确解释表现在大学生身上的各种道德现象。

3. 理论和实际相结合的方法

理论和实际相结合，是马克思主义的一个基本观点。理论和实际相结合的方法是一切社会科学研究的基本方法，也是大学生道德研究的立场、观点和方法。要认真学习和掌握马克思主义，善于运用马克思主义的立场、观点和方法来分析青年的道德状况，探讨大学生道德行为和道德品质形成和发展的规律，以便对大学生进行道德教育和开展道德修养工作，推动大学生朝着共产主义者的方向转变。离开理论和实际相结合的方法，离开对大学生思想状况和道德状况的了解和研究，大学生道德伦理就会成为无源之水、无本之木，就会丧失生命力，而成为一种空洞的道德说教，成为一门脱离大学生实际的学科。

简而言之，历史的和逻辑的方法、阶级分析的方法和理论与实际相结合的方法，是大学生伦理研究的科学的方法论，坚持运用科学的方法论来研究大学生伦理现实，对于大学生伦理研究的发展必将具有重要的意义。

大学生伦理研究的具体方法很多，但基本不外乎下列几种：

第一，调查法。调查法是指运用科学的方法，有目的、有步骤地去考察各种道德现象，特别是与大学生有关的道德现象，收集大量的有关资料，进而采用综合和分析的方法来概括和研究大学生的道德概况以及大学生道德问题的主要倾向和发展趋势，以推动大学生道德发展的方法。这是大学生伦理研究的一种重要方法。最常用的调查方法是接触法和问卷法。

所谓“接触法”，就是要接近大学生、了解大学生、观察大学生，广泛地和大学生交朋友，以掌握大学生的思想动态的方法。要和大学生一起参加各种大学生活动，例如大学生理论探讨会、大学生演讲比赛、舞会、大学生旅游活动以及有大学生参加的各种社会沙龙，同大学生海阔天空地进行漫谈、讨论，以便了解大学生对外部世界的看法、对他们自身的看法、对人生的看法，了解他们的道德水准及道德评价能力和水平，了解他们对社会道德状况的看法以及对西方文化的看法，了解他们对我国社会主义革命和建设的态度，对中国传统文化和道德与社会主义现代化之间关系的认识，以及他们对于道德和改革关系的认识。这样，就能掌握有关大学生思想和道德状况大量而丰富的素材和信息，为分析和研究大学生道德现状和道德品质的形成和发展奠定基础。

所谓“问卷法”，是指事先周密地设计一套有关大学生伦理、道德和人生观方面的问卷，然后要求被调查者按照问卷的问题逐一回答的方法。问卷法的好处在于它的调查面广、成本低、信息量大、反映社会问题迅速，有时还能了解到大学生比较敏感、不愿向别人谈及的思想情况，因此也是比较常用的一种方法。

第二，比较法。这是将大学生道德状况同其他各种社会道德现象进行对比研究的一种方法。通过比较研究，才能把握大学生道德状况同其他各种社会道德现象的异同，才能更加科学地认识大学生道德状况的特点。比较法可以分为横向比较和纵向比较。横向比较是将我国大学生的道德状况与外国大学生的道德状况相比较，亦即比较中外大学生道德状况的异同。纵向比较是将大学生的道德状况同其他成年人的道德状况以及儿童和少年的道德状况相比较，将当代大学生的道德状况同过去时期大学生的道德状况相比较，从而更加准确地掌握大学生道德状况的特点。有比较才有鉴别。有鉴别，有斗争，才能发展。科学的比较研究能使我们对大学生伦理研究的研究对象的认识达到新的高度。

第三，实验法。实验法是指将若干大学生分为两组，对其中一组进行比较系统的伦理学常识的教育，对另一组则不进行伦理学常识的教育，而是将其作为对照组，然后对两组大学生的道德行为和道德品质进行长期观察、记载、分析以及得出结论的方法。实验法需要的时间比较长，时间跨度也比较大，这是因为从道德认识到道德情感、道德信念、道德意志乃至转变为道德行为，以及最终形成大学生比较稳定的道德品质，不是短时期所形成的，而是需要一定的时间。因此，要对进行实验的两组大学生进行长期追踪和观察，然后进行详细分析和研究，才能认识大学生道德品质形成和发展的规律。

此外，内省法、统计法、列举法等都可以作为大学生道德研究的具体方法。

第二节　大学生伦理研究的现实基础

21 世纪是科技高度发展的时代，知识和信息将制约每个民族经济的发展。各国间的竞争，说到底是综合国力的竞争，综合国力不仅包括经济力、政治力、军事力，而且包括文化力。这种文化力，反映了一个民族在精神上的凝聚力量，反映了它的思想道德水平和科学文化水平。而这一切，说到底是人的素质的较量，是民族整体素质尤其是青年一代整体素质的较量。因此，越来越多的国家愈益重视人才的培养。在这样的国际背景下，我们要保持独立、稳定和发展，不加快经济建设不行，不加强精神文明建设不行，不高度自觉更快更好地培养新世纪人才不行。培养新世纪人才，是社会主义建设事业的奠基工程。加强大学生思想道德教育，是培养新世纪人才的战略需要。

一、大学生是推动社会发展的预备队

(一)人才培养是社会主义建设事业成败的关键

社会的发展，现代化建设，归结为一点，取决于人才的培养。作为我国改革开放的总设计师，邓小平在战略上把我国经济体制、科技体制和教育体制改革同提高劳动者素质联系起来。他说："改革经济体制，最重要的、我最关心的，是人才。改革科技体制，我最关心的，还是人才。"①在全国教育工作会议上，他又说："有了人才优势，再加上先进的社会主义制度，我们的目标就有把握达到。"②人才是人类财富中最宝贵、最有决定意义的财富。所谓"人才"，是指那些在各种社会实践活动中具有一定专门知识、较高的技能，能够以自己的创造性劳动对认识、改造自然和社会，对人类进步作出较大贡献的人。人才的最本质特征是与创造性劳动紧密联系着。在没有投入创造性劳动之前，人的"才能"只是一种潜力，只有通过创造性劳动这一中介，才能得到展示和进一步提高，才能为社会所承认。所以，我们所说的"人才"，总是对社会发展和人类进步起某种推动作用，即起积极的进步作用。至于那些虽有才能，但逆历史潮流而动，对社会发展和人类进步起阻碍作用的人，不属我们所论人才之列。人是社会的人，作为人群中比较精华部分的人才，也总是以一定的方式存在于社会之中，总是受到一定社会关系制约的。因此，人才又具有社会性和时代性。

人才问题，关系到一个国家的盛衰、一个民族的兴亡。当今世界，大凡搞现代化建设的国家和地区，无不重视人才的培养和开发。我国正处在社会主义现代化建设时期，并面临世界新技术革命的挑战，能否把握新技术革命的机遇，实现全国人民的美好愿望，涉及众多方面的因素，关键在于能否培养大批勇于为振兴中华献身，又具有创新精神和开拓能力的人才。

人才问题是邓小平反复强调的一个重要问题，《邓小平文选》中提到人才的地方不下百处，有些篇目专门讲人才问题。邓小平从社会主义现代化成败的高度认识人才问题。他指出，"事情成败的关键就是能不能发现人才，能不能用人才。"③"我们国家，国力的强弱，经济发展后劲的大

---

① 《邓小平文选》，第3卷，北京：人民出版社，1993年，第108页。

② 《邓小平文选》，第3卷，北京：人民出版社，1993年，第120页。

③ 《邓小平文选》，第3卷，北京：人民出版社，1993年，第92页。

小，越来越取决于劳动者的素质，取决于知识分子的数量和质量”。[①]为什么把人才问题提到这样的战略高度？一方面，现代国际社会的竞争主要是综合国力的竞争，说到底是科学技术和人才的竞争。要把我国建设成现代化强国，人才问题不解决，只能是一句空话。另一方面，人才问题能否得到解决，不但关系到社会主义现代化建设的成败，而且关系到社会主义事业是否后继有人，关系到社会主义的千秋大业。邓小平以高度的历史责任感和强烈的超前意识提出培养跨世纪人才这个问题，着眼和着力于跨世纪人才的培养，强调人才是现代化建设的最重要资源、最关键问题。我们应从适应经济和社会发展的高度去把握培养跨世纪人才的战略意义，从而更加明确人才培养是社会发展基础工程的实质性内涵。

（二）人才的培养靠教育

人才问题，实质是教育问题。邓小平说：“我们要实现现代化，关键是科学技术要能上去。发展科学技术，不抓教育不行。”[②]“科学技术人才的培养，基础在教育”。[③]教育是培养人才的一种社会活动，是人类社会所特有的现象，随社会的产生而产生，随人类社会的发展而发展，是保证人类社会延续和发展所不可缺少的手段。年轻一代接受教育是为将来参加社会生活做准备的，他们一旦参与社会生活，进入生产过程，就成为生产力的重要因素。所以，劳动者、人才，是教育同生产力的连接点。教育的重要任务在于提高劳动者的素质。只有当劳动者的文化技术水平同生产工具的技术构成水平相适应时，才能产生应有的生产能力和生产效率。邓小平指出：“历史上的劳动力，也都是掌握了一定的科学技术知识的劳动力。我们常说，人是生产力中最活跃的因素。这里讲的人，是指有一定的科学技术知识、生产经验和劳动技能来使用生产工具、实现物质资料生产的人。”[④]

人才的培养和再生产是一切物质资料生产与再生产的先决条件，是振兴经济和建设“两个文明”的强大原动力。不培养社会所需要的各种人才，任何科学技术的发展和生产力的发展都是不可能的。有人说，10年前的教育就是今天的经济，今天的教育就是10年后的经济，从这个意义上说，谁掌握了面向21世纪的教育，谁就能在21世纪国际竞争中处于战略主动地位。今天大学生的整体素质将决定我国在未来世界格局中的地位。一二十年后，我们新一代的精神状态如何、政治思想和道德品质如

---

① 《邓小平文选》，第3卷，北京：人民出版社，1993年，第120页。

② 《邓小平文选》，第2卷，北京：人民出版社，1994年，第40页。

③ 《邓小平文选》，第2卷，北京：人民出版社，1994年，第95页。

④ 《邓小平文选》，第2卷，北京：人民出版社，1994年，第89页。

何、科学文化素质如何，我们的科学技术就将会达到什么样的水平。我们的现代化建设有没有后劲，在相当程度上取决于人才培养数量的多少和质量的好坏。所以，教育，特别是思想道德教育一定要抓紧，通过教育快出人才，出好人才。

（三）大学生是人才的预备队

高等学校是为社会主义建设事业培养各种人才的地方，大学生在这里接受良好的教育，以使德、智、体全面发展。但上了大学并不意味就一定能成为人才，只能说大学生是社会主义事业高级专门人才的预备队。

一方面，高等学校肩负着培养社会主义事业未来的高级专门人才的重担。我国正在走一条有中国特色的社会主义道路，进入一个迅猛发展的辉煌时期。振兴中华，实现现代化，急需各级各类高等学校培养出大批德、智、体全面发展的高级专门人才。这种人才，既要体现我国教育事业总的培养目标，又要体现高等学校的特殊要求，因此标准是很高的。具体说来，这个标准有“三性”：一是方向性，大学生必须有坚定的社会主义政治方向，能够勇于为发展中国特色社会主义做贡献，时刻准备做好社会主义事业的接班人。如果高等学校培养出来的人对社会主义事业没有热情，缺乏事业心、责任感和奉献精神，那就是高等教育的失败。二是专业性，高等教育是在普通教育基础上进行的一种专业性教育，目的是通过这种教育为社会主义事业的各个不同行业和部门培养所需要的专门人才，这种专门人才应当具有技术职业所要求的知识技能和道德素质。三是高层次性，在我国采取多种形式进行的专业性教育中，高等专业教育是一个较高层次。相对于初等和中等专业学校来说，它的培养目标层次要更高一些，即担负着培养各种专门人才的任务。因此，高等学校培养出来的人理应成为社会主义建设事业中各行各业的骨干力量，理应在“红”与“专”、德与才两个方面都达到高层次。

另一方面，必须明确大学生还只是一支高级专门人才预备队。同社会主义事业高级专门人才应当达到的标准相比，大学生还具有不成熟性，还面临着在德、智、体诸方面进一步提高的艰巨而复杂的任务。大学生的不成熟性，既表现在知识、智能方面（知识的深度与广度不够；适应开拓性和独创性能力不足；知识和技能还有待进一步提高），也表现在思想品德方面（政治上比较幼稚；思想上容易偏激；正确的奋斗目标有待确定；法制观念比较淡薄；道德修养不高等）。高等学校是大学生通向成才之路的阶梯，大学生要成才必须走好每一级台阶，每一步都要付出艰辛的努力，最终能否成才还要通过社会实践检验。正因如此，教育必须引导大学生踏踏实实从头学起，坚持用中国特色社会主义理论体系武装头脑，从根本上提高思想政治素质。只有这样，才能保证大学生沿着党的教育方针指引的又“红”又“专”的方向健康成长，将他们培养成为适应改革开放和社会主义现代化建设需要的合格人才，在发展中国特色社会主义的伟业中真正实现其价值。

二、高等学校担负着培养高层次人才的历史重任

（一）高等学校是精神生产的重要基地

高等学校是培养德才兼备人才的学府，也是培养各门类有创造性专业人才的摇篮。人是有可塑性的，风华正茂的大学生在高等学校经过几年的熏陶和磨炼，接受政治理论、文化科学知识的教育，成长为门类不同的专业人才。

《中共中央关于教育体制改革的决定》指出："要造就数以千万计的具有现代化科学技术和经营管理知识，具有开拓能力的厂长、经理、工程师、农艺师、经济师、会计师、统计师，和其他经济、技术工作人员。还要造就数以千万计的能够适应现代科学文化发展和技术革命要求的教育工作者、科学工作者、医务工作者、理论工作者、文化工作者、军事工作者和各方面党政工作者。所有这些人才，都应该有理想、有道德、有文化、有纪律，热爱社会主义祖国和社会主义事业，具有为国家富强和人民富裕而艰苦奋斗的献身精神，都应该不断追求新知，具有实事求是、独立思考、勇于创新的科学精神。"而所有这些人才，主要靠高等学校来培养。

社会主义精神文明建设包括教育科学文化建设和思想道德建设两个方面。高等学校担负着为国家培养高级专门人才、发展科学文化、传播先进思想的任务，既是社会主义精神文明建设的重要阵地，也是精神生产的基地。

从教育科学文化建设方面来说，高等学校在提高民族的文化科学知识水平方面起着“火车头”作用。高等教育的水平，常常集中体现了国家科学文化的水平。高等学校也是挖掘、交流古今中外文化科学知识的重要阵地。文化科学知识的普及、提高和发展，有利于人们思想觉悟和道德水准的提高。从思想建设来说，高等学校承担着教育学生树立共产主义理想、信念、道德、情操等的任务。

（二）人才对精神文明建设起着重大作用

马克思列宁主义在中国的传播，最早是从大学开始的；具有伟大意义的五四运动和一二·九运动，也是从大学开始并推向社会的。在社会主义建设时期，大学对于推动社会主义精神文明建设也起到宣传和促进作用。高等学校每年为国家输送大批的干部和各种专门人才。他们在国家建设的各条战线、各个岗位上发挥了积极作用。如《勤奋与智慧的丰碑》一书，用具体而生动的事例介绍了 37 位国家级有突出贡献的专家求学、

立志、探索、攻关，取得丰硕成果，为国家作出突出贡献的事迹，感人至深。在这37位有突出贡献的专家中，大学本科毕业生23人，研究生10人，大专生1人，中专生1人，自学成才2人。就是说，受过高等教育的占绝大多数。事实证明，高等学校是培养有突出贡献人才的重要基地，同时对精神文明建设起着塑型、奠基作用。

（三）高等学校人才培养的基本要求

社会主义市场经济体制的建立给当代大学生提供了一展身手的历史机遇，党的战略目标和国家发展的重任对大学生的素质提出挑战，从一定意义上说，当代大学生的素质在很大程度上影响着中国特色社会主义事业的发展。高等学校肩负着培养一大批适应时代需要和国际竞争需要的高层次人才的历史重任，必须着眼于学生未来的发展，把他们培养成为爱国、勤奋、诚实、乐群、敬业、健康、富有创造精神和个性特长的和谐发展的“四有”新人，为他们成为各个领域不同类型的高层次人才打好全面的素质基础。

社会主义市场经济的发展对人才培养提出了更高要求。为此要求我们站在改革开放的时代高度，从“三个面向”对人才素质的客观要求出发，确立社会主义教育的根本指导思想，从提高人才素质，特别是思想道德素质着手来实现新型人才的培养目标。

我们培养的人才必须具有较高的思想道德素质，在任何时候都能坚持正确的政治方向；培养的人才必须具有较高的科学文化素质和较高的实际工作能力，以便促进我国的经济发展，赶上发达国家；培养的人才必须具有适应未来社会发展要求的良好的素质基础，既是社会主义物质文明的积极建设者，又是社会主义精神文明、政治文明和生态文明的积极建设者。

社会主义高等教育培养的人才必须是有理想、有道德、有文化、有纪律的一代新人，这是提高中华民族素质的重要基础，是关系党和国家未来的根本大计，是中国走向现代化的重要条件。现代化建设需要拥有现代化素质的现代人，现代化的人又只能在现代化建设的实践活动中去锻炼、培养和塑造。现代化的人才应该是既有朝气蓬勃的进取精神、开拓创新能力，又有较高的道德情操，是“进取型”的人。这种人才不仅要有第二次工业革命浪潮的素质和观念，而且要有第三次信息革命浪潮的素质和观念，如：具有主体意识、经济意识、参与意识、竞争意识、创新意识、信息意识、效益意识、科学意识、应变能力和协调性品格等，这样才真正称得上现代人才。高等学校培养出来的人才是否具备以上的素质要求，是否德才兼备，是否能满足社会主义建设的实际需要，是衡量学校办学成效的基本标志。

三、道德教育是培养人才的基础工作

(一)充分认识德育的首要地位

学校教育的德、智、体诸育,德育居首位,德育是塑造人的灵魂,培养人的理想信念的重要环节,在人才培养方面具有不容忽视的重要作用。有理想、有道德、守纪律是人才的必备品德,这一品德修养的好坏直接关系到我国社会主义事业的成败。因此,作为培养高层次专门人才的大学生的思想政治教育显得尤为重要,我们要从历史的高度来认识和坚持德育首位。

坚持德育首位,加强思想政治教育,是坚持学校社会主义办学方向的根本大事。我国高等学校的根本任务是培养德、智、体全面发展的社会主义事业的建设者和接班人。现在的大学生,将陆续成为我国各级干部队伍和各行各业建设队伍的中坚力量。因此,坚持社会主义办学方向,培养既掌握现代的科学知识,又具有良好的政治素质和高尚的道德情操的德才兼备的接班人,是保证我国坚持社会主义的方向,坚持党的基本路线一百年不动摇最迫切、最重要的战略任务。我们只有高瞻远瞩,把当前的努力与国家的前途联系起来,才能充分认识到德育首位并大力加强思想道德教育工作。

坚持德育首位,加强思想政治教育工作,是防止和平演变,保证国家长治久安的战略要求。越是加大改革开放的力度,越要清醒地估计到国际上的两种制度、两条道路、两种意识形态斗争的复杂性和长期性,居安思危,警钟长鸣。加强思想道德教育,就是在防止西方和平演变图谋的斗争中筑起一道思想长城,保证我们的党和国家永不变质。

坚持德育首位,加强思想政治教育工作,是顺利进行改革的有力保证。改革给社会带来的巨大变化必然会引起人们思想上的强烈反响,这种变化使大学生在理论及认识上产生不少困惑,由于受各种社会思潮的影响,学生思想上产生层层疑团。在这种情况下,必须以敏锐的洞察力和超前的思想牵引力,准确把握学生思想脉搏,从而为推动改革做好必要的政治保证和理论先导。

科学确立德育工作的地位是做好大学生思想道德教育的前提条件。其核心就是要处理好德育与党的中心工作、学校的中心工作之间的关系。在这个问题上,一要防止"取代论",二是防止"取消论"。《中共中央关于进一步加强和改进学校德育工作的若干意见》将学校德育置于社会主义现代化建设的客观背景中,提出了"奠基工程"说。这是对学校德育工作科学地位带有规律性的揭示。因为学校德育之服务于党的中心工作,是以培养和输送合格的社会主义事业建设者和接班人为中介的,而青少年则代表了国家和民族的未来，他们的思想道德和科学文化素质与发展中国特色社会主义的宏伟大厦息息相关。

（二）坚持德育首位的理论依据

毛泽东、邓小平等老一辈无产阶级革命家的教育思想，形成了中国共产党培养人才的系统理论、路线、方针和政策。他们关于人才德育首位的论述，在市场经济条件下仍然有着重要的指导作用。市场经济的发展需要全社会的精神文明建设提供思想保证、精神动力和智力支持。因此，在社会主义市场经济条件下，坚持德育首位更具有深刻的内涵及深远的意义。

毛泽东、邓小平关于人才成长中德育首位的论述，是在继承马克思主义教育思想基础上，结合古今中外教育经验和群众教育经验，在长期的革命和建设实践中逐步形成的，是社会主义的教育观和方法论，也是社会主义市场经济条件下坚持人才全面发展，坚持德育首位的理论基础。早在1939年，毛泽东就明确指出："青年应该把坚定正确的政治方向放在第一位。"为此，他还提出"学校的一切工作都是为了转变学生的思想"。并多次明确指出："没有正确的政治观点，就等于没有灵魂。"[①]"学问再多，方向不对，等于无用。""不注意思想和政治，成天忙于事务，那会成为迷失方向的经济家和技术家，很危险。"[②]邓小平也特别强调思想，指出："毫无疑问，学校应该永远把坚定正确的政治方向放在第一位。这并不是说要把大量的课时用于思想政治教育。学生把坚定正确的政治方向放在第一位，不仅不排斥学习科学文化，相反，政治觉悟越是高，为革命学习科学文化就应该越加自觉，越加刻苦。"[③]

毛泽东、邓小平教育思想中关于人的全面发展的论述，始终坚持把德育放在首位。1957年，毛泽东指出："我们的教育方针，应该使受教育者在德育、智育、体育几方面都得到发展，成为有社会主义觉悟的有文化的劳动者。"[④]邓小平在改革开放的新形势下提出，我们的大学生应成为有理想、有道德、有文化、有纪律的"四有"新人。由此可见，毛泽东、邓小平都十分重视人才的德育地位问题，始终坚持把德育放在首位。江泽民、胡锦涛也明确提出"把德育放在首位"的战略方针。

人的发展从素质上说主要是德、智、体的发展。一个人生下来没有权利选择什么样的社会形态。人要想适应生产力的发展和社会意识形态的

① 《毛泽东著作选读》（下册），北京：人民出版社，1986年，第780页。

② 《毛泽东著作选读》（下册），北京：人民出版社，1986年，第803页。

③ 《邓小平文选》，第2卷，北京：人民出版社，1994年，第104页。

④ 《毛泽东著作选读》（下册），北京：人民出版社，1986年，第780～781页。

需要，就必须接受德育。德育是人才成长的重要方面，人的智育是德育认识的前提，对智育来说德育是灵魂，同时德育决定智育的方向；德育决定体育的方向，体是德、智的物质基础。

综上所述，优秀人才的素质构成应该是德育为首，特别是在改革开放的今天，如果不坚持德育首位，就保证不了市场经济的顺利向前发展。因此，在市场经济条件下，坚持德育首位有着重要意义。高等学校学生思想政治教育应随着历史的节拍与时代保持同步，走在各级各类学校德育工作的前列，带头致力于跨世纪人才的培养。

（三）道德教育在人才培养中的地位和作用

1. 培养中国特色社会主义事业建设者和接班人

中国特色社会主义事业建设者和接班人的具体要求是"四有"新人。1986 年 9 月 28 日中共十二届六中全会通过的《中共中央关于社会主义精神文明建设指导方针的决议》指出："社会主义精神文明建设的根本任务，是适应社会主义现代化建设的需要，培养有理想、有道德、有文化、有纪律的社会主义公民，提高整个中华民族的思想道德素质和科学文化素质。"在社会主义条件下，努力提高全体公民的素质，特别是广大大学生的素质，必将使整个社会面貌发生深刻的变化。这是我国社会主义现代化事业获得成功必不可少的条件。

有理想、有道德、有文化、有纪律是一个完整的概念，缺一不可。理想是起决定作用的，有了共同理想，就会有自觉的纪律，就能自觉地以社会主义、共产主义道德约束自己。人们以共产主义理想的实现作为自己选择的奋斗目标、自己言行的标准，从而由社会发展的"他律"转化为内心的"自律"，这就是共产主义道德。所以，理想教育和道德教育就其本质来说，是互相沟通的。道德教育是理想教育一个不可分割的组成部分。因而，我们要紧紧围绕共同理想，加强社会主义、共产主义道德教育，使广大大学生树立爱国主义理想、职业理想、生活理想等道德理想，努力形成社会主义、共产主义所要求的理想人格。

在大学生中加强社会主义、共产主义道德教育，还必须要研究改革开放形势下大学生的道德状况和变化；研究大学生中涌现出来的先进人物成长的经验；研究推动大学生由爱国主义者成长为共产主义者的规律，从而找出正确有效地开展道德教育的途径，使大学生心悦诚服地接受社会主义、共产主义道德教育。

社会存在决定社会意识，在改造客观世界的同时，也要改造人的主观世界。中国特色社会主义事业建设者和接班人的培育是在全面改革和社会主义现代化建设的实践中逐步实现的。善于把改造环境与改造人结合起来，紧密结合中国特色社会主义的伟大实践，让大学生在实践活动中去体验道德内容的内涵，把他们的道德认识变成道德行为习惯，从而支配与调节其行动。否则，道德教育就会变成苍白无力的空洞说教，也就达不到培育中国特色社会主义事业建设者和接班人的目的。

2. 正确认识和处理大学生成长中的各种道德关系

大学时期是人的一生中的重要转折期。这个时期的大学生身心都在发生显著变化，具有自身的特点。这表现在大学生的道德关系、道德意识、道德活动都遇到一些不同于一般成年人的特殊要求与矛盾。如大学生个性形成中的矛盾，大学生自我意识发展中的矛盾，大学生思维发展中的矛盾，大学生集体主义、爱国主义情感的发展与矛盾，大学生爱情体验的出现与发展，大学生在成才、友谊、交往、生活理想、职业选择等方面的特殊需要与矛盾。这些大学生在成长过程中遇到的特殊道德关系、道德活动，都需要通过加强道德宣传教育，使广大大学生自觉地以社会主义、共产主义的道德原则和规范来正确认识和规范自己的行为活动。同时，还必须从根本上提高广大大学生的道德判断与道德评价能力，使他们在处理各种道德关系及进行各种道德活动中，以正确的道德原则和规范来判断社会、他人的道德行为活动，来评价自己的思想、情感、活动。这对大学生的健康成长有着重大意义。

3. 确立适应改革开放的新道德观念、自觉抵制各种剥削阶级的道德思想的影响

党的十一届三中全会以来，我们党领导全国人民进行了伟大改革。在改革中，实行了对外开放，对内搞活经济，大力发展市场经济等一系列正确政策，冲破了长期以来束缚生产力发展的僵化模式，为经济发展带来生机和活力，促进了生产力的迅猛发展。同时也引起了人们精神与道德面貌的深刻变化。一些适应社会主义市场经济的新的道德观念的出现，有力地冲击了懒惰、保守、平均主义、"大锅饭"等旧思想。这是道德观念上的巨大进步。当代青年要适应时代要求，确立适应改革开放的新道德观念。与此同时，也要看到，在发展社会主义市场经济过程中会带来一些消极的影响，资本主义社会存在的损人利己、唯利是图、贿赂欺诈、投机倒把等丑恶现象，同样会在社会主义国家内散发出臭气，影响、腐蚀青年。

在对外开放过程中，一方面，我国人民吸收借鉴了人类文明发展中一切有价值的文化道德成果，为我国社会主义精神文明建设服务。另一方面，一些西方资本主义社会的剥削阶级思想道德观念，也会通过各种途径渗透进来影响青年。少数青年，经不住资产阶级腐朽思想的进攻和诱惑，丧失国格、人格；"金钱万能"、"一切向钱看"，追逐资产阶级生活方式等应引起我们的足够重视。在伦理道德领域，一些西方的伦理思潮渗透进来。对这些形形色色的西方思想观念，要用科学的态度进行分析、研究、批判，

以提高大学生的道德判断能力和道德修养水平。

我国千百年来遗留下来的封建传统道德观念，如以“三纲五常”为核心的封建道德思想，也以顽固的习惯势力，潜移默化地影响着青年。

因此，在改革开放过程中，加强道德宣传教育，帮助大学生确立适应改革开放的道德观念，汲取人类文明历史发展中的一切积极因素，抵制形形色色的剥削阶级道德观念的影响，是现代大学生伦理研究的又一重大任务。

第三节　大学生伦理研究的个体基础

作为一个社会群体，大学生既有一般社会群体的共性，也有异于一般社会群体的个性，大学生的伦理道理也是如此。因此，进行大学生伦理研究，就需研究大学生的思想道德特征，把握大学生的个体。

一、大学生道德发展的轨迹

大学生作为一个社会群体，其成员是不断流动的，但作为社会群体，大学生本身却保持着相对稳定的群体意识，并且这种群体意识作为思想认识有其自身的发展规律。因此，大学生道德作为群体意识有其客观发展变化规律及其时代性特点，其中有许多既相联系又相区别的发展阶段。大学生的思想道德特点能够折射出社会发展的基本状况。所以，这些特点并不只是一个“新”字能概括，它本身有着明确的规定性。只有把这种规定性揭示出来，以一种历史的眼光看待它，才能正确理解和把握新形势下大学生的道德状况。只有本着逻辑与历史相一致的历史唯物主义的科学原则，深入全面地看待当代大学生的道德特点，才能够正确地引导大学生的道德健康发展。

一般地说，大学生道德受所处时代的社会环境的制约，围绕社会变革、社会矛盾的发展，其思想呈现出不同的特点，深深地打上那个时代的烙印。纵观其发展轨迹，大体上围绕三大主题：人生探索、社会民主和社会参与、寻求思想理论支点。

（一）新民主主义革命时期

新民主主义革命时期，面对处于水深火热中的同胞、支离破碎的国土和张牙舞爪的列强，青年学生们义愤填膺，挺身而出，为民族解放和国家富强上下求索，前仆后继，英勇奋斗，为中国革命作出不朽的贡献，表现出高度的爱国主义精神和大无畏的革命英雄气概，谱写了一曲波澜壮阔的学生运动史歌。这一时期学生运动历时之久、斗争之激烈、贡献之大、同民族的命运结合之紧密，在世界现代史上也是罕见的。所以，那个时代学生的道德表现是狂飙突进式的，为民族解放而献身成了当时的主题。

以国家兴亡为己任，具有强烈的忧患意识，是这一时期学生道德的一个突出特点。毛泽东曾指出："中国反帝反封建的人民队伍中，有由中国知识青年们和学生青年们组成的一支军队……这支几百万人的军队，是反帝反封建的一个方面军，而且是一个重要的方面军。"①又指出："他们在现阶段的中国革命中常常起着先锋和桥梁的作用。"②辛亥革命前的留学生运动，特别是 1919 年五四运动以后的学生运动就充分证明了这一点。由广大爱国学生发动的五四运动具有划时代的意义，成为中国新民主主义革命的开端。1935 年的一二·九运动，青年学生奋起救亡，唤起了千百万群众投入伟大的抗日救亡运动；解放战争时期的学生运动成为推翻国民党统治的第二条战线，加速了蒋家王朝的灭亡。

把救国的理想付诸行动，勇于献身，是这一时期学生道德的另一个鲜明特点。新民主主义革命时期的学生运动史，是广大青年学生在党的领导下，配合主力军对外反对帝国主义侵略，对内反对封建军阀和国民党反动统治的历史。每当中国人民与帝国主义、封建买办势力的矛盾尖锐化，每当国家、民族处于危亡的关头，青年学生总是挺身而出，反映人民的愿望，喊出人民的心声，站在革命斗争的前列，向旧势力勇猛冲击，从而为中国革命的发展创造了许多有利时机。

接受中国共产党的领导，把马克思列宁主义、毛泽东思想作为理论支点，逐步走与工农群众相结合的道路，是这一时期学生思想走向成熟的标志。革命的行动必须以革命的理论为先导。20 世纪初，中国先进知识分子发起的启蒙运动，用从西方请来的"德先生"(Democracy)和"赛先生"(Science)这两枚重磅炸弹对中国传统文化发起猛烈攻击。五四运动的爆发，极大地促进了文化启蒙运动的发展，从而使启蒙运动一跃成为传播和学习马克思主义的运动。随着中国共产党的建立和毛泽东思想的逐步形成，中国青年学生逐渐接受了党的领导，把学生运动与中国实际结合，使学生运动在极其复杂的环境中能够排除各种错误思想的干扰，保证其健康发展。

总之，从"身无分文，心忧天下"的道德境界，到"华北之大，已放不下一张平静的书桌"的愤怒呼喊，到"杀了夏明翰，还有后来人"的慷慨赴义，我们可以看出，新民主主义革命时期青年学生的道德主流是爱国的、革命

---

① 《毛泽东选集》，第 2 卷，北京：人民出版社，1991 年，第 565 页。

② 《毛泽东选集》，第 2 卷，北京：人民出版社，1991 年，第 641 页。

的、无私的。

(二)社会主义建设时期

新中国建立之后，随着三大改造的完成和第一个五年计划的实施，社会主义建设事业蓬勃发展。党在借鉴苏联经验和新中国建立后经济建设和政治建设实践的基础上，对建设社会主义道路进行了卓有成效的科学探索和实践。在这一大的背景之下，当时的大学生作为知识分子的一部分，在接受思想改造的同时，欢呼新中国的到来，以饱满的热情投入到学习、生活和工作中，对未来充满了希望。

在思想认识上，限于当时的历史条件，大学生对马克思列宁主义、毛泽东思想是接受的，但他们对这一理论的理解还是有限的。当时，新中国的发展还非常艰难，面临国内外各种反动势力的威胁和干扰，对内对外的阶级斗争还非常激烈。在这种条件下，大学生意识到的马克思主义理论主要是阶级斗争理论，其必然性也是直接的：新中国的诞生在思想上有赖于马克思主义理论，特别是阶级斗争理论的指导。新中国的巩固，当然也需要阶级斗争理论来指导。所以，那时大学生的思想认识是很统一的。

在参与社会主义建设方面，由于新兴的社会主义国家需要大批建设人才，大学生们如饥似渴地学习科学文化知识。勤奋学习，报效祖国，成为当时大学生道德表现的主流。1956 年 1 月，中共中央召开了知识分子问题会议，号召全党学习科学知识，同党外知识分子团结一致，为迅速赶上世界科学先进水平而努力奋斗。4 月 28 日，毛泽东又提出“百花齐放”、“百家争鸣”的方针。这极大地激发了广大学生勤奋学习、追求真知的热情。在这一阶段，我国确实培养了一批高质量的人才。

在人生追求方面，作为在红旗下长大的一代大学生，他们“一颗红心，两种准备”，随时准备听从祖国的召唤，到最艰苦、最需要的地方去。由于国家“一穷二白”，大学生们也不计较个人私利，以战天斗地的大无畏精神投身到社会主义建设中。受新中国巩固人民政权现实的影响，那时，集体主义精神被突出强调，大学生们自然就具有很强的集体主义意识，而个性的东西相对淡化。新中国建立之初，百废待兴，造就了这一代大学生强烈的艰苦奋斗意识和无私的奉献精神，雷锋成为那个时代大学生学习的楷模。

在这期间，受反右斗争扩大化和“大跃进”等“左”倾错误的影响以及三年自然灾害的困难，我国社会主义建设受挫。当时的大学生们也经历了一段阵痛。但总的来说是比较单纯的，认为只要跟着党走，社会主义很快就会实现。

总之，这一代大学生突出的道德特点就是有充实的精神生活，乐观、单纯，听党的话，富有强烈的集体主义精神和无私的奉献精神。

(三)“文化大革命”时期

“文化大革命”时期，是中国历史上的一个特殊阶段。这一时期，全局性的“左”的错误始终在中央占支配地位。在“全国上下一片红”的“红海洋”里，大学自然不能置身局外。在一个又一个伟大号召之下，作为红卫兵主力之一的大学生也演出了一出又一出闹剧。

在道德认识上，将马克思主义理论单纯理解为阶级斗争理论，阶级斗争被无原则地扩大化，一代大学生的道德理论认识被无端引入歧途。同时，实践认识也被片面化，并完全排斥理论意识。在改造知识分子意识形态的同时，用以指导实践的科学理论优势也被排斥。没有实践的理论固然是空洞的，而没有理论的实践则是原始的、愚蠢的、盲目的。既然凭一手老茧就能上大学，就可以占领讲坛，那么，正在成长的大学生在思想上轻视理论、抛弃理论也就顺理成章了。张铁生式的“白卷先生”的出现，就是这种极端化、片面化演出的闹剧。

在这种错误的理论导向之下，狂热和盲目的极端个人崇拜成了那个时代大学生思想表现的主流。大串连、随意揪斗、武斗成了大学生的家常便饭，正常的学习秩序被破坏，善恶美丑的标准被颠倒。这对正在成长中的大学生造成了非常恶劣的影响。

透过道德的混乱和社会的混乱，我们看到，这场浩劫对大学生造成的另一个导向就是极端个人主义和无政府主义。如：拉帮结派、自立山头、蔑视权威、肆意冲击党和国家机关等。

随着城市学生“上山下乡”运动的开始和推荐工农兵学员上大学制度的实施，大学实际上已经名存实亡。正如小说《血色黄昏》中所描述的，这实际上是整整葬送了一代大学生的韶华。

(四)改革开放时期

党的十一届三中全会以后，在党的“解放思想、实事求是”思想路线指引下，全社会的思想解放运动深入发展，改革开放的步伐不断加快，大学生的思想发展步入新的阶段。但外因要通过内因起作用，思想有其自身的发展逻辑，现实也要通过思想本身的逻辑表现出来。所以，这个时期大学生的道德特点是现实的逻辑与道德本身的逻辑两股力量共同作用的结果。由于这一时期大学生思想变化轨迹比较曲折，我们可以分为五个阶段来分析：

第一阶段是1978～1981年。这一时期的在校生主要是恢复高考制度后的第一、二届大学生，他们经历了“文化大革命”，并经过社会实践的锻炼，具有一定的社会经验，相对比较成熟，渴望用知识武装自己，建功立业。在全国彻底否定“文化大革命”、拨乱反正的思想解放形势下，他们反思“文化大革命”、反思人生、探索中国的前途和命运，他们的思想经历了极其痛苦的探索和转变。在人生价值的探讨上，虽有“人生的路越走越窄”、“主观为自己，客观为他人”的低调，但也有“从我做起，从现在做起”并为大多数大学生所信奉的观念。在反思“文化大革命”和竞选人民代表过程中，尽管对中国社会的前途有不同的主张，“民主”和“人权”成了当时最时髦的字眼，但坚持四项基本原则赢得了社会的统一和安定。在思想文化上，以萨特为代表的存在主义思潮首先在大学生中流传，并被一部分人所接受。

第二阶段是1982～1984年。这一阶段的大学生生在困难时期，长在动乱时期，从中学直接升入大学，没有社会实践经验，政治上比较幼稚，在关注改革开放的同时，更注重对自我与人生的思考。大学生自我意识的发展、自我价值的提出、主体意识的觉醒，标志着80年代大学生对人生探索的开始，在经历对西方哲学思潮中以存在主义为主要对象的探讨之后，出现了从萨特向马克思的依归。在人生探索中涌出了张华、张海迪等楷模人物，“人的价值在于对社会的奉献，而不是索取”成了大多数学生的信条。

第三阶段是1985～1986年。这时的在校生已是基本稳定的“三门学生”。农村改革初见成效，城市经济体制改革和教育体制改革决定出台，他们看到了个人与社会的前途和希望，改革与成才成了他们关注的热点。改革中新旧体制交替所暴露的消极状况，与大学生对改革急于求成的心理形成强烈反差，使大学生敏感地关注改革的前途。改革的前途、道路问题的讨论，再一次把大学生思考的热点引向民主和西化，在寻求理论支撑时，西方文化的人本主义思潮影响扩大了，继“萨特热”之后，尼采的“强人”、弗洛伊德的“超我”、杜威的“实用”成为一部分大学生的行为宗旨。随着中西文化的交锋，传统观念、马克思主义理论统统被放在时代的天平上被重新评估。大学生对人生的探索既有自我的无限升温，又有对老山英雄主义精神的学习和效仿。

第四阶段是1987～1989年。通过对十三大报告的学习，大学生冷静地思考自我和社会的前途、命运，寻求解释这一切的理论观念。他们感到自我没有根基，于是便走向自我完善，对社会采取静观的态度，开始了对理论的新的探求，叔本华哲学正迎合了他们当时的心态。全国性的通货膨胀、知识贬值、学校创收、毕业分配改革，社会上再一次掀起了经商热、退学热、出国热，大学生产生了对人生的困惑、求学的苦恼和对前途的忧虑。

第五阶段是1990年以后。进入90年代以后，以邓小平同志南方谈话和党的十四大为标志，我国的改革开放事业进入一个崭新的阶段。社会主义市场经济理论和建立社会主义市场经济体制目标的确立，进一步解放了人们的思想，使思想观念和思维方式都发生了巨大变化。面对这一重大变革的发展形势，大学生反响最为强烈，起初是思想上受到冲击，感到茫然，随后是对这一形势的迅速适应和思想观念的逐渐转变。这一时期大学生思想道德方面的显著特点：一是主体意识增强。他们不再轻信，而是注意亲身体验，他们关注社会的进步，目的是为了有所作为，参与社会，实现自我。在行为选择上，主要看“对自己是否有利”或“自己是否获利”；在政治上，面对复杂的社会思潮和社会现象，虽公开议论少，却静静地寻求独立思考和自我选择，等等。二是思维特点发生变化。大学生的思维特点首先表现在择优性上，面对复杂的社会，他们会权衡得失利弊，选择自我发展的最佳途径。其次表现在整体性上，他们善于把一些大问题放到社会大环境中去思考，在寻求自我发展的同时建立起集体的利益观。再次表现在开放性上，他们变得宽容，不再盲目拒绝外来文化，而是以一种实用的态度去学习和借鉴。三是价值观念发生转变。整个社会价值观念的裂变在大学校园产生强烈反响，他们价值取向上的多元化、分散化趋势越来越明显。四是行为趋向实惠。如计算机、外语等受社会欢迎的课程备受青睐，应用性强的专业和课程越来越热。在择业方面，愿意“到挣钱多的地方去”已成为潮流，传统的“专业对口”、“发挥个人专业专长”的观念已退居次要地位。五是思想倾向复杂。在社会信仰迷失的大环境下，大学生的政治信仰出现矛盾，“趋同论”、“融合论”有所抬头。由于信息来源渠道的扩大，学校教育的信息比重越来越小，导致大学生多重导向、多角度思考问题，思想倾向复杂化。六是道德修养二元化。大多数大学生能以社会主义道德规范驱动、制约自己的行为，以共产主义道德规范自己的行为取向；同时，也有一部分大学生道德观念扭曲，处于一种错位和无序状态。

二、新时期大学生思想道德的特征

（一）历史使命感强，具体责任意识弱

绝大多数大学生有“天下兴亡，匹夫有责”的历史使命感，具有强烈的爱国主义情感，关注祖国的统一，反对任何形式的分裂祖国的活动。他们在我国社会发展远景目标的鼓舞下，精神振奋，情绪高昂，企盼中华民族告别贫穷，跻身发达国家行列，喊出“我们要为中国的昌盛作出贡献”的时代强音。但是，部分大学生并没有把使命感与责任紧密联系在一起，较少考虑自己对社会、对集体、对他人应承担的具体责任，缺乏从我做起、从现在做起、从小事做起的自觉性，往往是“愿扫天下，而不愿扫一室”；在一些问题上，过分强调“自我”，看重个人的利益。在择业时，不能处理好“社会需要”与“个人志愿”的关系，缺乏“到基层去建功立业”的实际行动，雄心

大志和现实表现存在较大的反差。

(二)政治上进心强,辨析问题能力弱

与20世纪80年代末90年代初相比,现在大学生的政治上进心更强。一是学理论的多了,多数大学生参加了理论学习小组,有的学生写了几十余万字的读书心得笔记;二是关心时事政治的人多了,青年学生非常关注党和政府出台的重大决策,对改革开放持积极拥护的态度,逐渐学会了从中国国情出发去分析问题,能站在维护祖国和民族尊严的立场上看待国内外发生的重大问题和事件;三是要求入党的多了,有的高校超过三分之二的大学生递交了入党申请书。值得注意的是,由于部分大学生马列主义理论功底不扎实,政治洞察力、政治敏锐性不强,加之受西方错误思潮的影响,分辨理论是非的能力较弱,极少数大学生对党的领导、对中国特色社会主义理论体系的指导作用、对社会主义发展道路等重大问题还有模糊、甚至是错误的认识。

(三)人生进取精神强,集体主义观念弱

大学生的人生观主流是积极进取、奋发向上的。绝大多数大学生认为"应树立远大理想",在市场经济的影响下,他们逐步树立了敢闯敢干、敢于争先的观念,增强了竞争、平等、民主、效益等意识。但是,一些大学生对社会主义"集体主义"价值观的认同度在减弱,反映出来的问题还不少:一是个人主义倾向严重。在"奉献"与"索取"的关系问题上,"只有实现个人价值才能实现社会价值"的选择在上升;多数大学生认为应"先己后人",凡事均以个人为中心。二是享乐主义的人生态度。部分大学生认为人生幸福在于享乐,不少学生沉溺于网上游戏、网上聊天和网上恋爱,而置学习于不顾。三是追求拜金主义的生活方式。一些大学生以"能赚会花"为荣,在金钱拜物教的影响下,有的女生甚至去充当"三陪"小姐。四是实用主义的世俗作风。有的大学生在入党、学习、社交等方面,采用的是实用主义态度,有用、实惠成为立身处世原则。

(四)成才立业愿望强,艰苦创业意识弱

近年来高校大学生的关注点在不断变化,但渴望成才始终是大学生关注的热点。多数大学生懂得今天学习与未来建设、建功的关系,学习积极性、自觉性明显提高。多数大学生"希望在事业上有所成就","能胜任未来工作",表示愿成为"能为国家为人民作出贡献,对社会有用的人"。因此,大多数学生主动学习第二专业,学习计算机、外语、法律等实用知识,国家英语四、六级考试通过率大幅度提高,报考研究生人数大增。但大学生普遍缺乏艰苦创业、磨砺成才的思想准备。一些大学生偏重知识的积累,忽视素质特别是思想素质的提高。受实用主义、急功近利思想的影响,偏科现象严重,存在轻思想政治理论课重业务课,轻基础理论课重专业课，轻必修课重选修课的倾向。在成才道路的选择上，不愿到艰苦的地方去锻炼。

（五）社会道德认同感强，基础文明素质弱

青年大学生对中华民族的传统美德倍加推崇，对社会倡导的公德是认同的。他们崇尚雷锋、孔繁森、吴天祥、李国安、徐虎这样的先进英雄模范人物，积极参与“希望工程”、“志愿者行动”、“赈灾捐款”、“科技扶贫”、“文化扫盲”、“抗震救灾”、“西部支教”等有一定社会影响的活动，自发成立了“爱心社”、“为民社”等社团组织，见义勇为、助人为乐、团结友爱等好人好事不断涌现。寝室脏、乱、差有所改观，“课桌文学”和“墙壁文化”有所减少。但是部分大学生的道德认知与道德行为严重脱节，基础文明素质差，绝大多数大学生认为大学生群体的思想道德素质与21世纪人才素质要求相比“尚有距离”，甚至“距离很大”。基础文明素质差的具体表现是：道德修养差，一些大学生视道德修养为小节，行为举止不文明、不礼貌；道德情感差，不尊重师长，不尊老爱幼，有的大学生缺乏同情心和关怀意识，随着独生子女大量涌入校园，这种现象呈上升趋势；道德行为差，打架斗殴、不爱劳动、浪费粮食、男女恋爱中不文明现象屡见不鲜。

（六）自立自主意识强，自律自理能力弱

多年来，大学生最喜欢、最流行的箴言一直是：“走自己的路，让别人去说吧！”这反映了大学生强烈的自主自立意识。他们渴望作为一个独立的主体得到社会的重视，喜欢自己设计和组织各种面向社会、面向学校、面向他人而又能显示自己才华的活动。然而在追求自主独立的同时，其自律和自理能力较弱。具体表现为：一是缺乏理性思维，受社会思潮和时尚因素影响较大，常常跟着感觉走，跟着潮流走。二是自由散漫，片面强调“自我”，不愿受校规校纪约束，组织纪律差。三是缺乏批评与自我批评的作风，对违纪违规的行为不劝告，不制止，有的还认同和参与。如对考试作弊，不少大学生持认同和无所谓态度，有少数大学生还认为“这是帮助同学的行为”。校园流行打油诗：“学不在精，作弊则灵，功不在深，会看就行。”“你作弊，我作弊，试看校园谁能敌？”这些反映了大学生对作弊问题的态度。四是自控能力弱，处理问题能力差，时常会出现无端起哄、摔酒瓶发泄情绪等现象。有的学生不能处理好与同学、老师、领导的关系，不能处理好男女交往问题，不能处理好个人经济问题。面对当前社会风气和环境，存在“不知所措”、“不知何去何从”的困惑与苦恼，也有少数大学生还存在心理障碍问题。

第四节　大学生道德发展的趋势

和平和发展是21世纪的主题。由于科学技术的迅猛发展,信息革命的大力推进,知识经济的悄然兴起,不仅改变了世界的经济结构,也改变了社会的组织结构、人类的生活方式和人们的思想观念,对大学生思想道德的发展产生了深刻影响。

一、新的形势与大学生的责任

(一)知识经济逐步兴起

"科学技术是第一生产力"是邓小平对知识经济的科学论断。当"克隆"、"深蓝"、"火星探路者"等名词逐渐被大家所熟悉的时候,人们发现比尔·盖茨已跃居世界巨富排行榜的前列。一个实实在在的经济时代——知识经济时代已经来临。所谓"知识经济",实质是以智力资源的占有、配置,以科学技术为主的知识的生产、分配和使用消费为最重要因素的经济。从技术进步和生产力发展的角度出发,可将人类社会经济发展大致分为劳力经济、资源经济和知识经济三个阶段。劳力经济时代,社会经济的发展主要取决于对劳动力资源的占有和配置;资源经济时代,社会经济的发展主要取决于对自然资源的占有和配置;知识经济时代,社会经济的发展则主要取决于对知识、智力资源的占有和配置,即科学技术是第一生产力。

知识经济是可持续、全面协调发展的经济。知识经济时代,社会经济的发展主要取决于对知识、智力资源的占有和配置。知识是人类劳动创造的结晶,只要人类的劳动创造(实践活动)不中断,新知识就会源源不断地被总结、提炼出来,原有的知识就会不断发展、演变下去。知识的使用还具有重复再生性,科学知识、真理的应用与传播是无限的,而且会在实践中不断充实、完善和发展。传统的劳力经济、资源经济都是尽可能多地利用劳动力、自然资源以获取最大利润,极少地考虑人类自身的发展以及生态环境的发展,因而暴露出人类现代化进程中的许多弊病,诸如"环境污染"、"能源危机"、"青少年犯罪"等世界性难题。其深层次原因在于人的体力以及自然资源是有限的,依靠人的体力和自然资源的工农业经济不可能是无限、持续发展的经济。知识经济以知识、智力为主要资源,知识作为无形资产投入并且起决定性作用。知识经济时代以创新的高技术产业作为支柱产业,信息科学技术、生命科学技术、新能源与可再生能源科学技术、有益于环境的高新技术、新材料科学技术、空间科学技术、海洋科学技术、软科学技术等构成知识经济时代的高科技体系，在最大限度满足人类自身发展的同时，能更大程度地遵从自然规律，使人类保持与自然界的全面协调发展。简言之，知识经济具有人与自然的系统性和可持续发展性。

知识经济是开放的、兼容的经济。知识经济是建立在高技术产业基础上的经济，依靠无形资产的投入实现可持续全面发展。在知识经济时代，谁拥有富有创新精神的高素质人才，谁就拥有持续创新、发展的能力，谁就具备知识经济的巨大潜能；反言之，就会失去知识经济带来的机遇。1988年邓小平视察北京正负电子对撞机工程时指出："高科技这些东西反映一个民族的能力，也是一个民族、一个国家兴旺发达的标志。"但高技术产业领域十分广阔，任何国家和地区都不可能在所有高科技、高技术领域全面领先，而任何一个国家又都可以充分利用自己的智力资源，在世界高技术领域占有一席之地，即在知识经济时代，在高科技、高技术面前任何国家和民族都有所为，有所不为。在新的形势下，各国政府都制定了高科技发展的长远计划，并且不约而同地将之视为保持经济持续发展、增强综合国力的基本策略，加强了高科技领域的广泛研究与合作。首先，从现实看，二战以来美国就一直致力于军事高科技的研究，忽略了对民用领域的研究，在世界金融危机的影响下，开始了高科技研究由军用向民用的转轨，用高科技重振美国经济。另一方面，日本在过去较长时期集中力量搞高科技开发，对尖端科学的研究无暇多顾，在科学成果迅速产业化的今天感到经济持续发展的后劲不足，近年来日本的经济衰退充分表明了这一点，现在日本在继续高科技开发的同时也强调前沿科学的研究。其次，从科学发展的历史来看，科学发现到技术发明转化的周期越来越短。各国都认识到自身高科技领域产业化进程的缓慢和由各国分别开发力量的不足，加速了世界经济区域化的发展，如欧盟、北美自由贸易协定、东南亚国际联盟、南方共同市场等经济组织内部的交流与合作更加密切。一些政治性组织如独联体、非洲统一组织等也开始了不同程度的经济合作。在知识经济时代，任何国家和地区都可以在世界经济大市场中有所作为，成为全球经济不可或缺的组成部分，从而促进各国的交流与合作。因而知识经济是开放的经济，具有最大的开放性、兼容性。

创新是知识经济的灵魂。知识经济时代的支柱产业是高科技产业，高科技产业的源泉是知识的创新、技术的创新，创新知识和技术的源泉、载体是具有创新能力的人才。知识经济有着显著的创造性。江泽民指出："创新是一个民族进步的灵魂，是国家兴旺发达的不竭动力。"一部人类社会发展的历史，可以说是一部人类创新的历史。从人类进步的历程来看，劳动创造了人类本身。纵观人类劳动的历史，可将劳动分为模仿性劳动、重复性劳动和创造性劳动。模仿性劳动和重复性劳动将人们认识世界和改造世界的能力局限在现有水平上，只是进行数量的积累；然而创造性劳动既能继承前人的经验和理论，又能有所发现和发展，能将人类实践活动的水平和认识水平推向新的高度。在知识经济时代，只有创造性劳动（当然包括技术创新、思想创新）才具有高附加值，创造性劳动是高附加值的源泉，富有创新精神的人才是知识经济时代的灵魂。早在19世纪，法国思想家圣西门就有两个假设：一个假设是法国突然失去50位优秀物理学家、50位优秀化学家、50位优秀军事和民用工程师，法国将马上变成一具没有灵魂的僵尸；另一个假设是法国突然不幸失去国王的兄弟和那些王公大臣、参事、议员、主教，但是并不会因此给国家带来政治上的不幸。在知识经济时代，创新知识的价值首先体现在富有创新精神的人才身上。美国是非常重视这方面人才的，在50年代，当得知钱学森回国后，五角大楼的官员哀叹道："他在任何一个地方，至少都值五个机械装甲师。"事实证明，他们还是低估了钱学森的价值。海湾战争中，"硅片"打败了"钢片"也再次证明科学技术是第一生产力，创新是知识经济的灵魂。

（二）大学生的神圣责任

维护世界和平。21世纪是科学技术高度发展的世纪。科学技术可以给人类创造幸福，但也可能给人类带来巨大的灾难。基因工程是有着广阔应用前途的先进科学技术，它的发展对医药、粮食、人类健康都有巨大的积极意义，但它也给人类带来极大的威胁。以未来的生物武器为例，现在已发现了一些人类致死、致病以及不育的基因，一旦把这些基因同某一民族的基因拼接在一起，即重组DNA，通过"基因武器"，将使一个民族从地球上悄悄消失。

使科学技术为人类和平与幸福服务，是当代大学生的神圣使命。历史上每个有良知的科技工作者都力图使自己的发明创造为人类的幸福服务。核物理学家们研制了第一颗原子弹，当听到它在日本广岛爆炸的消息以后，他们陷入极度的震惊和悲痛之中。70年代初重组DNA技术刚一问世，立即引起人们深切的关注。鉴于核物理应用于战争的沉痛教训，出于生物学家强烈的社会责任感，他们首先考虑到这一新技术可能潜在的危险。为此，以伯格为首的一批科学家呼吁在对这项新技术可能造成的危害得出结论之前暂时停止研究。当一项新技术刚一出现而其可能的危害又尚未显露之前，由直接从事这项研究的科学家自觉要求限制，使政府以法规形式避免当年物理学家所不能或不知道怎样去避免的事，这是难能可贵的。

推动世界发展。1994年12月5日，中国青年志愿者发表宣言，指出:“21 世纪的文明,在孕育着生产力巨大发展的同时,也必然要求人与自然之间的高度和谐。”无疑,作为跨世纪的中国大学生应该把促进人与自然的和谐发展作为自己的神圣使命。要实现人与自然的和谐发展,必须解决人类面临的人口、环境、资源这三个全球性问题。联合国提出“可持续发展”这一战略,要求各国在发展经济的同时,做到保护资源和改善环境,避免掠夺式发展。掠夺式发展的受益者是当代人,而受害者则是受益者的子孙。

同人与自然和谐发展极为相关的问题,是南北经济的协调发展。南北方国家和地区经济存在巨大差距,1986 年发达国家人均 GNP 是世界低收入国家的 48 倍,发达国家人均能源消耗量是发展中国家的 10 倍。美国人口占世界人口总数的 5%,却消耗世界 40%的一次性资源。南北经济非均衡发展是发达国家对发展中国家控制、剥削和掠夺造成的。1966~1985 年美国在发展中国家的私人直接投资达 544.7 亿美元,而同期所得的利润高达 1404 亿美元。少数发达国家操纵的国际贷款利率从 1978 年的 8.7%上升到 1981 年的 17.4%,利率每上升一个百分点,债务国每年就要多付 60 亿美元。南北经济的不平衡造成发展中国家人口增长过快,生态环境遭到破坏,资源遭到掠夺性开发,人与自然处于尖锐矛盾之中。

当代大学生应该树立全球意识,包括全球和平意识和全球发展意识,学好本领,在新世纪为世界和平与发展作出自己的贡献。

二、大学生思想道德发展的趋势

(一)大学生思想道德发展面临的形势和要求

1. 面临着人才素质激烈竞争的新环境

冷战结束以后,世界格局正朝着多极化的方向发展。目前美国是唯一的超级大国,企图领导世界。但时代不同了,一个国家不管如何强大也难以独立主宰世界,连美国报纸也在惊叹:“美国发现自己顶着股国际抵制之风在唱独角戏。”欧洲在强大,日本敢于说“不”,中国正在强大,有人说 21 世纪是“太平洋世纪”、“东亚时代”。美国著名未来学家约翰·奈斯比特为此写了一本书《亚洲大趋势》,认为亚洲将成为未来世界的中心。原美国商业部部长、布莱克斯通集团主席彼得·帕特森甚至说:“年轻人,去东方。”这是今天对事业正在起步的年轻人的忠告。由此我们可以看出,和平、稳定、合作、发展是世界潮流,是人心所向。在这种多极化世界格局之中,在这种和平与发展的世界主题之下,国与国的竞争,必然是综合国力的竞争,民族素质的竞争,归根结底又是人才素质的竞争。这就对大学生的素质提出了较高的要求,比如,高尚的爱国主义精神、强烈的民族自尊心、崇高的社会责任感、强烈的事业心和使命感、自强不息的奋斗精神、放眼世界的坦荡胸襟，等等。

2.面临着更加开放的世界

一方面，世界促使各国家、各民族、各地区逐步淡化意识形态和社会制度的差异，强调把经济利益作为国家交往的标准，在政治、经济、思想、文化、科技等方面都将进行超越国界的交流和合作。从 20 世纪末开始，国家元首、政府首脑等高层互访都带着财团、企业家、政府经济部门的部长，这些庞大的队伍，从事着带有浓厚经济色彩的外交活动。另一方面，随着世界开放程度的逐步扩大，各种意识形态、思想观念、生活方式、道德观和价值观必然发生冲撞。大学生必须具有与这个开放环境相适应的政治态度、思想观念、道德品行和个性修养。

3.面临着全球性的共同问题

不同意识形态、种族、社会制度的国家都将面临全球性的共同问题，如环境、资源、人口、就业、恐怖活动、吸毒、艾滋病等问题，将面临因为政治经济利益、民族和宗教问题的纷争而导致的局部地区的冲突，大学生必须具有面对这种复杂环境的心理素质，具有与地球村居民和平共处的包容性，具有与自然环境保持生态平衡的和谐协调和统一性，具有解决各种复杂问题的才能。

4.面临着西方敌对势力对我实行西化、分化的政治图谋

我们说和平、发展是世界主题，并不排除局部地区动荡、局部战争不断的现实；我们说经济利益作为国家交往的标准，并不否定不同意识形态国家也可以进行交流与合作。但是，不同社会制度、意识形态国家的斗争仍将长期存在。西方敌对势力仍将实行西化、分化我国的政治图谋，西方国家和平演变的策略也将长期存在。21 世纪的大学生依然是西方反动势力和平演变的主要对象，大学生必须具有坚定的政治方向、政治立场和政治观点，具有为共产主义事业而奋斗的坚定信念，具有坚持走中国特色社会主义道路的坚定信心，具有较强的政治敏锐性、洞察力和辨别力。

5.面临高新技术迅猛发展和信息时代的到来

高新技术的迅猛发展给人们的思想观念、生活方式带来了冲击，特别是信息时代的到来，不仅大大扩展了新思想的传播范围，而且促进了人类的交往，打破了时空限制，信息高速公路使大量的信息得到了快速贮存、共享、复现，使不同国家和民族之间的交往在广度、深度、速度上都大大增强。如：(1)全球网络互联可能对本国文化带来冲击，外来文化与本土文化发生强烈碰撞；(2)可能使“两种文化或两个国家之间的偏见和长期对立可以通过对相互差异的了解而得到解决，整个世界可能向和平共处迈进一大步”(《信息高速公路透视》一书作者迈克尔·沙利文－特雷诺语)；

(3)各国从自己的文化背景出发去解读一些外来思想和文化，由此可能产生新的启发，激发新的思想火花，完成新的创造；(4)信息时代使人类的能力充分发展，更需要人类自身的道德自律和自我约束，这是因为全球网络是一个知识交流场所，这种交流要求人们自觉地遵守一定的道德规范，制止电脑犯罪依靠的仍然是个人的良心和价值原则。

基于上述情况，大学生必须具有进行跨国家、跨民族交流的心理认同感；必须在各民族文化冲突中，努力保持本民族的文化特性，维护民族自尊，弘扬民族精神；必须在外来思想、文化、生活等观念的冲击下做到民族性与国际性、主体性与时代性的结合，培养适应信息时代要求的新的思想道德素质。同时，为了迎接新技术革命的挑战，大学生的思想道德教育必须为他们掌握科技文化知识和培养各种专业技能，努力发掘各种必备的非智力因素，以便担负日益繁重的学习任务。

(二)大学生思想道德教育面临的挑战

新时期对大学生的思想道德素质提出了更高的要求，同时对思想道德教育提出了更严峻的挑战。这些挑战除目前已经存在的，如市场经济负面影响、社会生活、周边环境等问题之外，还表现在：

1.社会发展的趋势与人类某些生活原则产生了冲突

《第三次浪潮》的作者曾经预言，未来人们办公将回到家里进行。信息时代，人们通过全球网络互联互通，坐在家里通过电脑终端可以获取信息，发表意见，作出决策，进行交往，看书无需进图书馆，看电影无需进影院，多媒体甚至更先进的技术可以满足各方面的需要。人们互相理解、帮助、爱护的组织基础薄弱甚至不存在了，人们在心理上的距离因此可能拉大，人类活动的这种个体化趋势对集体主义原则提出了挑战。在高等学校，教师可以依靠终端查资料、做学问，给学生授课，学生可以依靠电脑选择课程，学习专业，班级观念淡化了，集体活动少了。集体主义教育如何与这种日益强化的个体化生活、学习方式相适应值得认真研究。

2.生物技术的迅速发展对人的伦理道德观念提出了挑战

有的科学家预言，21世纪的带头学科可能是生物学。从20世纪开始，人类在生物高技术方面的迅猛发展引起了轰动。试管婴儿的诞生，打破了父母与子女依靠血缘的自然联系，克隆技术可以“复制”、“拷贝”生物，英国爱丁堡·罗斯林研究所用克隆技术培育出绵羊“多利”，那么下一步，能不能复制出“人”呢？如果对自然物种一部分的人类发展做过多干预，那么，被克隆的人在社会生活中的悲观心理、宿命感比正常人更强烈，反抗复仇心理更强烈，这种技术用来控制人的性别、人种结构、生产商品化的人体器官，改变了人类的伦理关系，生死概念也随之发生动摇，人类的伦理道德观念将受到前所未有的冲击，情况会比我们想象得更为复杂。

3.传统道德的内容和方式受到信息时代的严峻挑战

全球网络互联互通，西方的政治、经济、理论、文化、生活方式对我们的渗透，强烈地冲击着我们的思想和道德。封闭式的教育方式已经失去作用，救火式的、防御式的工作方式显得无招架之力。广阔的文化知识交流空间，对我们道德教育的内容、教育者的自身素质等的挑战都是严峻的。

4.家庭教育受到冲击

传统的思想道德教育强调学校教育、社会教育、家庭教育三者的结合，形成一种齐抓共管的合力。但在新的历史时期，经济活动这个强大的杠杆冲击着作为社会的基本单位——家庭。人类的交往扩大了，人类的流动加剧了，超越家庭成员之间的交往、利益格局的调整，使家庭的维系力仅仅依靠传统道德、舆论、法律等手段维系家庭事实上是不够的。孩子脱离父母，父母疲于奔波，家庭的德育功能淡化了，三位一体的教育格局将会发生动摇。

5.社会对大学生的影响比以往任何时候都更广泛、更强烈

全球性社会问题比20世纪更为复杂，这些问题传播渠道广、速度快、影响大。人类交往打破了时空局限。一方面，一个普通中国公民的疑难病症可以通过全球互联网络寻找到最佳治疗方案而得救；另一方面，其他不健康的东西同样迅速地扑面而来。比如，卫生部、联合国艾滋病规划署、世界卫生组织联合所作的2011年中国艾滋病疫情评估报告发布，结果显示，截至2011年底，估计中国存活艾滋病病毒感染者和艾滋病患者78万人，女性占28.6%；艾滋病病人15.4万人；全人群感染率0.058%。估计2011年中国新发艾滋病病毒感染者4.8万人，相关死亡2.8万人。但是在社会保障体系尚未完善的我国，不能不说这是一个危及社会稳定的隐患。这些问题对大学生思想道德的冲击是非常强烈的，必然会增加高校思想道德教育的难度。

提出这些问题，并没有危言耸听的意思，目的在于引起我们思索，激发我们不断去探索新时期大学生道德发展的新情况和新问题。

(三)大学生思想道德教育发展的趋势

1.主体化趋势

传统的道德教育把大学生作为教育的客体，习惯于“我教你学”、“我说你听”。学生始终处于被动接受的地位，因此，灌输、说教成为主要手段。高等教育改革的趋势是确立学生的主体地位，道德教育也应该把学生作为教育的主体，激发他们接受教育的主动性，通过主动参与受到教育，通过自觉参与、学习、发现、测评，自我纠正人生的航标，通过自我教育、自我管理、自我规范，达到道德教育的目的。

2. 个体化趋势

高等教育将实现信息化、网络化,学生可以依靠计算机终端完成教学过程(选择课程、选择教师、查阅资料、进行学习和测评,更多的是实现人机对话)。固定的学校、班级、学制、专业等都将淡化。由于后勤的社会化,宿舍并不一定在校内,建立班级基础上的集中教育和管理模式随之消失。道德教育面对的是一个个独立的个体,教育格局由集中教育向分散教育转变,运用现代化手段使教育内容网络化,辐射到每一个教育个体,并让其自觉学习和测评,不断调整、充实自己。

3. 个性化趋势

大学生道德发展呈现个性化趋势,鉴于每个人先天素质、个人阅历、外部环境、认识能力等的差异,这种个性化日趋明显,在培养目标统一性的前提下,如何正确处理共性和个性的关系,是道德教育面临的一大课题。道德教育追求在个性基础上寻求共性,在共性的要求下发展个性,个性的多样化必须达到共性的统一。承认个性,绝不意味着任其自由发展;强调共性,也绝不意味着否定和抹杀个性。

4. 社会化趋势

大学生必须在社会经济、政治、文化等大背景下进行思考。社会对大学生的要求是我们各项教育的客观依据,培养大学生的社会责任感、服务社会的义务感是培养目标的主要内容。社会道德是实施教育的大课堂,学生必须适应社会,抵御某些社会现象的负面影响,而不能把教育内容、途径、方式局限在校园范围内。

5. 终身化趋势

大学阶段的教育应该为每个学生提供走向社会从事某种职业的基本知识和技能,更重要的是提供享用终身的学习方法。现代教育的目标是要求使每个受教育者学会认知,学会做人,学会共处,学会生存。基于这种考虑,大学思想道德教育要在学校教育与继续教育的衔接上下工夫,让大学生即使离开学校仍然可以对各种可能发生的问题加以正确认识,寻求解决办法。没有一个人能以在学校学得的知识去应付终身遇到的问题,也没有一种教育能针对一个人一生的问题提供解决办法。只有思想方法会使人终身受益,方法、能力才有永恒的意义。

6. 国际化趋势

信息化把地球变成一个整体,人类将逐步突破国家、民族、人种、地域以及宗教信仰、意识形态的局限,政治上由对立到对话,经济上由分割到一体化,思想、文化、科技等方面相互交流、共同发展。未来人才是一种国际通用型人才,他们应该具有着眼全球的战略眼光,具有面对国际复杂问题、处理国际复杂事务的能力,具有与地球村居民和平共处的相互包容性。我们在思想道德教育中要正确处理爱国主义与国际主义的关系，善于继承本民族的优秀传统，也善于汲取人类共同的文明成果，放眼世界，面向未来，为全人类的共同繁荣、发展作出努力。

(四)大学生思想道德教育的新思考

根据大学生道德发展的趋势，对大学生的思想道德教育，必须坚持“重在建设”的方针，着力在把握教育大局、充实教育内容、改进教育方法、完善教育手段、改善教育环境上下工夫。

1. 在思想道德教育的战略布局上要把握好三个关系，突出解决大学生的理想信念问题

高校思想道德教育要以中国特色社会主义理论体系为指导，始终注意把握事物的内在联系，排除各种错误思想干扰，确保思想道德教育的正确方向，实现高校的培养目标，完成德育任务。要用中国特色社会主义理论体系武装大学生的头脑，帮助大学生增强社会主义必胜的信念。在战略布局上把握好三个关系：

(1)正确把握主流和支流的关系。高校思想道德教育的前提是要客观地分析大学生的思想道德状况，全面地认识当前高校思想道德教育形势。首先我们应该肯定，近年来，各高校按照中央的总体工作部署，在加强精神文明建设、加强思想道德教育工作方面做了大量工作，取得了显著的成效，学生思想状况主流总体来说是积极健康的，看不到这一点，就会失去信心。同时我们也应该清醒地看到，高校的工作一手硬、一手软的问题还没有彻底得到解决，思想道德工作状况与所面临的形势还很不适应，学生在政治观、道德观、价值观某些方面存在的问题还比较突出，对社会主义道路的观念还不够坚定，不看到这一点或不重视这个问题，我们就会丧失警惕，是危险的。只有因势利导，乘势而上，才能进一步发展当前高校思想道德教育的大好形势。

(2)正确处理对外开放和防止“西化”、“分化”的关系。在新的形势下，如何在扩大对外开放、迎接世界新科技革命的情况下，吸收外国优秀文化成果，弘扬祖国传统文化精华，防止和消除文化垃圾的传播，抵御敌对势力对我“西化”、“分化”的图谋，是在社会主义现代化进程中必须认真解决的历史性课题。这也是新形势下高校思想道德教育必须认真解决的新的重大课题。一方面，我们要坚决克服“全盘西化”的崇洋媚外思想，认真研究在开放形势下如何抵御“西化”、“分化”的图谋，抵御腐朽思想的侵袭。同时要研究哪些优秀文化成果符合中国国情，可以为我所用。另一方面，也要防止“左”的思想抬头，借口开放有风险，主张关起大门，回到闭关锁国的老路上去。重要的是加强引导工作，增强大学生的鉴别能力和抵御能力，从而在思想、政治、文化等领域筑起防渗透、反演变的钢铁

长城。

(3)正确处理抓住机遇和迎接挑战的关系。从机遇来讲,我们有中国特色社会主义理论体系的正确指引,有党中央的坚强领导,有改革开放30多年积累的思想道德教育经验,有这些年经济飞速发展所创造的物质条件,有全党全社会已经形成的重视精神文明、重视道德建设的良好氛围和工作基础。可以说,当前高校思想道德教育面临千载难逢的发展机遇和有利条件。我们没有任何理由悲观失望,必须抓住机遇,振奋精神,真抓实干,努力开创高校思想道德教育的新局面。从面临的挑战来讲,由于社会主义在世界范围内出现严重挫折,发达资本主义在国家经济、科技上还占有优势,西方意识形态的渗透还长期存在;由于在社会的转型期,随着利益格局的调整,学生的思想问题将会增多;由于对高等教育的投入不足,学生学习、生活条件短时期内很难全面改善,还存在影响稳定的种种隐患;由于学生思想矛盾性、双重性、反复性的特点,决定道德教育的复杂性、长期性和艰巨性等。这些都不是一朝一夕可以改变的。对此,我们应该发扬共产党人特别能战斗的精神,坚定信心,坚忍不拔,扎扎实实做好工作。

2. 在思想道德教育的内容上必须把握三个重点,突出解决大学生人生价值观问题

培养"四有"新人,是高校的根本目标。围绕这个目标,要在大学生中深入开展社会主义核心价值体系教育,弘扬一切有利于发扬爱国主义、集体主义、社会主义的思想和精神,大力倡导一切有利于改革开放和社会主义现代化建设的思想和精神。在教育内容方面,必须把握三个重点,帮助大学生树立科学的人生价值观。

(1)政治上重点解决政治立场问题。高校思想道德教育必须解决好大学生的政治方向、政治立场、政治观点问题,其中最重要的是解决好政治立场问题。帮助大学生牢固树立中国特色社会主义的共同理想,牢固树立坚持党的基本路线不动摇的信念,是对大学生进行正确的政治立场教育的首要内容,要围绕"什么是马克思主义,如何看待马克思主义"、"什么是社会主义,怎样建设社会主义"、"建设什么样的党,怎样建设党"、"实现什么样的发展,怎样发展"等四个基本问题,推进中国特色社会主义理论体系的学习,引导大学生从政治高度看问题并分析问题。

(2)思想上重点解决人生观问题。帮助大学生解决好世界观、人生观、价值观问题,是思想道德教育的重要任务,而解决好人生观问题则是思想道德教育的落脚点,是现实课题。进行人生观教育,就是要坚持个人理想与社会理想、权利义务与社会责任的统一,就是要坚持集体主义的价值取向,坚决反对拜金主义、享乐主义和个人主义。要针对树立人生观有

很强实践性的特点，引导大学生身体力行，帮助大学生在实践中确立正确的成才观，明确人生目标，校正价值取向，树立起全心全意为人民服务的人生观。

(3)道德上重点解决社会公德问题。社会公德、职业道德、伦理道德是高校思想道德建设的重要内容。针对大学生基础文明素质状况，解决社会公德问题是当务之急。社会公德教育，要以爱祖国、爱人民、爱劳动、爱科学、爱社会主义为基本要求，帮助学生正确处理国家、集体和个人之间的关系，发扬顾全大局、助人为乐、扶贫济困的人道主义精神；养成保护环境、爱护公物、遵纪守法、文明礼貌、尊老爱幼的良好习惯，特别是要克服知行相悖的矛盾，在规范大学生行为方面采取教育与管理两手抓的方针，不断提高大学生的文明水准。

3.在思想道德教育的方法上切实抓好三个结合，突出解决教育效果问题

高校思想道德教育要注意改进方法，采取多种渠道、多种方式，增强思想道德教育的针对性、生动性和有效性。在具体实施思想道德教育时，要注意做到三个结合：

(1)“规定动作”和“自选动作”相结合。学生思想道德教育职能部门和学生工作干部对上级部门下达的任务、布置的工作，要不折不扣、按时按质按量完成。要根据大学生的生理、心理、年级特点等，以制度的形式将高校思想道德教育的内容和方式固定下来。同时又要结合本单位的实际情况和形势需要，善于抓住时机，创造性地做好本单位的“自选动作”，把做好“规定动作”与做好“自选动作”有机结合起来，使思想道德教育步入规范有序的轨道。

(2)严格要求与热情关怀相结合。一方面我们要用共产主义、社会主义的思想道德标准严格要求学生，用大学生行为准则规范学生，用“先进教师”、“优秀校友”的事迹教育学生。另一方面又要从思想上、生活上、心理上给予大学生热情关怀。当前，影响大学生的思想因素较多，苦闷、彷徨经常困扰着学生。大学生来自农村的多，困难的学生也多。对此，既要做好耐心细致的思想教育工作，释疑解惑，又要在生活上给予学生更多的关怀；既要抓好普遍性的教育，更要做好个别学生的教育，严防突发事件发生。

(3)“软”、“虚”与“硬”、“实”相结合。大学生思想道德教育要由“虚”变“实”，“虚”工“实”做。工作任务要细化、考核指标要量化、评价标准要硬化。要把党和国家对大学生的要求具体化，将大学生思想道德素质的考核内容由软变硬，使大学生对自己思想表现的评价看得到、摸得着。

4. 在思想道德教育的手段上建立三项机制，突出解决保障问题

高校思想道德教育不只是思想政治工作者的任务，也是学校德育的重要组成部分，是全体教职员工的共同任务。要根据《普通高等学校德育大纲》、《关于进一步加强和改进大学生思想政治教育的意见》的要求，建立高校德育运行有序、保障有力的有效机制，促进高校思想道德教育的规范化。

(1)理顺运行机制。要把目前以校党委为主实施的思想道德教育体制，转换为在党委领导下由校行政为主实施的管理体制。形成校长垂直领导下的由职能部门、院系和班级构成的纵向网络和在校长协调下由各相关职能部门和教学单位齐抓共管、综合治理的横向网络，明确分工，确定职责，加强协作，使学校思想道德教育真正做到领导重视，保障有力，渠道畅通，工作到位。

(2)健全保障机制。要把随意性投入转换成规定性投入，建立高校思想道德教育经费投入的正常渠道。各高校要把思想道德教育经费列入预算，确保思想道德教育经费占下拨事业费和收缴学生学杂费用总和的2％～4％，设立思想道德教育基金。经费投入要作为衡量一所高校工作的硬指标，对于经费投入不足的学校，要亮黄牌，限期达标。

(3)完善评估机制。评估机制就是激励机制、制约机制。对高校思想政治工作的评价，要按照《普通高等学校德育大纲》和《关于进一步加强和改进大学生思想政治教育的意见》的要求，建立评估体系，确定评估内容，定期评估，分出等级，奖优罚劣。通过评估，使我们的思想政治工作做到有计划、有措施、有检查、有落实、有总结，确保高校思想道德教育能落到实处。

5. 在优化思想道德教育的环境方面要抓紧落实三项工作，突出解决学生关心的热点问题

思想道德教育环境包括社会大环境和学校小环境。从社会大环境来说，主要是进一步把握好舆论导向和社会价值导向，加强对精神产品生产的引导和文化市场的管理，加强对校园周边环境和文化环境的管理。当前，尤其要认真解决学生关心的热点问题，特别是要把反腐败斗争提到关系国家长治久安、执政党的生死存亡的高度来认识，真抓实干，抓住不放，一抓到底，抓出成效。尤其是要有突破性进展，实现党风的根本好转，增强学生对党的信任，对祖国前途的信心。从学校自身来说，也要抓紧落实三项工作，解决好大学生普遍关心的问题。

(1)加快教学改革步伐。我们的教育体制已滞后于时代的发展，与学生强烈的成才愿望构成矛盾。因此，加大教学改革力度已迫在眉睫。学生的合理化建议应积极采纳。应更新教育内容，改进教学方法，加强实践

环节，注重能力和技能的培养，增加第二课堂在教学中的比重，增加图书资料，更新教学设备，为学生的成长成才创造良好的学习条件。

（2）加大后勤改革力度。后勤改革要以服务为宗旨。要重视伙食工作，研究提高饭菜质量、改进服务态度的对策，保证学生吃饱，争取让学生吃好。要重视改善学生住宿条件，确保水电，改变脏乱，修缮破漏。要重视校园的绿化、净化、美化。在校园环境的规划、建设方面，注重营造浓厚的文化氛围，展示中华民族悠久的历史文明及学校的创业、发展史。创建整洁、文明、优美的校园环境。构建与现代化进程相适应的、集古今中外之精品于一体的校园文化氛围，使学生在高品位文化环境的熏陶下受到教育。

（3）完善改革配套措施。针对大学生心理压力大的问题，应普及心理健康教育，建立心理咨询中心，广泛开展心理咨询活动。针对大学毕业生就业压力大问题，应成立毕业生就业指导中心，加强毕业生思想教育和毕业生就业指导。针对实行收费上大学制度改革，困难生增多的问题，应加大扶助贫困生的力度，大力开展勤工助学活动，减轻学生的经济负担。

第二章　大学生道德的内涵

道德由一定社会的经济基础决定，并为一定的社会经济基础服务，它是对自我行为的约束，是自发自律的行为。作为特殊的社会群体，大学生的道德内涵有与其他社会群体相同的一面，也有其独特的一面。本章主要从大学生的人生观、成才道德、恋爱道德、科技道德、职业道德和理想道德六个方面进行阐述。

第一节　大学生的人生观

在社会发展的历程中形成了各种观念，人生观便是其中的一种，它驱动着社会的发展，也驱动着人的发展。人生观是一个既严肃而又现实的课题，它回答的就是人为什么活着和怎样活着才有意义的问题。

一、人生观概述

（一）人生观的含义

人生就其自然性而言，是指人的生命历程，即从生命的开始到生命的终结。人生就其社会性而言，是指人改造自然、改造社会，同时也改造自身的过程，而人生观就是人们对人生的根本观点。人生属于社会存在，而人生观是人生实际情况在人们头脑中的反映，属于社会意识和个人的思想意识。有人生就有人生观，在社会生活中，每个正常的成年人都有自己的人生观。因此，所谓“人生观”，就是生活于一定社会环境的人们，依据一定的世界观和生活实践经验，对于人生的目的、价值和道德等重大问题所形成的根本看法、信念和态度。人生观是人们在一定社会条件下对自己实际生活过程的认识，是人们最高社会需要的表达。

人生观包括人生目的、人生态度、人生道路，三者构成人生观的最基本范畴。

1.人生目的

人生目的是指人们在人生旅途中从事实践活动所争取的结果和要达到的境地。它是整个生命历程所追求的归宿，回答的是人为什么活着的问题，这是人生观的核心和根本所在，也是区别不同人生观的试金石。它要求人们对自己的行为动机、发展方向、前进道路作出根本性回答和选择。毛泽东指出："为什么人的问题，是一个根本的问题、原则的问题。"①因此，人生目的在人生观的范畴中处于统帅地位、指导地位。

人生目的贯穿于人生实践的全过程。在人生的各个不同阶段，每个人都有自己若干的具体目标，通过具体目标来实现整个人生的总目标，即我们所说的"人生目的"。人生目的规定着人生的行动方向，支配着人生的过程，从而达到人生所规定的目的。有人为了追求真理，使别人生活得更好而奋斗一生；有人为了攀登科学高峰而拼搏一生；有人为了求温饱而平庸一生；有人为了追求享受而醉生梦死一生；有人为了追求权势而钻营一生，等等。由于人生目的不同，有的人成为伟人、英雄；有的人成为好人、善人；有的人成为庸人、俗人；也有的人成为"小人"、坏人。

2.人生态度

人生态度是指人们在一定的社会环境的影响和教育及自我生活体验的基础上，所形成的关于人生问题的较稳定的自我心理倾向，即对自我人生所持的基本态度。它是指导人生活动的一种心理定向和行为表现，是人生观的重要组成部分。

人生态度的基本内容是怎样修身、怎样处世、怎样待人等，在人的一生中有许多重要的人生课题，诸如学业、事业、恋爱、婚姻、家庭、人际关系、公与私、美与丑、苦与乐、荣与辱等。在处理这些人生基本问题时，追求什么、放弃什么、喜欢什么、厌恶什么、尊敬什么、蔑视什么等都表现为人生态度。由于人生目的不同，人生态度也各有不同，归结起来主要有：一是以国家、民族、人民利益为重，为振兴中华积极进取的人生态度；二是以私字为核心，以自我为半径，为自己、为家庭着想、不思进取的人生态度；三是看破红尘、与世无争、消极悲观的人生态度；四是超世界、超社会，以评论员、裁判员、法官的身份对待人生的人生态度。

当代青年大学生为了发展中国特色的社会主义，为了实现党和国家的宏伟目标，也为了创造自己美好的生活，应该采取积极进取、开拓创新、乐观向上的人生态度。我们没有理由消极悲观，没有理由灰心失望，因为社会主义祖国为我们提供了建设今天、开创美好明天的客观条件。人生自古多磨难，只要自己有正确的人生态度，就能闯过人生的一道道难关，

---

① 《毛泽东选集》，第3卷，北京：人民出版社，1991年，第857页。

胜利到达人生的彼岸。

3.人生道路

人生道路是指人们在生命历程中所走的道路。人生道路是活生生的、实实在在的现实的人的生命历程的动态过程，其实质就是人们在社会生活中不断认识和改造自然，认识和改造社会，认识和塑造自我的实践过程。有什么样的人生观，就有什么样的人生道路。人生道路是人生观的综合体现，作为人生观的人生目的、人生思想、人生发展、人生价值都要通过人生道路表现出来，人生道路是这些方面相互影响、共同作用的具体反映。因此，人生道路乃是人生观由观念转化为行动的活动过程。

人的一生有若干阶段，这就决定了人生道路也有若干阶段。有一位作家曾说过：人生的道路虽然漫长，但紧要处常常只有几步，特别是当年轻的时候。大学阶段是人生的一个重要阶段，这个阶段是生理、心理发展的高峰阶段，也是人生观形成的重要阶段；既是猎取知识的重要阶段，也是为今后走向社会、为人处世做准备的重要阶段。人生道路弯弯曲曲、坎坷不平，这本是人生的客观规律。选择正确的人生道路，使人生道路的方向与时代发展的方向相一致，并勇往直前，定能留下一串串踏实的脚印。青年大学生要切实走好人生的这一步，让人生的道路在前进中延伸。

（二）人生观形成的心理基础

人生观问题是从什么时候进入个体的思想意识领域的，也就是说，个体发展到什么水平、具备什么条件才能考虑人生问题，这是必须首先搞清楚的问题。这些条件包括：

思维发展到具有抽象理论思维的水平。人生观是一种高级的心理现象。这种心理现象的产生，只有人的思维发展到能够抽象地概括涉及社会进步和发展的社会事件，能够掌握社会的标准，并以此标准来分析各种社会现象，以及能够确立自己未来生活的设想时，才有可能。如果一个人不能把大量的感性认识上升到理性认识进行由此及彼、由表及里、去粗取精、去伪存真的综合分析，不能把握事物的本质和发展规律，人生观问题也就无从说起。从发展角度来看人的思维，对社会事件意义的概括，相对地比对自然物的概括发展得晚些。这就是说，少年时期对社会事件的意义进行抽象的理论思维的能力没有得到充分发展，只有到青年初期，思维才有可能达到这样的水平。翻开历史，大凡对人生有看法、有研究的人，他们的这种研究可以说都是从青年时期开始的。

自我意识发展到能够进行自我反省，即能够反省自己的思想行动，检查其中的错误的水平。只有发展到能够进行自我观察、自我评价、自我完善，并能解决自我矛盾的时候，才能充分地认识自己，并决定如何更好地参与社会生活和正确地对待社会生活中所接触到的各种事物，从而按照社会的要求，考虑自己如何有意义地度过一生。只有具备这种能力，才有可能对人生的问题进行更高级别的思考。

生活经验积累到已经能够涉及社会生活领域的水平。生活观念是人生观形成的基础。如果生活经验仅仅局限于家庭或者学校，人生观还不可能最后形成，只有当生活经验涉及社会领域时，人生观才能表现出来。而进入这个领域时，人生实际上已步入青年时期和大学时期。人的生存和生活就是人生。人生没有笔直路，没有平坦路，没有并行路。人生的经历是纷乱复杂的，遇到的问题是各式各样的，人们要满怀豪情，勇往直前，不能不对人生经历或者将要遇到的问题作出回答。需要回答的人生问题主要有三个：人活着是为了什么？这是人生目的问题。人应该怎样生活？这是人生态度问题。人怎样活才有意义？这是人生评价问题。要回答这三大问题，最终还要回归到社会生活实践中去。正如俄国著名作家契诃夫幽默的比喻："人要有三个头脑，天生的一个头脑，从书本得来一个头脑，从生活中得来一个头脑。"

大学是人生观形成的关键阶段。大学生进入大学后，人生事业已定向，任务已明确，人生观形成的心理条件已具备（当然还没有完全具备）。抽象逻辑思维有很大发展，对事物的认识不局限于当前直接接触的，能够更多地进行间接推断，预料未来，主动性也大为提高，对新事物特别敏感，厌恶因循守旧，自信心很强。由于身心迅速发展和交往范围、生活领域的扩大，特别是进入大学后，接触广博的科学知识，产生了大量新的需要。例如，渴求完全独立自主，要求绝对受到他人的尊重，如饥似渴地在最广泛的范围内汲取新知识，并希望在各方面取得成就、有所贡献，积极要求参与社会活动，关心政治生活，要求有丰富多彩而又适应各自喜好的业余生活，渴望与他人广泛交往，特别重视志同道合的新伙伴，强烈希望与情投意合的异性交往，并获得对方的亲密、忠诚且带有独占性的（包括表现于外部的和隐藏于内心的）友谊。与心理特点这些积极方面相悖，还会有某些消极方面。例如，过多的精力在没有找到正确的途径发挥其作用时，就会用于无益甚至有害的活动上；敏感和主动在遇上不良环境影响时，也会盲目地把尚未认识的错误东西，特别是理论上的东西当作真理，因而容易受到各种错误思潮的影响，与这一点相关联的是，当渴望求知而不善辨明其真伪时，往往把自己没有接触过的，但已过时的理论都当作新东西，不加选择地一律奉为至宝。这时，抽象思维已经发展到能在一定程度上离开具体事物，自行提出假设、自行推理论证，但因此也就容易蜕变，产生片面的结论而又坚持己见，甚至强词夺理。某些领域的想法，由于没有充分考虑客观的具体条件，一时还难以实现时，动辄就对现实不满，或只凭热情一味地蛮干，一旦受到挫折，又悲观失望。由于富有想象力，因而也容易陶醉于憧憬中的欢乐,反而削弱了进取心。

综上分析,可以得出这样的结论:大学期间,大学生的人生观形成条件已经基本具备,而从面临的问题来看,急需正确地对人生观进行内在的全面调节。如果把人生观作为人生的总开关,作为心理成熟的主要标志,则大学时期正是人生观形成的关键时期。

二、影响大学生人生观的几种理论

马克思主义认为,各种人生观都是一定社会生产力和生产关系的产物,各个时代、各个阶级的社会地位不同,生活经历和境遇不同,对人生意义和目的的认同就不同,人生观也必然不同。评价一种人生观是进步的、科学的,还是落后的,根本标准就在于它是否符合社会发展的要求。

(一)享乐主义人生观

享乐主义人生观是从人的自然本性出发,认为人生的目的和意义就在于追求感官上的快乐,满足人的物质渴望和享受,把人生看成满足人的纯粹生理本能的需要。享乐主义是剥削阶级所推崇的一种人生观。现代资产阶级伦理学家把追求人生享乐当成个人唯一至高无上的目的,认为人生就是彻底地享乐。现实生活中,盛行"拜金主义"、"一切向钱看"等等,推崇的就是人活着就要有钱,有钱就能吃得好、穿得好、玩得好。这种人生观常常表现为不重理想,否认个人对社会的责任,认为追求人生高尚理想和承担社会责任的人是傻子。大学生中也存在享乐主义思想,它严重影响了大学生的成长。

(二)实用主义人生观

实用主义人生观从"有用即真理"这一唯心主义前提出发,认为人生的价值就在于对自己"方便"、"有用",并把"方便"和"有用"作为人生的信条。一切以"有用"为标准,否认人生存在的原则性和理想目标,主张人生的目的只服从于个人主观意志和欲望,生活的意义在于按照自己的欲望行动及其带给自己的好处。凡是对自己有利的便是有用的,无需顾及其他,为了达到自己的目的,可以不择手段。拥有实用主义人生观的人,评价是非的标准就是能不能给自己带来实惠和好处,只要能达到这个目的,其他一切原则都可以放弃。由此,实用主义的实质就是否定客观世界的规律性,否定真理的行为意义、标准的客观性,否定社会、集体、他人的利益。这也是资产阶级人生观的体现。

(三)悲观主义人生观

悲观主义人生观也称"厌世主义人生观"。这种人生观把世界视做苦海,认为人生充满了烦恼,毫无乐趣,只能听从命运的摆布,因而消极悲观、玩世不恭,甚至逃避现实,毁掉人生。

在现实生活中，消极悲观的人生观常把社会与个人对立起来，对社会、对他人甚至对自己失去信心。从政治角度讲，对社会主义、对共产党缺乏信心，因而看不到国家的前途和希望，也看不到自己的前途和希望，所以对社会、对他人怨气冲天，牢骚满腹，逃避火热的现实生活，只相信自我感觉。这种悲观的人生观对青年大学生也有一定影响，如学习上缺乏动力，只是消极应付，满足于“六十分万岁”。这种人生观过分地夸大了个人主观能动作用而在主观幻想和客观现实撞击失败时，又陷入悲观之中；有时夸大人生受动方面的作用，稍遇挫折便灰心丧气，产生厌世之念。悲观厌世者往往对人生失去兴趣，对社会失去信心，为逃避现实，解脱苦闷，甚至产生轻生的念头。

（四）利己主义人生观

利己主义人生观表现为两种形式：一是极端利己，二是合理利己。在现实生活中，拥有极端利己主义人生观的人是极少数，他们把社会、他人与个人利益绝对对立起来，以个人利益为中心，对我有利就干、无利就不干，小利小干、大利大干，他们的人生信条就是“人不为己，天诛地灭”、“人为财死，鸟为食亡”。为了个人的私利，不惜采取一切手段，甚至违法犯罪。这种极端利己主义对人生有着巨大的危害性，对社会有着很大的破坏性。

合理利己主义在现实生活中，特别是在我国改革开放，建立社会主义市场经济的过程中，表现尤为突出，对人民的影响很大。相当多的人，甚至不少青年大学生认为，市场经济社会中表现的都是利益关系，人与人之间也是利益关系。他们认为损人利己不可取，而合理利己是公道的，主张把利己与利他结合起来，主张“在利己中利他，在利他中利己”。其实质就是利己，利他是手段，利己是目的，本质都是个人主义。

以上几种人生观，从本质上看，有其共同的特征：其一，核心思想和原则都是自私自利，个人主义；其二，产生的哲学基础是唯心主义、形而上学和机械唯物主义；其三，内容都是个人的物质利益和政治权力；其四，对社会、人生都是有危害的。随着历史前进和道德进步，错误的人生观对社会和个人成长所带来的危害日渐被人们所认识，当代大学生应该深刻认识错误人生观的本质，并自觉抵制。

（五）共产主义人生观

共产主义人生观即无产阶级人生观，同剥削阶级人生观是根本对立的。它不仅继承和吸取了历史上各个被压迫、被剥削阶级的进步人生观的优良传统，而且是在现代大工业所造成的历史条件的基础上，在马克思主义科学世界观的指导下，在长期的实践中形成和发展的。它是人类最先进、最科学的人生观。无产阶级人生观有着不同于剥削阶级人生观的根本特点。

1.共产主义人生观体现了社会发展的客观规律，反映了广大劳动人民的根本利益

人生就是人们认识自然，认识社会，改造自然，改造社会的历程。而人们必须在特定的社会历史环境下生活，不能随心所欲地选择环境，或异想天开地超越自然和社会发展的规律，否则就会四处碰壁，一事无成。但是，人们在客观环境和客观规律面前又不是无能为力、无所作为的。人可以改造环境，利用客观规律为人类服务，即发挥主观能动作用，不断开辟人生的道路，实现人生的价值。尽管我们的社会主义市场经济体制还不完善，在前进的道路上还可能有这样那样的曲折，但我们只要以科学的态度认识人生问题，使人生的航船朝着共产主义的目标前进，我们就能克服一切困难，到达胜利的彼岸。

2.共产主义人生观把为实现社会主义、共产主义而奋斗作为崇高的生活目标

无产阶级从来重视物质利益和个人正当的生活享受，但它认识到个人的解放、个人的价值只有与实现共产主义伟大事业结合起来，一致起来，才能得以实现。因此，绝不把个人私利作为自己的目的，而总是把谋求人民群众的集体利益作为自己至高无上的生活目标。现在，我们正在构建社会主义和谐社会，这是青年大学生的美好理想和根本利益之所在，为此，我们应该把实现这个宏伟目标作为人生目的，切实承担自己应尽的义务。

3.共产主义人生观对生活始终保持革命乐观主义的态度

无产阶级是先进生产力的代表，是最有前途的阶级。树立无产阶级人生观的人，由于掌握了社会发展规律，科学地认识历史赋予自己的使命，因此能够正确地对待人生道路上的各种境遇，能够做到在成绩、胜利面前不居功自傲，停滞不前；在困难、挫折之时，不消极悲观，动摇退却；在邪恶势力之下，不卑躬失节，敢于坚持真理。现在，我们所从事的是前无古人的光荣而艰巨的事业，在前进的道路上还会遇到这样那样的艰难困苦，需要继续发扬坚忍不拔的革命乐观主义精神。

4.共产主义人生观的核心是集体主义

集体主义是无产阶级人生观同一切利己主义、个人主义人生观的根本区别。无产阶级的阶级地位决定它只有解放全人类才能最后解放自己，因而具有革命的自觉性和坚定性。无产阶级为了正确地认识世界和改造世界，完成历史赋予的使命，依靠集体的力量，依靠全体人民的团结，才能建立社会主义和最终实现共产主义。正因为如此，无产阶级人生观“不是建筑在保护个人和少数剥削者的利益的基础上，而是建筑在最后解

放全人类、拯救世界脱离资本主义灾难、建设幸福的共产主义世界的利益的基础上”。[①]无产阶级人生观之所以是最崇高、最先进的，是因为它所追求的是阶级的、人民的及全人类的根本利益。

三、树立为人民服务的人生观

“为什么人”的问题是一个根本问题，全心全意为人民服务是无产阶级的道德准则，是评定人生价值的根本标准，是革命者的根本人生目的。

（一）为人民服务的人生观是科学的人生观

为人民服务的人生观是在无产阶级长期的革命实践中形成和发展起来的。共产主义科学人生观理论的奠基人马克思、恩格斯在《共产党宣言》中指出：“过去一切运动都是少数人的或者是为少数人谋利益的运动。无产阶级的运动是绝大多数人的、为绝大多数人谋利益的独立运动。”[②]这不仅是对无产阶级运动性质的表达，而且是对无产阶级人生观、人生目的的表述。毛泽东在漫长的中国革命实践中继承和发展了马克思主义科学人生观，把无产阶级人生观精辟地概括为“为人民服务”。他指出：“我们一切工作干部，无论职位高低，都是人民的勤务员，我们所做的一切，都是为人民服务。”为人民服务的人生观是具有中国特色的科学人生观。在为人民服务人生观的指导下，在革命和建设的伟大实践中，涌现出无数为人民的利益而奋斗的英雄模范人物，培养了一代又一代的革命者和建设者。

（二）为人民服务人生观的科学依据

1. 为人民服务人生观的主要内容和要求

尊重人民的主人翁地位。个人与人民的关系是世界观的重要组成部分，个人与人民的关系问题也是人生观的基本问题。为人民服务的人生观要求热爱人民，相信人民，依靠人民，关心人民，尊重人民当家做主的主人翁地位，对人民群众满腔热情、甘当人民勤务员，为人民群众利益鞠躬尽瘁、死而后已，不管从事什么职业，不论职务高低，只要是人民需要的工作，都认真负责、精益求精、脚踏实地地做好。

人民的利益高于一切。为人民服务的人生观，把为绝大多数人谋利益、为人民服务作为人生的目的和宗旨。为人民服务的人生观要求我们一切言行都要从人民的利益出发，把个人的得失、苦乐、荣辱等同国家民族的命运和人民的利益紧密联系在一起，把人民的利益看得高于一切，个人利益服从人民利益；当个人利益与人民利益发生矛盾，并且二者都不可

---

① 《刘少奇选集》，上卷，北京：人民出版社，1981 年，第 133 页。

② 《马克思恩格斯选集》，第 1 卷，北京：人民出版社，1995 年，第 283 页。

兼得的时候，自觉地牺牲个人利益，保全人民利益，并坚决同一切危害人民利益的言行作斗争。

站在人民的立场上立身处世。为人民服务的人生观要求站在人民的立场上，维护人民的利益，观察和处理人生的大是大非问题。将为人民服务确定为立身处世的根本原则，为人民的利益坚持正确的，为人民的利益改正错误的，以符合广大人民群众的最大利益，为最广大人民群众所拥护为最高标准。在思想上、感情上、态度上真正站在人民一边。这是检验为人民服务人生观坚定性、彻底性的重要标志。

2.为树立科学的人生观而努力

社会主义制度为广大大学生树立科学的人生观提供了良好的客观环境和有利的客观条件。但外因只能通过内因起作用，要树立科学的人生观，必须依靠自己的主观努力。

(1)学习马列主义、毛泽东思想和中国特色社会主义理论体系。学习马列主义、毛泽东思想的中心内容是学习中国特色社会主义理论。因为中国特色社会主义理论是当代中国的马克思主义，是马克思主义同中国实际相结合的成果，对全面推进中国特色社会主义伟大事业具有重大的现实意义和长远的指导意义。广大青年大学生要认真学习和掌握这些理论，搞清楚在中国这样一个经济比较落后的国家如何建设和发展社会主义等一系列基本问题。辨别在改革开放大潮中、在建立和完善社会主义市场经济体制过程中出现的各种新观念、新思潮，自觉抵制资本主义和封建主义腐朽思想的侵蚀，树立正确的人生理想、信念和价值观，进而树立科学的人生观。

(2)培养热爱人民、尊重人民的深厚感情。树立为人民服务的人生观，在思想感情上要牢固确立人民至上的观点。我们的衣、食、住、行依靠人民的辛勤劳动，我们的知识来自于人民创造的精神财富。人民是我们的衣食父母，是我们最好的和终身的老师，我们是人民的儿女，要把自己的聪明才智和全部热情倾注到人民的伟大事业上，全心全意为人民服务，向人民奉献一颗赤子之心。

(3)努力学习科学文化知识。树立为人民服务的人生观，必须要有为人民服务的本领。而努力学习科学文化知识就是为了掌握为人民服务的本领，将知识转化为为人民服务的具体行动。没有本领，仅有为人民服务的良好愿望是不可能真正为人民服务的。当今世界，国与国之间的竞争就是综合国力的竞争，综合国力的竞争就是人才的竞争，而国家要提高国际地位，就要提高综合国力，就要依靠科学技术，关键就是要有大量的人才。青年大学生要承担起历史责任，为实现中华民族的伟大复兴而刻苦学习科学文化知识。

(4)积极投身于人民事业的伟大实践。为人民服务人生观的确定和巩固,最根本的途径是投身于火热的人民事业实践。在我国,各级各类学校都要认真贯彻执行教育为社会事业服务,教育与社会实践相结合的教育方针。在实行改革开放,发展社会主义市场经济新的复杂环境下,坚持这样的教育方针是极为重要的。我们之所以强调实践,从人生观角度说,就在于实践净化人生,实践实现人生观,实践磨炼人的意志,实践开辟人生道路,实践实现人生价值。人民是实践的主体,而人民的主体是占人口大多数的工人、农民以及其他劳动者。人生与实践相结合,人生与工农相结合,是树立为人民服务人生观的必由之路,也是唯一正确的途径。

实践出真知,实践长才干。大学生一要认真参加各种实践性的教学环节,如实验、实习、设计。二要积极参加学校组织的各项社会实践活动,如参观、访问、社会调查以及各类技术咨询等,了解国情、了解民情。三要积极投身于改革开放、发展中国特色社会主义的伟大实践。

第二节　大学生的成才道德

大学生的绝大多数都是要求上进,渴望成才的。人才对国家、民族的兴衰关系甚大。今天,为把我国建设成为现代化的高度民主、高度文明的社会主义强国,要依靠千千万万的人才作艰苦卓绝的努力。那么,到底什么叫人才?人才成长的“奥秘”何在?大学生的道德与成才的关系如何?本章将探讨这些问题。

一、人才与成才

(一)人才的含义

狭义的人才观念认为,人才是人中之精英,是整体之一部分。一般说来,这个部分在整体中所占比例很小,他们是一群“有特殊才能”或“超群才能”的人,是“出类拔萃”的或“智能较高,创造力较强,对社会作出较大贡献”的人。其中既包括在物质领域进行创造的人,也包括在精神领域进行创造的人,又包括生前得到社会承认的“显人才”和死后才得到社会承认的“潜人才”。

广义的人才观认为,一个人的能力有大小,无论做什么工作,只要精通这行业务,有“一技之长者”,都是有用的人才。其中包括学有专长的人才,也包括那些虽无文凭、学历,但在某一行业达到同行业一般大学毕业生难以达到的水平者。

广义的人才观注重人的素质的后天培养，认为人人都可以通过后天的努力提高自己的素质，成为有一技之长的某一方面的人才。

（二）人才的类别和层次

任何社会的人才都有类别、层次之分，古往今来人才分类的根据和方法各不相同。

第一，以人才的德才为标准。诸葛亮在《将材》一文中，将“将材”分为九类，即仁将、义将、礼将、智将、信将、步将、骑将、猛将、大将。

第二，根据人才的思维类型。郭沫若同志在《天才与教育》一文中，将人才分为“直线型”和“球型”两类。

直线型	以一种特殊天才为原点，深益求深，精益求精，向着一个方面渐渐展延，展延到它可以展延到的地方为止。如纯粹的哲学家、科学家、文学家、艺术家。
球型	将其所有的一切天才，同时向四面八方立体地发展开去，如孔子、歌德。

第三，根据人才的人格类型。德国现代著名心理学家施普兰尔在《生命的形成》一书中，将人才分为六类：理论型、经济型、美术型、社会型、权力型、宗教型。

第四，依据人才掌握知识的深度和广度。德国化学家奥斯特尔德将科学划分为两大类：古典派——在自己学科内造诣很深，但深入另一领域颇为不宜；浪漫派——有多种领域内的知识，从一领域跨入另一领域比较自由。

（三）几种成才模型

关于成才模型，学术界有这样几种说法：

第一，纵向成才模型说。

国外把纵向成才叫做“窄化专业”（是在学完基础课之后的窄化）。窄化专业易于突破一点，继而扩大战果。我国中医史上，不少医家都采取纵向成才模式。他们在掌握中医经典《黄帝内经》后，依据个人特长，选择《黄帝内经》的一个或几个问题，加以发挥，自成一家。窄化专业的成才战略不仅对立志成才的个人具有重要意义，而且对于学派发展也具有同样重要的意义。

第二，横向成才模型说。

横向成才是在知识的交界处做文章，可称为“知识改组”或“知识杂交”。知识杂交的第一代是自然科学与自然科学之间的杂交，如20世纪20年代，李四光将力学概念引入地质学，创造出一门新的学科——地质力学。第二代是自然科学、数学与社会科学的杂交，如管理学、化学、考古学等。知识杂交的道路对有志成才的青年具有相当大的启发意义。

第三，综合成才模型说。

综合成才需要的知识面比较宽，由综合而创造，是当代科学技术、文学艺术、社会科学迅速发展的重要途径。20世纪40年代，美国数学家N.维纳和一批志同道合者一起，综合了数学、生物学、神经生理、统计力学、电子技术、自动控制等多项知识创造了控制论。

三条基本的成才之路，适合于各个不同领域、不同禀赋、不同知识结构的领域、不同知识结构的青年。但在实际的成才过程中，可灵活进行调节。有的可能从纵向型转向横向型，有的可由纵向型转向综合型。

(四)青年期是成才的最佳时期

据我国学者统计，从600年到1960年间1220位科学家、发明家的1818项重大创造发明，大多数是在他们30岁左右做出的，40岁以前做出第一项重大发明的创造者占三分之二。

年龄(岁)	第一项发明的人数	重大发现的项数
16～30	366	431
31～40	473	661
41～50	272	479
51～65	109	244

据日本学者研究发现，化学家在26～30岁、数学家在30～34岁、外科医生在30～39岁、天文学家及生理学家在35～39岁是出创造性成果的最佳年龄。

以上研究成果表明，青年期处在创造活动的活跃阶段，是成才的最佳时期。青春年华之所以是人生大有作为的时期，是由青年自身的许多优势和特点决定的。他们充沛的精力，能保证高效率地学习和工作；他们强健的体魄，能胜任中老年人难以负担的任务；他们旺盛的创造力，能在各项领域里取得新的突破。

二、大学生成才与道德的关系

在探讨道德对大学生成才的影响之前，必须对一个人成才的内外因素作一简要阐述，以便把握道德在人才成长中的作用及影响。

(一)人才构成的内外因素

考察人才，特别是杰出人才成长的过程，无不是内外因素共同作用的结果。

第一，人才构成的内在因素。

人才构成的内在因素包括思想品德、见识、才能、学问、体质等。思想品德作为人才构成的内在因素，又可分解为政治品德、伦理道德和个性心理品质等。政治品德是指辩证唯物主义、历史唯物主义的世界观以及建立在这个世界观之上的政治立场，代表先进阶级的先进思想。伦理道德指以高尚的思想情操处理人与人以及人与社会之间的关系。实际上，它是个人道德修养及其在社会关系中的表现。个性心理品质，是指注意力、科学好奇心、认真、持之以恒、不怕失败等心理特征。

见识。主要指能正确把握社会历史发展规律，看准时代前进的方向，预见和掌握自然规律和科学发展的方向，抓得准所从事研究领域内的具有较大意义、关键意义的攻关课题；有较高的审美能力、鉴赏力和辨别力等。人才成就之大小，主要是由“识”的深浅决定的。

才能。即才智和能力。才智表现为大脑的思维能力，如计算能力、决策能力、分析能力等。技能表现为人的器官的活动，如雕塑技能、射击技能、表演技能、驾驶技能等。才能是人才成长过程中必不可少的助推器，是由先天的因素和后天的实践构成的。人们之间才能的差距，主要是由后天实践水平不同造成的，在后天的实践中表现出的勤奋越突出，才能的发展也就越出众。

学问。包括社会科学知识、自然科学知识、思维科学知识、数学知识、文学艺术知识等，以及对它们的概括和总结——哲学知识。学问是人才成长的基础，非学无以成才，非学无以明识，非学无以立德。

体质。“体者，为知识之载，而为道德之寓者也。”健康的体魄在人才成长与成功过程中起着基础与关键的作用。

第二，人才成长的外在因素。

一个人能否成才，除了内在因素外，外在因素也起重要作用。外在因素主要是指社会环境。社会环境从大的方面来说，包括社会的经济环境、政治环境和文化环境。我国唐代，曾出过很多政治、经济、军事、文化、科学等方面的人才。这与初唐时代的经济繁荣、政治安定、国力强盛，同唐太宗李世民所力倡的“唯贤是举”的人才制度，有密切关系。社会环境从小的方面说，就是某一特定的环境对人的特别影响，其中有受传统因素影响而形成的人才群，有由血缘关系对人的影响而形成的人才链，有受某一地域或某一学派影响而形成的人才群。这些都说明，如果有好的老师的指导，有优良传统、良好的家庭环境的熏陶，是有助于人才成长的。但从根本上说，青年是否能成才，还在于他们能否认清社会的需要，能否清醒地看待和利用各种社会环境。只有认准时机，抓住时机，使自己的成才志向符合社会的需要，并尽量利用社会的各种物质条件，才能使自己尽快成长。

内在因素与外在因素在青年成才过程中所起的作用不是截然分开的，它们互相渗透，交结在一起。一个人无德无识，就谈不上能够审时度势，但无一定的社会环境作支撑也只是空有一股热情。在内因与外因的关系上，从个人来说重在内在的道德、见识、才能、学问、体质的锻造，这样，一有适当时机，就能振翅高飞。也就是人们常说的：机遇偏爱有准备的人。

（二）道德在人才构成诸因素中的地位

在人才构成的内外因素中，外因是条件，内因是根据，外因要通过内因起作用。人才自身的努力具有决定性意义。而在内在的诸因素中，良好的思想品德在人才成长中起着决定性作用。这可从社会对于人才的客观评价和人才自身的发展来看。

人才之所以为人才，一般是需要得到社会认可的。古今中外历史上对人才的考察和评价，常常以“德”为重。春秋初期管仲在《立政》篇中讲到朝廷选拔人才的时候须要审慎地解决好三个问题，第一个就是“德不当其位”。就是说要看道德品质是否与他所担任的官职相称。在现代世界科学最高奖赏——诺贝尔奖的评选中，除了人们所知的政治态度为一重要条件外，不成文的标准还有“家庭生活是否严肃”、“为人是否公正”等。我国的教育方针明确规定，要使受教育者在德育、智育、体育诸方面获得全面发展，成为有社会主义觉悟的有文化的劳动者。我们党选拔干部的标准历来是：又红又专，德才兼备。

另外从人才自身的发展来看，最宝贵的素质莫过于具有崇高的理想、远大的志向。这对人才的学习思维活动及其结果具有积极影响。它会转化为人才成长的内在动力因素，在遇到艰难险阻时给人以无穷的力量和不断前进的勇气，使人的聪明才智得到最大限度的发挥。一个胸无大志、无所追求、对任何事业都毫无热情、麻木不仁的人，很难成才；而虽有鸿鹄之志，但却是“语言的巨人，行动的矮子”者，对自己所追求的理想舍不得倾注心血，毫无献身之行的人，也很难踏入人才的行列。一个人品德高尚、才能平常，可以通过发展才华，成为人民大众所欢迎的人；而才华横溢、品德恶劣又不思改悔者，必不为人民大众所用。“有才无德，其行不远”。北京外国语学院的冯大兴从学习尖子堕落为人民的罪人就是有才无德者一个最好的注脚。著名京剧导演郑亦秋曾说：作为一个演员，从不成到小成比较容易，从小成到大成却很难。因为前者主要靠“才”和“学”，而后者则要靠“德”与“识”，德、识、才、学兼备，方可成其大品。郑亦秋之言，十分精辟地点出人才成长过程中的关键因素。

（三）道德品质对成才的影响

政治品德、伦理道德和个性心理品质对青年是否能成为某一方面的有用人才有着十分重要的影响。

第一，政治品德对人才成长的影响。

所谓“政治”，就是阶级、政党、社会团体和个人在国内及国际关系方面的活动，是经济的集中表现。生活在社会中的个人，都不可能完全脱离政治，它就像影子一样伴随着人们，谁也无法躲避。一个人的政治品质对其事业的成就具有制约作用，主要表现为：

(1)顺应历史的进步潮流。政治品德中重要的一点，就在于是否能认清历史的进步潮流，对人民的意志和人心的向背是否有真正了解。不管是从事社会科学、社会政治活动、文学创作的人，还是搞发明创新的科技工作者，如果基本的政治立场发生错误，或整个地与时代潮流相违背，那么，这种人不仅不能朝着成才的方向发展，甚至会成为给社会带来巨大破坏作用的反动分子，为人民所唾弃。

(2)热爱祖国。这是人才政治品德的一项重要内涵。其一，表现为具有深厚的爱国之情。这种对自己祖国的深厚感情，具有巨大的向心力和凝聚力。其二，表现为对祖国、对人民承担的义务和责任，有坚定的报国之志。其三，表现为拥护社会主义祖国的团结和统一，关心祖国的前途和命运，具有为保卫祖国的主权、维护祖国的尊严、为祖国繁荣富强而献身的精神。

综观社会发展史，一些优秀人才道德修养之精华大都表现为爱国主义。

第二，伦理道德对人才成长的影响。

每一个立志成才者，在其成就事业的过程中，都必然会遇到自我与他人、自我与集体、自我与社会，国家、民族以及个人的生活与事业等关系问题。这些问题处理得正确与否，直接关系到才能发挥的好坏和事业的成败。而要正确处理这些问题，就需要有正确的道德观念和高尚的道德品质。

(1)不慕虚荣。以其学识为人类的进步事业服务，这是对人才道德上的基本要求。马克思曾说："科学绝不是一种自私自利的享乐，有幸能够致力于科学研究的人，首先应该拿自己的学识为人类服务。"居里夫妇在当时生活还很困难的时候，毫无保留地公开了炼镭技术，在贫苦与财富之间毅然选择了前者。居里夫人认为，借此求利"是违反科学精神的"。一生有2000多项发明的爱迪生的座右铭是："我探求人类需要什么，然后我就迈步向前，努力去把它们发明出来。"这些科学家不仅以他们为人类所做的贡献而名垂千古，更以他们为人类而献身的崇高品质流芳百世。

(2)见贤思齐。对同事中有高于自己才能的人，要见贤思齐，虚心学习，努力赶超，共同进步。

(3)提携后人。与同龄人应见贤思齐，见后来居上者更应热心扶持，乐于举贤荐能，以促进科学昌盛。

(4)谦逊大度。能正确地认识自己和评价别人，有才华的人才能健康成长。但是人们的认识能力并不完全一样，并不是所有的人都能摆脱例如小气、清高、傲慢、诽谤等不良思想的影响。一切有志成才的青年对此必须有足够的警惕，只有努力培养自己谦逊大度的品格，营造一种友爱和同志式的公开的批评氛围，才能在互相切磋中加速成长。

第三，个性心理品质对人才成长的影响。

个性心理品质包括性格、兴趣、动机、意志、情感等方面。考察历史上的优秀人才，可以发现个性心理品质对成才有着重要意义。

(1)事业心。这是一个人成就事业所需要的最基本的心理素质，也是诸多优秀治学品质赖以存在的基础。事业心强的人目光远大，心胸开阔，常常能克服常人难以克服的困难，认准自己所选择的目标走到底，而不为任何干扰所左右。

(2)勤奋。勤奋一是指刻苦钻研的好学精神，二是指顽强不息的实干品格。勤奋的学习和实践，是成才所需要的最重要、最基本的品格修养。鲁迅先生曾说："伟大的成功和辛勤的劳动是成正比例的，有一份劳动就有一份收获。日积月累的人，从少到多，奇迹就可以创造出来。"

(3)惜时。时间对于人们具有公正的均等性、无法阻挠的流逝性和不复返性，这使得人们对时间的态度具有一种严肃的道德意义。明朝的文嘉写的著名的《今日诗》、《明日歌》值得作为案头警诗。

(4)毅力。毅力主要表现为锲而不舍的治学精神和不怕失败的顽强意志。意志品质与人才成长及其贡献大小有着密切的关系。英籍澳大利亚生物学家贝弗里奇说过，几乎所有的科学家都具有百折不回的精神。许多有成就的科学家、文学家、革命家都有一种坚忍不拔和奋斗不息的革命精神。竺可桢观察记录气象坚持几十年，直到临终前一天，还在床上做当天的气象记录。青年作者郑九蝉开始写作时，送去发表的文章一篇篇被退回来，10 年写了 1000 多万字，都未能正式发表。但他不灰心，不退缩，失败一次，再来一次，终于走上了成功之路，成为有一定影响的青年文学工作者。这样的事例不胜枚举，充分说明毅力在成才过程中有着不可忽视的作用。

(四)大学生成才的思想品德要求

人才是为社会发展和人类进步进行了创造性劳动，在某一领域、某一行业，或某一工作上作出较大贡献的人。大学生要立志成为这样的人，首先必须从思想品德的锻炼上对自己提出较高的要求。

第一，必须具备社会主义的政治觉悟。

今天我们培养的人才，是为社会主义祖国服务的。如果没有对社会主义祖国的深厚感情，没有献身四化建设事业的志向，没有坚持四项基本原则的基本觉悟，是很难适应建设高度的物质文明、社会主义精神文明的现代化强国这一伟大事业的需要的。社会主义的政治觉悟不可能凭空确立。必须认真地接受系统的马克思主义基本理论的教育,掌握唯物辩证法,从根本上解决世界观问题。懂得社会主义发展的必然规律,学会从复杂的现实矛盾中看到社会前进的发展方向。

第二,人才的自我规划必须与社会的需要和个人的实际相结合。

古往今来,大凡有志成才者,对自己的一生都有规划。自我规划是否切合实际,目标选择是否恰当,关系到成才抱负能否实现以及在多大程度上实现的问题。

比较完善的自我规划,通常要考虑国家和人民的迫切需要。因为人才的成长与一定的历史条件和社会时代是密切联系的,绝不是仅凭个人设计、个人奋斗就能奏效的。“实现四化,振兴中华”,是我国人民共同奋斗的总目标。自我规划只有建立在这个基础上,个人的奋斗才会有坚实的依托。若只是单纯地为改变个人的机会、经济地位而奋斗,那很可能会陷入不择手段追逐功名利禄的泥淖,最后非但不能成才,弄不好还会葬送自己的一生。

合理的自我规划还必须与个人的志趣、爱好和专长紧密结合。这里首要的问题是要能“认识你自己”。每个人的智力特点都是不同的,有的擅长形象思维,有的抽象思维过人,有的具有精细的观察力,有的动手能力超群,客观地认识自己的长处和短处,注意发挥自己的特长,这才是明智的。

自我规划除了要从个人的才能特点出发外,还必须结合自己的专业和职业实践。在出席 1982 年全国自学经验交流会的 105 名代表中,90%(97 人)是结合本职工作自学成才的。实践证明,个人的爱好、兴趣和研究内容与本职工作相一致,容易得到领导的支持和群众的帮助,能较快地提高自身的业务水平,便于利用本单位创造的条件,长久地坚持下去,作出成果。反之,则往往要花费更多的时间和精力,走更为漫长艰苦的道路,甚至会因为被误解而带来种种烦恼。

第三,树立全心全意为人民服务的理念。

全心全意为人民服务是当代青年最高的共产主义道德准则。它表现为热爱人民,关心人民,爱护人民;以人民利益为工作宗旨和出发点,一切向人民负责;个人利益服从人民的整体利益,同一切危害人民、背叛人民的行为作斗争,必要时不惜牺牲个人利益以至生命。这些行为要求,落实到每个立志成才的青年身上,就是要热爱本职工作,讲究职业道德。不讲职业道德的人,从任何角度来说,都不能算是合格的人才。青年只有以满腔热情,严肃认真地对待本职工作,致力于创造人民的幸福,解除人民的苦难,才能得到人民的认可和支持。

第四,塑造良好的个性心理品质。

个性心理品质的塑造主要在于锤炼意志品质和创造性个性的培养。

对于一些常立志常没志、最终一事无成的青年来说，缺乏良好的意志品质是他们最终一事无成的重要原因。意志品质指坚持、忍耐、坚强、毅力、恒心一类的美德。它往往表现为坚定不移地为提出的目标而奋斗，有不达目的誓不罢休的决心；有迅速而深思熟虑地决断事情的果断性以及从容承受遇到不幸和困难的忍耐性。纵观历史，各类英雄人物、科学巨人，都是意志力较强的人。在当前竞争日益激烈的条件下，对生活在和平时代、物质生活条件比较优裕、未经风吹浪打的青年一代来说，意志品质的锤炼显得尤其重要。

同样，创造性个性也是大学生成才所需要的一个重要的心理品质。创造性个性的培养，不是创造能力的培养，而是创造意识、创造情感、创造意志和创造力的统一。青年应注意培养自己具有勇敢、自信、自尊、坚毅以及精力旺盛、反应敏捷、思维灵活、富于想象等创造性个性特点，克服诸如胆怯、自卑、软弱、狭隘以及怠惰、刻板等妨碍创造性的个性因素，使自己具有一种积极进取和忘我献身的精神品质。

第三节　大学生的恋爱道德

每个人一生中都会遇到两大问题，一是爱情，二是事业。爱情与事业都是人生美好的追求，大学生在追求事业的同时，也会遇到爱情这个人生课题。一位著名作家说："人生的道路虽然漫长，但紧要处常常只有几步，特别是当人年轻的时候。"爱情问题可以说是年轻人人生道路上"紧要处"的几步之一。如何正确处理爱情与事业、爱情与学业、爱情与理想、爱情与道德等方面的关系，并不是每一个大学生都能作出圆满回答的。因此，加强对大学生恋爱道德教育是非常必要的。

一、爱情的规定性

（一）爱情的规定性

爱情是人类情感中最为复杂、最为微妙的一种，是一个古老而又常新并且永恒的话题，千百年来为人们所关注。在人类文化发展史上，曾有不少思想家研究它，不少文学艺术作品表现它。但是由于阶级、世界观、人生观和道德境界不同，对爱情作出的回答也不同。

1. 什么是爱情

所谓"爱情"，是一对男女基于一定的客观物质条件和共同的人生理想，在各自内心中形成的对对方最真挚的仰慕，并渴望对方成为自己终身伴侣最强烈的、稳定的、专一的感情。爱情的本质是承担责任,是给予。教育家苏霍姆林斯基这样教导儿子:“要记住,爱情首先意味着对你的爱侣的命运、前途承担责任……爱,首先意味着把自己的精神力量献给爱侣,为他(她)缔造幸福。”爱情是一种责任,是一种奉献,不是索取和占有。正是这种无私的奉献和给予,才使爱情高尚和纯洁。

2.爱情的基本特征

恩格斯在《家庭、私有制和国家的起源》一书中对爱情作了详细的论述,指出爱情就是“人们彼此间以相互倾慕为基础的关系”。他说:“现代的性爱,同古代人的单纯的性要求,同厄洛斯(情欲),是根本不同的。第一,性爱是以所爱者的对应的爱为前提的;在这方面,妇女处于同男子平等的地位,而在古代的厄洛斯时代,决不是一向都征求妇女同意的。第二,性爱常常达到这样强烈和持久的程度,如果不能结合和彼此分离,对双方来说即使不是一个最大的不幸,也是一个大不幸;为了能彼此结合,双方甘冒很大的危险,甚至拿生命孤注一掷,而这种事情在古代充其量只是在通奸的场合下才会发生。最后,对于性关系的评价,产生了一种新的道德标准,人们不禁要问:它是婚姻的还是私通的,而且要问:是不是由于爱和对应的爱而发生的?”[1]从恩格斯对爱情关系的论述中,我们可以看到爱情关系的基本特征:

第一,具有自主性。这就是说,两性之间爱情关系的确立,必须出于当事人的自愿,而不能是其他外来因素和势力的干预。任何人都没有权力以政治的、经济的、家族的、宗教的、道德的理由强迫人们去爱,也没有权力强迫人们不爱。

第二,具有互爱性。爱情要以互爱为前提,来不得半点勉强。一方爱上另一方,同时又要得到另一方同样的爱,才能构成爱情关系。因而,一方不能强制另一方与之结合,强制的结合,绝不是爱情。同时,不能因为自己爱对方,也要求对方必须爱自己,单相思不是真正的爱情。爱情是相互爱慕之情,必须也应是对等的。

第三,具有排他性。爱情的排他性就是指爱情的专一性和纯洁性。男女之间一旦形成爱情关系,就要求双方绝对忠贞,不容许有第三者插足,也不容许其中任何一方同时与任何第三者发生暧昧关系,同其他异性建立和发展友谊不能超出同志和朋友的范围。著名的教育家陶行知先生曾说:“爱之酒,甜而苦。两人喝,是甘露。三人喝,酸如醋。随便喝,毒中毒。”

第四,具有持久性。这是指爱情所包含的感情因素和义务因素,不仅

① 《马克思恩格斯选集》,第4卷,北京:人民出版社,1995年,第75页。

存在于婚前的恋爱过程中，而且存在于婚后的夫妻生活和家庭责任中。在整个夫妻生活与家庭责任中，双方都要忠贞不渝，经得住人生道路上的种种波折和考验。如果双方或者一方把结婚看成爱情的坟墓，或者一方因地位的变化而朝秦暮楚、见异思迁，那就不是真诚、纯洁的爱情，而是不道德的行为。当然，爱情的持久性，不是说它永恒不变，而恰恰说明它必须在经常变化中更新。当然这种更新不是对象更新，而是内容更新，是爱情的不断升华。

在爱情的规定性上，不仅应当看到它同性欲、友谊的联系与区别，更重要的还要把它作为感情和义务的有机统一。只有两性之间以性欲为自然前提，以同志友谊为基础，并使炽热的感情和相应义务的强烈责任感有机统一的关系，才是真正的爱情。

(二)爱情是自然要求与社会要求的统一

爱情作为两性间的一种特殊关系，不仅具有自然属性，还具有社会属性。

一般来说，人发育到一定时期，就会自然而然地产生对异性的要求。人类依靠这种性能繁衍后代，这是人类所具有的自然属性。追求异性的生理要求是产生爱情的自然前提条件，但不是唯一条件。鲁迅说过："人类爱情是在性生活基础上发展起来，比性生活高尚无比。"黑格尔也认为："爱情里确实有一种高尚的品质，因为它不只停留在性欲上，而是显示出一种本身丰富的高尚优美的心灵，要求以生动、活泼、勇敢和牺牲精神和另一个人达到统一。"鲁迅和黑格尔都指出爱情是以性爱为基础，以男女结合为目的，但又绝不能把爱情归结为性爱。可见，人类对爱情的追求绝不是以单纯的自然方式进行的，而是以一种丰富的、不断发展变化的社会方式进行的。也就是说，爱情不仅具有自然属性而且具有社会属性。

爱情的社会属性可从三方面来说明：

一是爱情是人类社会发展到一定历史阶段的社会现象的产物。爱情不是随人类的诞生而产生的。人类有一个从动物界向人类转变的过渡阶段，这个过渡阶段实行杂乱的两性结合，被称为"群婚的初始阶段"。进入原始社会后，一群男子同一群女子互为夫妻。恩格斯说："孩子们……往往只知道母亲，因为一切的照顾和责任都落在她的身上；他们对于父亲却毫无所知。"①原始社会后期出现了对偶婚，有了不同形式的家庭。封建社会与奴隶社会的婚姻关系从性质上说是相同的，不同的是封建社会是等级森严的社会，反映在婚姻关系上突出的特征是男尊女卑。在这种情况下，男女之间的爱情受到社会的种种束缚。资产阶级虽然宣扬自由、平

---

① 《马克思恩格斯选集》，第4卷，北京：人民出版社，1995年，第48页。

等、博爱的信条，并相应提出了两性间应该恋爱自由，相对于封建社会的买卖婚姻来说，这无疑是历史的进步，但是在资本主义这样一个金钱万能的社会里，爱情关系常常笼罩着浓厚的金钱色彩。

社会主义制度，为男女之间建立高尚的爱情关系提供了良好的社会条件。随着社会主义精神文明建设的深入发展，男女双方在爱情关系上逐步摆脱了旧时代所造成的种种影响，"金钱关系"、"权势关系"、"门第关系"给爱情关系罩上的阴影已被越来越多的人所认识，但是，要建立起与新时代的社会制度相一致、具有高尚道德水平的爱情关系不是一朝一夕能完成的。社会意识落后于社会存在，但是旧制度虽然已不复存在，旧的婚姻观念在现实的婚姻关系上仍有很大的影响，因此，进一步肃清婚姻关系问题上旧的观念的影响仍是一项艰巨的任务。

二是爱情生活是包含丰富社会内容的精神生活。首先，真正的爱情生活是一种高尚的社会性的交往。作为爱情的双方，即使不是全部，也应有大部分生活是在交流对社会理想、抱负、志趣、爱好及社会上一系列政治、经济、文化等生活的看法。若离开这种对社会生活的交流，就不能算作高尚的爱情。因为离开丰富多彩的社会生活的爱情，只能是从爱情的自然属性上理解的所谓的性的吸引。这种情况在动物身上也会发生。其次，人们的择偶标准也具有社会性。在任何一个时代，人们选择恋人的标准绝不能仅仅停留在容貌、身材、气质等由遗传决定的特点上，还要考虑社会身份、教育程度、道德水准等社会因素。最后，性意识的产生是在社会交往中逐步形成的。可见，爱情生活是包含丰富的社会内容的精神生活。从现象上看，虽然表现在异性之间爱恋关系这一自然属性上，但从实质上看，则是一种具有道德意义的社会关系。

三是恋爱对社会的责任。爱情的基础决定着人们的精神面貌和情操。列宁说过，对于恋爱来说，最重要的还是社会方面。作为爱情双方的当事人，如果都能以正确的道德要求去建立爱情关系，这样的爱情就是建立在共同的理想和志向基础上纯洁、高尚的爱情。它能使爱情双方从中获得巨大的精神力量。这种精神力量直接影响当事人的精神面貌和道德情操，并将对社会产生影响。恩格斯也曾说过，恋爱牵涉到两个人的生活，并会产生第三个生命，这就要求恋爱双方不仅对彼此负有道德责任，而且共同对第三个生命负有社会责任。

二、爱情的价值

（一）爱情与理想

理想是一种信念，是对未来的向往和追求。通俗地说，理想是人生的奋斗目标。理想作为一种社会意识，是由人们的经济地位和物质生活条件决定的。理想是多层次的范畴，一般有社会理想、事业理想、生活理想等。

事业理想与生活理想相一致，对爱情关系的确立和发展具有重要意义。高尚的爱情和幸福的婚姻的前提，就是对共同理想的追求和为事业拼搏向上的进取精神。爱情只有同事业上的共同理想联系起来，才是高尚的、幸福的。例如，居里夫人和彼埃尔第一次见面的时候就谈到了科学研究，她提出科学上一些独特的见解和对未来事业的设想，使彼埃尔欣喜若狂，而居里夫人对彼埃尔介绍的他对晶体磁性的研究也听得津津有味。事业中的共同理想使这两位不同年龄、不同国籍、不同地位的人相爱了。在他们甜蜜的爱情生活中实现了事业上的共同理想。

（二）爱情与学业

爱情是人们生活中不可缺少的组成部分，在人生中占有重要位置，但与学业相比，就显得次要，处于从属地位。列宁说过："恋爱、婚姻问题是整个社会革命问题的附属部分。"

大学生的主要任务是学习，大学时期是大学生播下智慧之种的关键时期，也是决定一个大学生将来能否成为社会主义现代化建设栋梁之材的关键时期。有人曾把大学称为"学习准备期"向"创造活动期"转变的过渡阶段，为创造而全面打基础、积累知识、激发创造力的最佳准备期，是智能发展的全盛时期。同时，高等学府里，有优良的学习条件，有学问高深的导师。大学可以说是青年学生成长的摇篮。因此，大学生应发奋学习，培养能力，努力成为德智体全面发展的，有理想、有道德、有文化、有纪律的新世纪人才。

人才的成功在于具有创造力，创造力不能没有雄厚的基础。这个基础就是知识，当爱情同学业的黄金时代同时出现的时候，要从大局出发，以学业为重。

大学生如果沉溺于谈情说爱之中，就必然会分散精力，消耗大量宝贵时间，影响学习和身心健康，浪费青春年华。鲁迅曾告诫青年，切不可"只为了爱——盲目的爱，——而将别的人生意义全盘疏忽了"（《伤逝》）。在现实生活中，有的学生由于摆不正爱情与学习的关系，把主要精力用于谈恋爱、找对象，分散注意力，浪费了时间，从而影响和荒废了学业。如某高校一同学由于谈恋爱，经常不上课，不做作业，终因四门课不及格而退学，像这样的事值得我们深思。

（三）爱情与金钱

人生在世，少不了吃饭穿衣，少不了维持生命需要起码的物质生活条件。从某种意义说，物质条件是爱情的一个重要基础。鲁迅在小说《伤逝》中说："人必须活着，爱才有所附丽。"物质条件对爱情这种精神现象的制约是客观存在的。马克思是一个伟大的辩证唯物主义者，对青年男女的爱情，他主张要有志向情趣的一致，但也正视爱情中正当的物质要求（他的两个女儿因他的贫困而夭折，对他打击很大。）。一个人从恋爱到结婚，都无法回避经济因素的影响。恋爱时对对方经济状况作些了解，可以消除双方的后顾之忧，对安排今后的生活很有益处。但是，如果把经济条件无限夸大到主次不分的地步，认钱不认人，就十分片面了。金钱不是爱情，爱情也不是商品。既不能用金钱去换取爱，也不能用爱去换取金钱，要尊重自己，不要把自己当成商品出售。在爱情生活中，如果眼中只有金钱、地位、权利，忽视感情的融通和志趣的相投，必然不能得到真正的爱情，反而可能造成爱情的悲剧。

爱情的高尚与否，取决于当事人自身的道德素质。爱情价值的实现，终究要靠人们的爱情实践。大学生要实现爱情的崇高价值，就必须摆正爱情的正确位置并不断提高自身的道德修养。

三、大学生恋爱的道德要求

（一）以诚相待，忠贞专一

爱情是一种复杂而又高尚的感情活动，它不仅要求双方具有思想上的一致，而且要求在性格、爱好、情趣、气质等方面情投意合，互相仰慕。为达到这一美好的境界，恋爱双方必须做到以诚相待，忠贞专一。

诚就是诚恳相待。在恋爱过程中，双方都要让对方了解自己的优点、缺点、脾气性格、理想爱好、工作情况、身体状况及家庭情况，这不但有利于帮助对方全面了解自己，而且可以获得对方的信任和理解。那种有意向对方保密，隐瞒自己的真实情况和不足，用欺骗的手段骗取信任、骗取爱情的行为是不道德的。苏联著名教育学家苏霍姆林斯基说："爱情所不能容忍的毛病——就是虚伪。它本身包藏着一个人对另一个人道德义务的变节行为。不老实，不忠诚就其本性来说同爱情——人类最纯洁的感情是敌对的。源于爱情的道德义务原则之一就是相爱的人儿，如通常所说的，互相敞开自己的心灵，相互赠送一切思想、感情财富。"真诚，表明胸怀坦荡，真情实意，这是恋爱双方相互全面了解和充分信任的基础，也是相互平等和尊重的表现。

忠贞就是始终如一；专一，就是排他性。爱情是人类灵魂的一面镜子，在爱情上是否专一，充分反映出男女双方的品德是否高尚。人们说得好，爱情不是一只追逐春天的候鸟，可以随着气候条件的变化而不断变换生活的环境；爱情不是一双鞋子，穿的时间长了，见到式样好的可以重新换一双；爱情不是一块抹布，用旧了可以把它扔掉。男女双方一旦建立了爱情关系，就要忠贞专一，要经得起时间延续和空间隔离的考验，要经得起困难波折的考验，要经得起地位、家庭变迁的考验，绝不能见异思迁，喜新厌旧。我国汉朝时有一个叫宋泓的人，当他在政治上受歧视、生活上很艰难时，其妻一直同他共患难，相依为命。后宋泓升任大司空，汉武帝要将姐姐湖阳公主嫁给他，就对他说："当了官就另交朋友，发了财就改娶老婆，这大概是合乎情理的吧？"宋泓听后则说："皇上，我却听说，贫贱之交不可忘，糟糠之妻不下堂。"对爱情要忠贞不渝，不能因对方遭到不测而分离，也不能因自己发达而遗弃。

（二）互敬、互爱、互助

爱情是以互尊互爱、男女平等为前提的。恋爱中双方要互相爱护，互相帮助，互相尊重对方的感情，做到互敬、互爱、互助。在政治和思想上互相勉励，工作和学习上互相帮助，生活上互相关心，必要时甘为对方的事业作出某些忍让和牺牲。我国著名作家、身患严重瘫痪疾病的高士其，之所以能在解放以后写了100多万字的作品，与他的爱人金爱娣对他的无微不至的关怀，精心照料，甘心情愿为他担当脚手架是分不开的。周恩来和邓颖超在50多年共同的生活工作中建立了纯洁高尚的爱情关系。他们早在解放区的时候，就多次被评为模范夫妻。在历史的每一个紧要关头，在急风暴雨般的生活波涛中，他们给予对方的除了妻子和丈夫的情义外，还有同志和战友最崇高的感情，他们在纯贞、高尚的爱情生活实践中共同制定并信守了"八互"，即互敬、互爱、互信、互勉、互助、互让、互谅、互慰，为我们获得幸福的爱情树立了光辉榜样。

（三）爱情必须纯洁

所谓"纯洁的爱情"，是建立在共同的理想、相互了解和倾慕、融洽的情趣和志同道合等基础上的纯粹情感上的相爱。相爱的双方可能在出身门第、社会地位、财富等方面有很大差别，但这对于真正纯洁的爱情来说是无关紧要的。因而，男女双方的地位是完全平等的。这样的爱情才是真正的、牢不可破的爱情。但是，有些青年人谈恋爱则不是这样，不是首先考虑对方的人品和道德，把双方共同的生活理想和情趣放在首位，而是把物质条件放在第一位，总是首先考虑对方的工资高低、有无房子、车子和存款情况等，如果物质条件好，就一拍即合，即使对方人品不好也不要紧。这样是产生不了真正的爱情的，反而为以后的争吵甚至离婚埋下祸根。列宁曾经指出，"在爱情上摆脱物质（钱财的）要求"，"摆脱物质上的操心"是最为重要的。

纯洁的爱情是建立在男女双方地位完全平等的基础上的，任何一方都不应把自己的地位看得高于对方，认为自己是施恩惠于对方。爱情关系的确立，应当出于当事人双方的自愿，任何一方都不能强迫对方接受自己的爱。同时，也不要违心地去勉强接受一个自己并不爱的人。只有建立在社会地位完全平等基础上的男女双方真挚的爱，才是符合道德的。因此，大学生在恋爱时，应该具有纯洁、真诚的爱情观。

(四)正确看待美

人的美包括外在美和内在美。外在美是容貌、体态、风度等仪表美；内在美是思想、道德、情操、理想等心灵美。人的外在美是客观存在的，但它会随着岁月的推移而发生变化。而给人们内在美感的精神力量是永不消逝的。把外貌作为择偶的先决条件，用外形的美丑来衡量一个人是片面的。“爱美之心，人皆有之”，希望选择到貌美的对象，是人之常情，但把美貌当成唯一标准去追求就不妥了。如果恋人外貌美，内心也美，这当然是最理想的。但如果两者不能统一，则应把内在美放在首位，内心高尚，即使外貌平凡，或稍有不足，也同样值得爱慕。中国人民心目中智慧的化身诸葛亮，由于心甘情愿地娶了一位德高貌丑的夫人，被传为千古美谈。意大利文艺复兴时期的代表人物彼特拉克说：“对我来说，我的夫人的形体是没有她的灵魂那么可爱。它的证据在这里，她年龄越高(这对于她的形体之美是个致命的打击)，我的钦佩越巩固，因为她青年的鲜艳虽然已经随着时间而显然枯萎了，她的灵魂之美却与年岁一起增长。而正如灵魂之美是我对她的热爱的开端，它也历来是这热爱的维持者。”爱情的培植需要以高尚的道德品质作为营养，爱情的巩固和发展需要高尚的道德品质来滋润。坚持以内在美为择偶的第一标准是爱情健康、稳定发展的坚实基础，也是今后男女双方能够和谐生活，经得起困难和挫折考验，共同承担家庭义务和社会义务的根本前提。正如苏霍姆林斯基指出的：“迷醉于外表美的爱情，只欣赏面部和身段的漂亮，将不可避免地导致失望，导致性格不合，婚姻破裂。”

与人的外形美相比较，人的心灵美则具有稳固性的特点。人的心灵美也能引起人的美感，使人产生爱情，而且这种心灵美比容貌美更可贵、更持久、更能激动人心。所谓“情人眼里出西施”，从某种意义上来说，就是这个意思。

因此，大学生在恋爱时，不仅要注意对方的外表美，更要注意对方的心灵美，这是大学生能否得到爱情甜酒的奠基石。

(五)正确对待失恋

爱情是美好的，而通向爱情的道路并不都是平坦的。正如诗人所描绘的：“爱情不只是春天的花朵，夏夜的明月，也还会有秋天的泥泞，冬天的冰雪。”由于大学生思想尚未成熟，性格还不稳定，情绪波动较大，加之缺乏一定的社会生活经验，对生活中的各种矛盾缺乏必要的心理准备，承受能力较低，因此出现失恋现象是不奇怪的，也是不可避免的。那么应该如何对待失恋，是一个十分重要的问题。失恋不失德，这是恋爱道德的起码要求。失恋后，有的人陷入极度痛苦之中，甚至产生一种报复心理。“恋不成，仇相见”，是一种最值得警惕的倾向，是丧失道德的一种危险的感情冲动。

不可否认，失恋会给当事人造成感情上的痛苦，但更高的追求会慢慢平复心灵的创伤，经过沉着冷静的思考，重新扬起爱情的风帆。在历史上，从失恋的痛苦中奋起，自强不息，不倦攀登，在事业上获得巨大成功的大有人在。恩格斯曾两次失恋；贝多芬尝过失恋的苦果；失恋也曾给居里夫人带来精神上巨大的折磨。但是，他们都很快从痛苦中清醒过来，用他们的智慧和热情，以他们的献身精神，在事业上取得了卓越的成就，同时也赢得了真正的爱情。

（六）反对婚前性行为

随着人们观念的改变，尤其是受国外性自由、性解放思潮的影响，许多年轻人尚未结婚，便忍受不住性欲的诱惑，偷吃禁果。

婚前性生活不是一件好事情，从伦理道德来讲，尽管男女之间经过热恋，但毕竟还不是正式夫妻，性生活本身负有社会与家庭责任，要受理智和道德的约束。倘若还不是正式夫妻，即进行性生活，实际是一种不太理智、缺乏修养和道德观念薄弱的表现，且在现实生活中，婚前性行为又常常给男女双方带来严重的后果。

首先，由于男女青年婚前性行为是在恋爱过程中发生的，也就是说，是在没有缔结正式的婚姻关系的基础上发生的。因此，这种关系是不被法律所承认的，并且给一贯玩弄异性的人以可乘之机。

其次，婚前性行为如果造成女方怀孕，女方就得做人工流产手术，这对女方的生理发育、思想、学习和工作都是不利的。而且，弄不好还会使男女之间的关系复杂化，造成不良后果。

第四节　大学生的科技道德

社会主义现代化建设的关键是科学技术现代化，而科学技术的进步和发展，关键又在于培养和造就大批德才兼备的科技人才。随着社会主义事业的发展，社会不仅对科技人才的需求越来越大，而且对科技人才的要求也越来越高。因此，我们在培养科技人才时，不仅要提高其知识和技能水平，而且要大力加强思想道德教育。良好的科技道德决定着科技人员的理想、信念和社会价值，增强其攀登高峰的动力，美化和丰富其精神生活，调整彼此之间的人际关系，为其指明从事科技活动的正确方向。

一、科技与道德

科技与道德之间的关系，如果用最简洁的语言来说，就是真与善的关系。科技发展与道德进步在本质上是一致的，是互相促进、互相渗透、互相制约的。其中，科技对道德一直是一种革命性的推动力量。

（一）科技是道德发展的巨大杠杆

科学技术属于生产力的范畴。生产力是推动社会前进的最终决定力量，是历史发展基本的、原始的动力。科学技术对历史的推动作用，存在于社会生活的一切领域，影响着科技道德的进步，科技成为道德发展的巨大杠杆。

1.科学技术的发展直接改变了人们的传统道德观念和道德习惯，改变了整个社会的道德舆论

新道德意识的形成，总是以科学技术的进步为依据的。一个时代的科学技术背景，是该时代道德精神的基础。在人类社会早期，人们无法预测和控制各种自然力量的侵袭，因而认为各种自然事物是存在意志的，就发展出各种各样的图腾和禁忌，触犯了它们，就被认为是不道德的，还要受到各种惩罚。随着生产技能的不断提高，人们对自然界有了进一步认识，各种图腾对人们的束缚才得以改变。又如奴隶制时代，杀人祭天求雨并不认为是不道德的。随着气象知识的增多，人们懂得了天象变化的规律，这类愚昧的行为才被杜绝，而道德观念也随之得到根本转变。到了中世纪，基督教道德几乎成了西方各国道德愚昧一种主要的思想根源。近代科学技术的发展，特别是哥白尼的太阳中心说和达尔文的生物进化论，打碎了基督教道德的基石——上帝创世说和灵魂不死的腐朽宗教信条，对人类道德观念的进步是一个不可估量的巨大推动。资本主义在其发展过程中曾把绝对延长劳动时间作为牟利的主要手段，并盲目地、不择手段地以污染环境、破坏自然为代价，去攫取利润。科学技术的发展，使人们逐步懂得即使以摧残人和自然为代价，获得的利益仍是微薄的，还要危害自身，带来可怕后果。这样，尊重人的生命价值，尊重劳动者的合法权利，尊重自然和保护自然等，逐渐成为社会的道德观念。在现代条件下，由于科学、技术、生产一体化，人与人之间早已不是“老死不相往来”的状态，而越来越处于大协作网络中，因而科学技术活动中的尊重集体、协同合作也发展成一种共同的道德观念。

2.科技发展深刻影响着社会关系，促进新的道德规范的形成

在过去的工业化进程中，形成了一套渐渐僵化了的社会生活模式，从家庭关系到社会交际，也相应地产生并固定下来一套传统道德规范。其中有不少仍然在起着积极的调节作用，但也有不少道德规范正走向反面，

成为消极的东西，需要新的道德规范来代替。如，不讲效率的缓慢作风被“时间道德”这一新要素所否定；呆板的、千篇一律的生活方式，开始变为多样化的、灵活的和丰富多彩的生活方式；集权化和单调划一的道德要求逐渐被充分发挥和重视个人正当自由的道德要求所代替。现代科学技术的发展，更加促进了新的道德规范的形成。比如，在高速度、快节奏的状态下，人们产生了追求轻松愉快的生活的要求；复杂的科技工作环境，产生了个人交往方式和社会交往方式的简化，等等。这都说明，受科技发展的影响，社会生活结构、人们之间的交往方式必然要发生深刻变化。这样，作为社会意识形态反映的道德规范，必然要发生相应的变化，原有的旧道德规范将逐渐被淘汰，新的道德规范将应运而生。

3.科技发展为道德修养和道德教育提供了科学基础

科学技术的发展为人们的认识开辟了新领域，为揭示自然的奥秘提供了重要手段，从而扩大了道德评价的范围。当人们对客观世界的认识还处于无知状态时，往往不能够作出正确的道德评价，或根本没有把它列入道德评价的范围。由工业生产、交通运输及日常生活设施带来的噪声，过去都没有引起人们和社会的重视。化学、生物学、生理学、医学等科学技术的发展，揭示了噪声对人类的危害，人们才对此进行道德评价，分别从社会公德和法律的角度作出相应规定。科学技术的进步还为道德修养和道德教育提供了令人信服的心理学和生理学基础，迅速有效的宣传手段，有助于进步的思想道德的广泛传播，促进人们道德水平的提高。个性心理学的研究表明，注意心理卫生，对增强人们的心理承受能力有着重要意义，也是提高健康的、完整的人格素质的重要途径。对于当前大学生存在的不少心理疾病的治疗具有重要意义。保持健康的心态，才能经得起人生的各种考验。系统心理卫生学的产生，使人们认识到人的品德形成系统在时间上的多阶段性、在内容上的多水平性、在道德品质形成上的多层次性，以及影响其发展的内外因素的多方面性，从而使我们能够根据青少年生长发育的特点与各阶段所处的环境，进行有针对性的、多样化的道德教育，使其形成良好的行为习惯，树立正确的人生观。

4.现代科技的发展为职业道德理论研究的深入提供了新的认识手段和研究方法

现代科技的发展就其对社会生活的深刻影响来说，突出地表现在加深了人们对社会关系本质的认识。这必然对职业道德，特别是科技道德理论的研究提出许多新课题；同时，科技发展本身又为正确解决这些新课题提供了客观条件，增加和强化了人们对复杂道德问题的认识手段，因而必将有力地推动道德理论研究工作的深入。在科学技术的深刻影响下，人与人之间关系的许多新方面、新问题，正日益明显地被揭示出来，大大丰富了道德理论的研究内容。因此,相应地也就提出了许多需要重新研究和专门探讨的道德理论问题。由于现代科技发展的速度越来越快,其分化与综合的趋势越来越强,出现了诸如医学伦理学、技术伦理学、优生伦理学等学科。现代科技的发展和新兴科学的出现,为道德理论研究提供了新方法。道德理论研究在深度和广度方面的日益发展,必将不断增强人类的道德认识能力,为人类的道德进步奠定更坚实而科学的理论基础。

(二)道德是科技发展的重要条件

由社会经济生活条件所决定的道德,必须通过道德评价方式来实现对行为的调节与控制。所谓"道德评价",是指以一定的道德原则为指导而形成的社会舆论,对人的言行进行褒贬扬抑的一种精神活动。它支持和鼓励高尚的言行,抑制和批评卑劣的言行,从而净化社会生活、调整人际关系等。不过,社会舆论并不能自动起作用,而是通过人们内心的信念来起作用。这其中,人们的自尊心、羞耻心、正义感、责任感等内在精神因素,是有重要意义的。因为这些内在的精神因素,可以使人们对各种社会行为作出各自不同的道德判断,进行自觉的道德选择。可见,一定道德一旦形成,必然对社会物质生活条件产生巨大的能动作用。

进步的道德对科技的发展具有好的导向作用。科学技术作为知识体系,是人类认识自然、改造自然的结晶,在给人类带来巨大进步和福利的同时,也可能使人类产生一系列的忧虑和不安。怎样兴利除弊,使科学技术更好地造福于人类呢?实践证明,进步的道德可以在一定程度上积极地促使人类技术朝着造福人类的方向发展。进步的道德通过对科技成果的社会应用进行道德评价和道德监督,努力消除科技成果的非人道化作用。科学是人类争取进步的一种力量,它应该珍惜人的生命,关怀人的福利,扩大人类控制自然的能力,帮助人们合理地组织自己的社会生活。然而,在剥削制度,特别是在资本主义制度下,某些科技成果被滥用而成为威胁、危害人类的异己力量。例如核物理技术被用于制造扩张侵略的原子弹,生物学技术被用来制造细菌武器。因此,运用进步的道德去影响科技工作者,去对科技成果的社会应用进行道德评价就能够减少科技成果的滥用,就能够扩大科技成果积极的社会效应,减少其消极性。在研究过程中进行必要的道德监督和控制,能防止危害人类的因素产生。一些与人类生存息息相关的科学研究,在给人类带来幸福的同时,也隐含着对人类的某种威胁。如遗传工程是人类科学史上的一个空前壮举,尤其是克隆技术的发展,它加深了人们对生命现象的认识,为人工改造生物和创造新的生物品种提供了可能性,但是它也可能制造出抗药的细菌菌种和释放出新的致癌物质,好战分子也有可能利用这一科学成就给人类制造更大的麻烦。进步的道德对科技工作者的科技行为进行道德约束的同时，可以起到监督和控制成果滥用的作用。

进步的道德推动科学技术进步，促进社会生产力的发展。在历史的长河中可以看到，道德不仅同当时的先进生产方式相联系，而且对社会生产和科学技术的发展起着程度不同的促进作用。春秋战国时期是我国由奴隶制社会转变为封建制社会的大变革时期，由于社会经济生活的急剧转变，思想战线上出现了“百家争鸣”的局面，形成了思想解放的潮流，“天人合一”的思想和产生于人身依附与超经济剥削基础上的道德观念受到新思想和奴隶、平民斗争的冲击，推动了生产力的发展。荀子概括了当时自然科学的成就，批判地总结了先秦诸子关于天人关系的学说，提出了“明于天人之分”和“人定胜天”的思想，有利于人们从奴隶主贵族腐朽的意识形态的束缚下解放出来，对当时的社会生产和科学技术的发展起到了积极的作用。相反，中国历代没落的剥削阶级却总是借口保持纯朴的道德心，反对与阻碍科学技术的进步。清末没落的封建贵族反对学习西方的先进科学技术，认为要使国家富强，根本之途在人心而不在技艺，而要维系人心则主要靠读孔孟之书，学尧舜之道，明礼达用。实质上，这也是造成我国封建社会科学技术落后的一个重要原因。

（三）传统道德面临新技术革命的挑战

迅速发展的现代技术像汹涌的浪潮一样冲击着社会生活的各个领域，使政治、经济、文化等方面都发生了深刻的变化，对人类道德观念的发展也产生了巨大影响。科学技术发展的这种革命作用，是任何人也无法否认的。然而，我们不能不看到，有一些新的科技成果的运用却引起人们的忧虑甚至恐惧。原子能科学发展的第一个可怕后果，就是震惊世界的广岛悲剧的发生；现代西方的所谓计算机犯罪已成为一个棘手的社会问题；机器人的广泛使用，使一些发达国家大批工人面临失业的威胁，等等。这些情况表明，现代科学技术的发展，给人们带来安全感缺乏的心理压力。

科学成果的运用，还可能带来某种消极的道德后果。比如，在高度自动化的技术条件下工作，人只同机器、仪表等打交道，在孤独、寂寞的环境中工作，容易造成人的心理紧张化和人的活动的非个性化。再比如，长期以来，医生都是直接给患者看病，患者可以直接感受到医生的关怀。但是，由于医疗手段的进步，医生可以通过仪表察看病情，用电脑开处方，医患关系的这种“物”化，医生所应当具有的那种同情心会不会因此而消失呢？还有，避孕药物的高效化和避孕方法的简化，会不会带来性关系的混乱？还有人担心，由于电脑的广泛应用，个人的私事都将很难保密，个人隐私的公开化，将造成难以想象的道德后果；电子窃听器、红外线摄像仪的运用，也使人们的私生活受到种种威胁，等等。面对这些情况，人们不禁要问：随着科学的高度技术化，是否意味着友谊、爱情、亲情交往等高尚道德关系的结束呢？伴随这种冲击和震荡，一系列科技成果的影响深入人类道德生活的各个领域，传统道德面临着严峻的挑战。

现代科技成果在社会运用上对传统道德的冲击，近年来最引人注目的，大概要数生命科学对“生命神圣论”的冲击了。自 20 世纪后半叶以来，随着生物化学、微生物学和遗传学的融合，产生了分子生物学。这门以运用现代最新的科技成果改造生物体系的生物工程诞生了，以遗传工程为基础的生命科学更是取得了惊人的进展。但是，生命科学在创造奇迹的同时，又出现了许多棘手的伦理学方面的新问题，如安乐死、器官移植、人工流产、人体实验、人工授精、代理母亲等潜在控制技术和医疗技术的发展和应用，引发了一系列关于道德问题的激烈争论。近年来，试管婴儿、人工授精、胚胎移植、克隆等技术已被广泛应用于临床，但围绕这些技术的争论一直在激烈进行。这是医学的奇迹，还是伦理的错误？一种观点认为，把生育变成试验室中的人工过程，这不仅使原来纯属于人的行为变得含糊不清，而且使夫妻生活质量降低，冲淡了以血缘为纽带的家庭关系；另一种观点认为，试管婴儿可以解除不育者的痛苦，使人类能够有意识、有目的地预料并指导自己未来的进化，这不仅是科学的进步，而且是伦理道德的发展。对于安乐死，反对者的理由是生命是神圣的，生存是每个人最重要的权利，医生的义务就是救人，安乐死实际上是一种杀人行为，即使履行了法律手续毕竟也是不道德的；赞成者提出，到底是生命质量重要还是维护生命重要？人有权选择一种体面的、无痛苦的死亡方式，在今天医疗资源有限的情况下，以高昂的代价维持一个垂死者毫无意义的生存，不仅延长了病人的痛苦，而且对社会、对亲属都是无谓的负担，所以安乐死是合乎道德的。

在运用现代科学技术手段开发和应用自然资源的过程中，生态伦理学问题也尖锐地被提出来。人们对自然资源进行大规模开发的同时，也破坏了人类赖以生存的自然环境，特别是现代科技手段的广泛应用，使这个问题更加突出。工业生产中的废弃物质的逸散使环境污染日益加剧，直接威胁到人们的健康；由于对自然资源的大规模开发，动植物的生存空间日益缩小并受到破坏，大量的动物群和植物群正在消失，从而极大影响了生态平衡；同样的原因，也使得某些自然资源出现危机，等等。环境问题已被人们列为重大的社会问题之一。在沉痛的历史教训和自然的不断报复面前，自 20 世纪 40 年代以来，逐步形成了生态伦理学这一新兴学科。一些学者提出，必须重新确定人类在自然界中的地位，应当把人类看作大自然家庭中平等的一员，人与自然的关系不应该是征服与被征服、统治与被统治、主人与奴仆的关系。当前西方某些生态伦理学家宣扬人与自然界的生物有平等的生存权利，主张要无条件地尊重地球上的所有生命……这些观点，值得我们认真分析研究。

二、大学生应培养良好的科技道德

（一）热爱专业，学好专业

爱科学是对科技工作者的基本要求，也是热爱职业的重要表现，反映到求学期间，重要的是要走好巩固专业这一步。在现实生活中，衡量一名科技工作者的职业道德是否高尚，就要看他对自己所从事的专业是否热爱、能否为之献身。从一定意义上讲，科技工作本身是一种开拓性、创造性的劳动，具有相当大的艰巨性和一定的危险性，需要科技工作者有足够的勇气，付出很大的代价。因此，科技工作者对专业热爱与追求就显得特别重要。它不仅是热爱职业的重要表现，也是成就事业的根本动力。如果一个人对自己所从事的专业没有兴趣，那就谈不上对职业的热爱，更不可能有所作为。纵观人类历史，一切进步的、有杰出贡献的科学家，无一不是干一行、爱一行、专一行，表现出高尚的道德情操。我国明朝的李时珍热爱祖国的医学事业，毅然抛弃仕官达贵的道路，一生致力于中医草药的研究。为纠正前人书中的错误并填补遗漏，他不仅认真钻研了上千种著作，还不畏艰辛，跋山涉水，四处走访、采药，进行了长期的考察实验。他先后造访了近千人，行程上万里，花了整整 27 年的时间，编写了闻名于世的巨著《本草纲目》，为我国的医学事业作出了卓越的贡献。当代数学家陈景润攻克“哥德巴赫猜想”的事迹……他们对事业的热爱，对本专业执著追求的高尚品德使他们成为我们的光辉榜样，他们对科学技术的发展和科技队伍的成长都产生了重大而深远的影响。

作为科技队伍的后备军，大学生热爱专业不仅是热爱科学的具体表现，也是将来热爱职业，搞好本职工作的起点。大学生都希望自己将来能成为一名优秀的科技人才，成就一番事业。这种愿望固然很好，那么，如何才能做到，立足点应该放在什么地方？这是我们必须认真考虑和正确对待的首要问题。我们认为，个人成才和事业成功之路的起点就在自己的本职工作岗位上，在每一项具体而平凡的劳动中。简言之，热爱专业，立足本职，应从现在做起。

在我们的社会主义建设事业中，有各种各样的职业需要各个方面的专门人才。为了满足社会的需要，我国高等院校有计划地设置了各类专业，培养各类专门人才，这些专业人才在社会上都大有作为。因此，每一位大学生既然选择了某一学科，就应该服从社会需要，努力学习。同时，在学习和实践的过程中，逐步培养对专业的兴趣，不断增强对专业的感情，最后达到热爱专业、学好专业，为以后从事职业打好基础。

（二）一丝不苟，精益求精

科技工作的实践性、真理性、严格性和精确性，要求科技人员对于每一个具体环节都不能有丝毫马虎，必须做到一丝不苟，精益求精。只有这样，科研工作才会有所发现、有所发明、有所创造、有所前进，否则将会一事无成。

当代科学技术发展的突出特点：一是日新月异，二是学科交叉。如果没有一丝不苟、精益求精的作风，取得科研成果那将是一句空话。这就要求科研人员时刻勉励自己跟上时代的步伐，以求真、求实、求新的态度接受新事物，开拓新领域。在观察事物时，要细心，不浮光掠影；要善于周密思考，力求透过事物的现象看本质，不浅尝辄止，停留在表面；在进行科学实验时，一定要按照预定设计程序进行，每一步、每一个过程甚至每一个具体细节，都不能草率从事，时时处处都要做到严格、周密、细致、精确。必须保证每个实验、测试数据的绝对准确，绝对不允许用“大概”、“差不多”等语言来描述科学实验；在建立科学理论时，要充分占有资料，认真整理归纳，严密地进行逻辑思维，正确地得出结论。总体来说，就是要“慎思”，要“谨慎精细，恪守规范”，着眼于社会需求，求真、求知、求实、求新。

21 世纪的科技人才，必须养成一丝不苟、精益求精的品德。这就要求他们在大学时期就要树立求实严谨的治学思想，逐渐养成求实、求真的品德，不论是看书、计算、实验，绘图还是设计等都要一丝不苟，认真细致。要重视大学时期，因为这一时期是一个人作风形成的最主要和最重要时期。

（三）诚实严谨，团结协作

诚实是科技工作者必备的品质，不具备这种品质就不能实事求是地对待自己和他人。

具备忠诚老实、谦虚谨慎的品质，能使人比较清醒地认识自己、认识主观与客观的关系、认识个人与集体的关系。科技事业是千百万人集体的事业，这就要依靠集体的智慧与力量。当今任何一个伟大的科学家都不能离群索居，他既要善于继承前人的优秀成果，又要善于集中群体智慧。在现代科学研究中，没有群体力量和群体的智慧，没有别人的支持和帮助，单枪匹马是很难取得成果的。尤其是正在求学的大学生们，更应该理解这一点，要充分利用在校的短暂时间获取更多的知识。如果不尊重客观事实，没有诚实的态度，而是骄傲自满，不虚心向周围的同志学习，不尊重他人的劳动，不诚实担当好学生这一角色，自恃高明，独断专行，那么，一则害自己，二则误科技。

自 20 世纪以来，短短一百来年，现代科技取得了巨大的进步，其发展速度、规模和水平，都是以往任何一个时期所不能比拟的。科学活动由以个体劳动为主转变为以集体劳动为主，这就要求在科技活动中要有团结协作精神。我国的许多重大科研成果，从核爆炸成功到运载火箭发射、人造卫星上天，从半导体集成电路发展到“银河”计算机的问世，都是在国家统一组织下，由科研单位和生产单位合作、合力攻关完成的。闻名世界的我国杂交水稻技术之所以能够获得巨大成功，也是靠协作的力量。由此可见，科技协作不取决于科技工作者的主观愿望，而是取决于科学技术活动社会化的客观要求，是科技发展的必然趋势，特别是当今人类已进入大科学时代，科技协作已成为促进科技迅猛发展的时代潮流。

（四）勇于进取，开拓创新

科学是一项无比宏大、无限艰深的开拓性事业。它要求科技工作者永不满足于现状，发扬勇往直前的精神，为实现理想而奋斗不息。

进取精神是人们在认识世界与改造世界的实践中表现出来的积极奋进的精神，是人的自觉能动性得以发挥的精神状态。人们从事任何有目的的活动都需一定的精神动力，这种精神动力就是动机。进取心是推动科技工作者进行创造活动的主要动机之一。有创新意识的科学家对创造活动怀有强烈的兴趣，富有追求发现和发明新事物的进取心，从不满足于现成答案和已有成果。1901 年荣获诺贝尔医学奖的德国细胞化学家塞尔说：“人类文明靠着每一个人的进攻本性，在缓缓迈进。”美国物理学家温伯格在谈到他如何做出世界第一流的成就时指出，科学家很重要的一个品质是“进攻性”。不要满足于书本提供的答案，要去尝试发现与书本不同的新东西，这种品质可能比智力更重要。现代科学史上，依靠坚忍不拔的进取精神而获得重大成就的典型，要数美国生物学家吉耶曼和沙利。这两位科学家及其科学家集团在 21 年的漫长岁月中，面对同行们的怀疑和讥讽，不顾经费提供者中断资助的巨大压力，攻克科学和技术上的种种难关，顽强地进行下丘脑激素的研究工作。为了获得 1mg 促进甲状腺释放因子（TRF）的样品，他们要一个一个地处理 27 万只羊脑。两位科学家在友好的竞赛中，经过不断的顽强进攻，终于发现了脑激素，共同获得了 1977 年诺贝尔奖。后来当他们答记者提问时说：“什么叫坚忍不拔？那就是逐个地分析 100 万只羊脑。”

不断进取，必然需要创新，创新是科学技术发展生命力之所在，是科技活动的灵魂，也是科技工作者高尚的道德境界。进取与创新是相互依存的，二者在科技活动中均起着重要作用。如果没有了进取心与创新精神，科技工作者只能平庸地度过一生。科学创新是一件极其艰难之事，科技工作者除了具备指导思想正确、动力足、意志顽强、情感健康等非智力因素外，还必须具有坚实的智能素质。智能是人的各种能力的总和，主要是指人的认识能力和活动能力所达到的水平。智能是一个具有一定结构的能力系统，由许多相互联系的因素构成，主要包括观察能力、记忆能力、思维能力、想象能力和实践能力等。大学生在校期间的主要任务就是培养这种能力。在进入信息时代的今天，全面开发智力，使智能结构趋于合理和高效，使智能素质更加坚实，对培养创新能力具有十分重要的意义。未来的科技工作者——大学生，应该发扬勇于进取、开拓创新的精神，充分发挥自己的聪明才智，为迎接新世纪科技革命的挑战，为攀登科学高峰作出创造性贡献。

第五节　大学生的职业道德

理想的职业是大学生们在经过数十载拼搏后期盼收获的第一份喜悦。而理想的职业是与职业理想和职业道德分不开的，是职业理想与职业道德社会意识形态范畴的现实写照。

一、职业与职业道德

职业道德是人们在职业活动中处理人与人之间、人与社会之间关系的行为规范的总和。职业道德就是社会道德在职业活动中的体现，是整个社会道德体系的重要组成部分。

（一）职业和职业道德

职业是社会分工和劳动分工的产物。自从有了一定的社会分工和劳动分工之后，人们须从事某一具有专门业务和社会职责的社会活动，作为获得生活资料的主要来源。因此，所谓“职业”，就是人们的专门业务，它既是以社会分工为纽带的社会关系，又是个人从事正当业务及对社会承担的必要职责，并且还是人们以此获得生活来源的社会活动。

恩格斯说过：“实际是，每一个阶级，甚至每一个行业，都各有各的道德。”所谓“职业道德”，就是适应各种职业的需要而必然产生的道德规范，是社会占主导地位的道德或阶级道德在职业生活中的具体体现，是人们在履行本职工作过程中遵循的行为规范和准则的总和。它包括职业观念、职业情感、职业理想、职业态度、职业纪律和职业良心、职业作风等方面的内容。职业道德与人们的职业生活密切相关，职业生活从多方面影响着人们道德心理的特殊倾向，影响着人们对生活目标的确立和对人生道路的选择，并在一定程度上影响着人们的人生观和道德理想。

（二）职业道德的一般特点

各种职业道德反映着由于职业不同所形成的不同的职业心理、职业习惯、职业传统和职业理想，反映着由于职业不同所带来的道德意识和道德行为上的差别。职业道德具有自身独有的基本特点：

1. 在范围和对象上的专业性和特定性

人们所从事的职业活动，是各种职业道德形成和发展的基础。每一种职业道德只能指导从事该行业的人员自身的言行。它的适用范围不是普遍的和无边的，而是特殊的和有限的。

2. 在内容和结构上的稳定性和连续性

由于职业道德反映着社会总体需要和各种职业利益及其特殊要求，所以在内容和结构上具有稳定性和连续性，形成比较稳定的职业传统习惯和比较特殊的职业心理和品格。这种习惯、心理和品格甚至成为一种反射活动，造成从事不同职业的人们在道德风貌上的差别，致使人们产生隔行如隔山的感觉。

3. 在形式和方法上的灵活性和多样性

职业道德是适应各种职业活动的内容与交往形式的要求而形成的，因此在反映形式和表现方式上往往比较具体、灵活多样，它既可以通过严格的规章制度、严明的守则公约、严肃的作风纪律表现出来，也可以通过简单的标语口号、鲜明的誓词和具体的注意事项表现出来。

4. 在功能和效率上的适用性和成熟性

适用性是由职业道德使用范围的特定性规定的。正是这种与本行业的具体业务和人们的实际状况相适应的适用性，使职业道德具有广泛作用于人们思想和行为，并锻铸一代新人的重要功能。成熟性是指职业道德是初步形成的道德状况的进一步发展，它体现的是成人的道德意识与道德行为。这种道德意识与道德行为是道德主体自觉、自为、自律的产物，反映道德主体的行为能力和修养水平。

二、大学生的职业理想

（一）大学生职业理想的形成和发展

人的本质的社会性，人类社会生活的多样化。人们对现实的认识和未来想象的多层次性，决定了人们的理想是多方面的、多类型的。我们可以将人生理想概括为四大类，即生活理想、职业理想、道德理想和社会理想。生活理想就是对丰富的物质生活、高雅的精神生活和美满的家庭生活的向往和追求。道德理想就是对未来的道德关系、道德规范和理想人格的向往和追求。社会理想就是对未来的社会制度的向往、追求和设想。

职业理想，是指人们在一定的世界观和价值观的指导下，对自己未来的工作部门、工作种类、工作待遇及事业上获取成就的追求和向往。它是一定社会生产方式、社会历史发展的产物，生产水平不同，社会实践的深度、广度不同，人们追求的目标也就不同。它是人们对自己职业生活特有的规划，人有自我意识，能从理性上把握自己的行为，因而也能使自己的职业生活变成自己的意志和意识对象，从而对自己的职业生活作出规划，决定自己的奋斗目标。它是以客观现实发展的可能性来展示明天的现实，是真、善、美的有机统一，是建立在现实和可能基础之上的反映人们愿望和要求、对于职业生活发展前景一种形象化的构想，它是人们在事业上走向成功的动力。

（二）大学生职业理想的特点

职业理想是社会历史发展的产物，随着社会的出现而产生，随着社会职业的增加而不断丰富和完善。大学生职业理想与社会理想、道德理想、生活理想相互联系，相互作用，但大学生职业理想，却有其相对独立的特点：

1. 社会性

大学生职业理想的社会性是由人的社会性决定的。人们的职业理想，是在一定的社会形态和社会条件下形成的。理想的实现也要取决于一定的社会因素，依赖于特定的社会条件。比如，职业流动是以双向选择、契约方式就业的条件下形成和发展起来的，是在社会主义市场经济下为人们实现职业理想提供的社会条件，而在计划经济条件下则大不相同。

2. 时代性

任何职业都受时代的社会生产方式发展水平的制约。生产方式越先进，社会经济越发达，社会分工越精细，社会职业种类就越多。职业演化越迅速，派生出来的职业就越多，人们选择就业的机会也就越多。这就是说，不同的时代人们的职业理想总是受时代的社会生产方式发展水平的制约，职业理想的发展则表现出历史发展的过程，具有源于现实又高于现实的特点。

3. 阶级性

职业理想是社会意识的一个重要组成部分，因而必然受到社会中不同阶级意志的影响，不同阶级的职业理想也必然地反映本阶级的根本利益和要求。在发展中国特色社会主义条件下，大学生形成以社会为本位的职业观，以为人民服务，为他人、为集体、为社会作贡献为职业目的，与此相符合的职业会受到社会的尊重。社会对某种职业的尊重程度，也影响着人们对某种职业的兴趣。

4. 发展性

一方面随着年龄的增长，社会阅历的增强，职业理想的发展性使职业理想逐渐由幻想变为现实，由波动而趋于稳定。大学生的职业理想，要经历由从个人愿望出发到从社会要求出发，由单纯的主观动机到与客观现实的统一的转变过程。一般来说，少年儿童对职业的想象，大多是浪漫的；到中学阶段，随着知识的不断获得和社会经验的增加，现实成分逐渐增多，应该说到其毕业职业理想基本就稳定下来。但另一方面，随着社会的发展和职业的演变，职业声望和职业地位的变化，人们的职业理想也会发生相应变化。

5.差异性

主要是指大学生个体之间的差异。职业理想来源于现实，且带有明显的个性化特点。其一，大学生自身的觉悟、道德修养水准及人生观、价值观，决定着大学生职业理想的方向；其二，本身的知识结构、能力水平，影响着职业理想的追求；其三，大学生个人的性格、气质、情感、意志等非智力因素，对自己的职业适应性和职业理想形成有较大影响；其四，性别、身体等生理特质，也造成职业理想的差异。

（三）大学生的职业理想应从社会需要出发

青年大学生对未来生活充满着美好的憧憬，对未来职业怀着美好的追求和向往。特别是大学生经过十几年的寒窗苦读，饱尝过翻越书山的艰辛，品味过遨游学海的欢乐后，即将告别学校走向工作岗位，谁都想大显身手，以实现心中的梦想。在人生道路上，有的人能不断地建功立业，甚至创造奇迹，有的人却碌碌无为；有的人所从事的职业看似平凡，但却能够创造出不平凡的业绩，受到人们的赞美，得到社会的尊重。究其原因，关键在于有没有职业理想，有什么样的职业理想。因此，对大学生而言，树立崇高的职业理想是事业取得成功的重要保证。

随着高校毕业生就业制度的改革，通过就业市场的双向选择，自主择业、自主创业成为大学生就业的重要形式。大学毕业生走出校园，踏入社会，特别当现实与自己的职业理想相差甚远时，就会不知所措。因此，大学生应正确处理职业理想与社会需要的关系。在择业时，把职业理想与满足社会需要有机结合起来，把社会需要放在首位。当个人的职业理想与社会需要发生矛盾时，应该以社会需要为先，并及时调整和完善自己的职业理想，保证职业理想的现实可行性。还要摆正职业理想的位置，要防止只讲职业理想，不讲社会需要，把个人需要作为选择职业的主要标准，缺少社会责任感和献身精神的个人主义。只有将自己的主观愿望与客观实际结合起来并瞄准社会理想大目标，从而自觉地调整个人理想，才能实现职业理想与社会需要的有机统一。

三、大学生的择业道德

择业，一般的理解就是找工作、挣钱、谋生。大学毕业生择业是通过对职业的合理选择，使自己所学专业与岗位全面、迅速地结合，最大限度地发挥自己的潜能，获得最大的经济效益和社会效益。

(一)根据社会需要调整自己的择业价值取向

所谓“根据社会需要调整自己的择业价值取向”,就是指一个人在选择职业岗位时把社会需要作为出发点和归宿,以社会对个人的要求为准绳去认识和解决择业问题,增强实现人生价值的进取心,进而决定自己的职业岗位。

社会需要是社会对其发展条件的需求。社会是由人构成的,社会需要本质上是人类的需要,社会需要反映的是人类需要的共性,它是体现全社会共同利益和愿望的需要,是对个人需要的集中和概括。人们正是通过不同的职业活动不断满足着社会需要,也满足着自己的需要,而且在此过程中又形成新的社会需要和新的社会职业。作为社会发展的条件,各种社会需要是不可分割的,一种社会需要的状况会影响其他社会需要的状况。没有社会需要就没有职业和职业分工,没有职业分工也就没有所谓职业岗位选择的问题。古今中外,人们职业岗位的选择都是受社会条件制约的。

大学毕业生在择业时,考虑个人因素是不可避免的,也是无可非议的,问题在于其择业取向要符合社会需要。如果职业选择符合社会需要,这种择业就有充分实现的可能;如果职业选择不符合社会需要,就会影响其职业理想的实现。社会需要是多方面的,在社会需要的范围内,大学生不但可以而且应该追求更高的目标,为社会作出自己的贡献。个人对社会职业进行选择,社会职业也要对个人进行选择。因此,可以说,大学毕业生的择业价值取向无法也不可能摆脱社会需要的束缚,一个人如果无视这一客观规律的存在,无视社会的需要,一味地进行自我设计,是很难作出明智选择的。

如何做到根据社会需要调整择业价值取向呢?

首先,要明确不同职业岗位工作的目的、意义。从理论上讲,社会主义社会的职业只有岗位分工的不同,没有高低贵贱之分。但是,我国尚处于社会主义初级阶段,职业之间,不同地区、不同单位之间还存在着不平衡,这种状况必然左右着人们对具体职业岗位的选择。一方面,需要人们正视现实;另一方面,也要求择业者理智地去选择职业岗位。大学生在择业时,需要有远见,不仅要看到眼前,更要预见未来的发展,自觉服从社会职业的总体需要,到社会需要的职业岗位去扎扎实实地努力工作。

其次,在选择职业岗位时把个人兴趣、爱好、专长与社会需要有机统一起来。随着我国人事制度、大学生就业制度的深化改革,大学生在择业时越来越具有自主性。择业自主性的增大和环境的宽松,不仅有助于人力资源的合理流动和配置,而且有助于根据自身的兴趣、条件,在国家就业政策指导下自主选择职业岗位,同时也有助于用人单位根据各自的需要选用人才。社会要全面、协调、健康发展,仍然需要对人才流动与配置进行必要的调控。当前的大学生在选择职业岗位时必须把个人的兴趣与社会需要统一起来，才能找到发挥自身专长的岗位。个人的兴趣、爱好并非先天就有或既定不变的，心理学研究表明，兴趣是后天逐步培养的，是可变的。大学生无论是在学习期间，还是走上工作岗位后，应适时地调整择业价值取向，选择社会需要的职业岗位，并培养对所从事职业岗位的兴趣，才能集中精力、全身心投入工作，从而实现个人的理想、价值。

(二)服从祖国需要，投身民族复兴事业

1. 自觉服从祖国需要，坚持实现自身价值与服务人民的统一

大学毕业生奔赴祖国需要的地方就业，是爱国的体现，是实现自身价值与服务祖国、人民的具体行动。改革开放和社会主义现代化建设进入攻坚阶段，需要大批真才实学的人才。当前我国的建设急需大批人才，中西部地区尤其缺乏人才。大学毕业生应志愿到祖国需要的地方去，为祖国繁荣的实现、民族的振兴作出贡献。

2. 不辜负人民的培养，坚持发挥素质优势与追求个人成才的统一

当代大学生是在党和人民的培养下成长起来的。他们学有所长，具备为科学技术和劳动生产服务的素质。当前，我国的科学技术人才还很缺乏，大学生应该把工作选择确定在最大限度地发挥自身素质和专业水平上。只有发挥素质优势，才能在为社会作出贡献的同时，自己也得到发展。青年时代的马克思感慨地指出："如果我们选择了不胜任的职业，那么我们就不能做好，我们很快就会自愧无能，并对自己说，我们是无用的人，是不能完成自己使命的社会成员。"大学生在择业前先要对自己进行科学定位，认真考察用人单位的情况，是否有利于发挥个人素质优势，是否有利于个人成长、成才。

许多大学毕业生择业时向往大城市、大单位，但大城市、大单位并不都是有利于青年迅速成长与成才的。由于大城市、大单位人才过于密集，容易埋没人才。实践证明，大学生要成才，很重要的一点是从基层做起。基层最艰苦、最需要人才：基层为青年成长提供了肥沃的土壤。正如孟子所言："故天将降大任于斯人也，必先苦其心志，劳其筋骨，饿其体肤，空乏其身，行拂乱其所为，所以动心忍性，曾益其所不能。"①大学生应当立足基层，在发展事业中发展自己，在回报祖国、奉献社会中实现个人理想。

3. 淡泊名利，坚持劳动创造与享受快乐的统一

人是有需要的，人的需要可分为生存需要、享受需要和发展需要三个层次。当人的生存需要得到满足后，便会产生享受的需要；当享受的需要满足时，便会产生发展的需要。发展是人的需要的最高形式，劳动创造是

① 《孟子·告子下》。

人生最根本的需要。大学生在择业时希望到工作条件好一点、工作待遇高一点的单位，这是很正常的，但一个掌握了一定专业知识的大学毕业生，应是社会财富的创造者，在择业时，首先要考虑的是能够满足自己劳动创造这一人生最根本的需要，而不是其他。

爱因斯坦说过："我从来不把安逸和享乐看作是生活目的本身——这种理论基础，我叫它猪栏里的理想。"[①]我们可以断言，在21世纪的中国，面对知识经济的挑战，所有中国公民都将重视自己的发展。大学生要懂得，真正的幸福不在于享受，而在于劳动和创造。人们通过施展自己的才华，创造出新产品，使自己的需要得到满足，进而产生新的需要。大学毕业生应该将眼光放远，切不可在择业时盲目追求金钱名利，应以祖国的需要为第一选择，为发展中国特色社会主义而奋斗。

四、大学生的职业道德观

社会主义职业道德建设，是社会主义精神文明建设的一个重要方面。大学生是21世纪社会主义建设中各行各业的骨干，大学阶段是职业准备阶段，即准备就业阶段，树立正确的职业道德观，重视职业道德修养，有助于加强事业心和促进自己按照专业的职业要求塑造自己，使自己成为一个有职业道德修养的社会主义现代化建设的优秀专门人才。

（一）社会主义职业道德的基本要求

社会主义职业道德是社会主义道德原则和规范的具体化和必要补充。在社会主义初级阶段，各行各业职业道德建设的基本要求，主要有以下几个方面：

1.热爱本职工作，忠于职守

这是社会主义现代化建设事业对一切从业人员的基本要求。在我国，绝大多数的从业人员都是社会的主人。劳动不仅是他们的一种谋生手段，而且是建设社会主义事业的一种崇高职责。在我国，职业没有高低贵贱之分，但各行各业却存在着劳动条件和物质待遇等方面的差异，社会上对某些行业和职业也存在一些世俗的偏见。因此，一切从业人员都要正确对待自己的职业，排除种种困扰，热爱本职工作，培养职业情感，树立职业荣誉感。一个深刻认识所从事职业的社会意义、有强烈事业心的从业人员，必然会忠于职守，为社会主义社会、为人民利益尽忠尽职。

热爱本职工作，忠于职守，要发扬职业献身精神，要按照社会需要树立职业理想，要培养高度的事业心和积极进取的精神，无论遇到什么困

---

① ［德］爱因斯坦：《我的世界观》，载《爱因斯坦文集》，北京：商务印书馆，1979年，第43页。

难，无论是在顺境中还是在逆境中，都不改变自己的职业志向，尽职尽责，这是高尚的职业道德的表现。

2.坚持为人民服务

为人民服务是社会主义职业道德的基本原则，也是我们党和国家所提倡的。在社会主义社会，人和人的关系是一种“人人为我，我为人人”的关系，人人都是服务对象，而人人又都为他人服务。社会的各行各业都是一种相互服务的关系，是一种团结、协作和互助合作的关系，党政机关、企事业单位、各种社会团体都要遵循平等互助、互相关心、互相尊重的原则。

3.对社会负责，发扬主人翁精神

社会主义职业道德要求各行各业的职工应遵循社会主义、集体主义原则，坚持职业的个人利益、行业利益和国家利益相一致原则。要对社会负责，要有主人翁精神，自觉地为国家、为社会多做贡献，维护国家和集体的利益，反对那种不顾国家、社会利益，只从本地方、本单位、本部门局部利益出发的小团体主义、地方保护主义或损公肥私的行为，反对那种挖社会主义墙角，化大公为小公、化公为私、假公济私的不良行为，反对以损害国家、社会和其他行业、其他职业利益的手段来追求本行业、本单位、本地方和个人利益的不道德行为。

4.刻苦学习技术，提高本职业务

从事各种职业活动的人员，要很好地为他人、为社会服务造福人民，就必须热爱科学、遵纪守法、勤奋学习，努力掌握为人民服务的本领，精通本行业的技术，做一个技术精湛、有高尚职业道德修养的人。

在社会主义社会，一个具有高尚职业道德的人，总是把从事的职业和所追求的事业紧密联系在一起，事业心体现在职业道德的提高、职业情感的培养、职业道德意志的锻炼、职业理想的树立，以及良好职业习惯的形成等方面。事业心产生强烈的使命感和责任感。使命感和责任感驱使人们干一行，爱一行，专一行，刻苦钻研业务，精益求精，努力攀登科学技术的高峰。

（二）大学生树立正确的职业道德观

大学生从未来的事业需要出发，应该自觉地养成良好的职业道德，树立正确的职业道德观。但是，由于大学生毕竟没有走上职业岗位，在就业准备阶段，让他们了解职业道德要求，学习职业道德原则和规范，培养职业道德情操，养成职业习惯，树立正确的职业道德观，以加速自己的成才，具有非常重要的意义。具体要从以下几个方面来进行：

1.结合所学专业系统地了解职业道德规范

职业道德规范是各种职业道德行为规则的总和。大学生只有系统了解职业规范之后，才可能培养起职业道德情感，为形成和发展自己的职业意识奠定基础。不同类型的职业道德规范由相应的职业道德规则和标准组成。大学生应该结合自己的专业实际,重点加以掌握。只有这样,就业之后,大学生才可能明确自己应遵守的具体职业道德规范,也才能使自己的职业选择符合职业道德标准。

2.形成和发展良好的职业道德意识

形成和发展正确的善恶观念即职业道德观念是职业道德修养的根本任务。大学生在进入高等学校之前,通过接触社会,接触各种道德的和不道德的职业活动,已具备了初步的职业道德观念。进入大学后,其职业道德修养的主要任务是通过接受良好的职业道德教育,使原有的正确的职业德观念得到发展,使原有的不正确的职业道德观念得到改正,并在此基础上培养起正确的职业道德情感和职业道德意志。总之,大学生在校期间,如果形成了良好的职业道德情感和职业道德意志并使之不断发展,就业后就可以迅速转化为良好的职业道德行为。

3.经常内省,以锤炼自己的道德品质

大学生在校期间,真正的职业道德行为不可能会有很多,即使他们已有了良好的职业道德情感、职业道德意志和职业道德信念,也很难形成良好的职业道德品质。但是,职业道德只是社会道德的一类,职业道德行为仅仅是道德行为的一种,职业道德品质也只能是人的道德品质的一部分。因此,大学生可以也必须通过锤炼自己道德品质的途径,为今后具有良好的职业道德品质打下坚实的基础。在社会生活中,人们为了锤炼自己的道德品质和更好地进行道德修养,长期以来都十分注重内省和慎独。所谓“内省”,是指对自己的言行进行反省。我国的道德修养者就是经常用这种方式来检验自己的言行是否符合道德标准的,其效果甚佳,于是内省法就成了人们用来进行道德修养及锤炼道德品质的常用方法。由此看来,大学生如果在就业之前就能养成良好的职业道德观,不但有利于自己锤炼道德品质,而且在就业之后,亦能尽快培养良好的职业道德品质。

第六节　大学生的理想道德

大学阶段是人生的重要转折时期。处于人生起跑线上的青年,面对五彩缤纷的未来世界,面对人生大课堂上名目繁多的课程,难免会产生各种各样的憧憬。人们对于未来的憧憬和追求就是理想。作为理想,它与现实的关系如何?在人生的道路上,哪些是大学生应该竭力追求的崇高目标?在选择自己理想的过程中,大学生又得注意些什么?大学生不能不对此进行思索并作出回答。

一、理想与理想的作用

(一)什么是理想

理想是人们基于对社会发展趋势的认识而产生的对未来的一种向往与追求,是人类特有的精神现象,是人类社会实践的产物。作为社会意识,理想反映一定社会时代的特征,是对现实物质生活的反映。

漫长的人类历史表明,在人类的生活实践过程中,人类走的每一步都是人类有意识的、有目的的活动,它不断地改造着客观世界(自然界和社会),同时也创造着人类自身。人在进行任何活动之前,在头脑中必定先描绘出一个蓝图,即对未来作出设想,尔后付诸实践。人总是在未来目标的指引、鼓舞和激励下采取行动,并努力使美好的愿望变为现实。一定时期的愿望实现后,又产生新的追求目标,人生就在这种不断地执著追求中迈进。可见,理想不是空想,也不是幻想,它来源于实践,表明人们不满足于现状,而要争取新的现实,创造适合于自己需要的现实;它是同奋斗目标相联系的有可能实现的信念,在一定条件下能转化为现实。

(二)理想的作用

理想作为人们对未来的憧憬和追求,它能激起人们为之而献身的热情,引导人们为它的实现而积极奋斗。

首先,理想是人生前进的目标、引路的灯塔。

当代大学生的优秀代表张华在日记中写道:“一个没有理想和崇高目标的人,就像一只没有翅膀的飞鸟,一台没有马达的机器,一盏没有钨丝的灯泡。”普列汉诺夫曾经说过,一些人之所以到处找“天堂”,就是因为他们在地上迷了路。相反,如果我们树立了科学的理想,有了明确的方向,就能奋起。不同于动物的本能活动,人在生存和活动过程中,始终有自觉的追求。富于理想是人的天性,没有理想,生活就失掉目标,没有理想的人就像大海里迷了方向的一叶扁舟,随时都有沉没的危险。

其次,理想是人生力量的源泉。

《钢铁是怎样炼成的》的作者奥斯特洛夫斯基曾幽默地把一个人的理想比作心上的“发动机”。也就是说,一个人树立起崇高的理想,就有了学习和工作的强大动力,就能充分展现自己的智慧和力量。当我们在电视屏幕上看到赢得“五连冠”殊荣后手捧鲜花站在领奖台上女排姑娘的英姿时,当我们聆听痛歼入侵越军,收得“两山”的英雄们的事迹报告时,我们可以发现,那里不仅浸透着拼搏的血汗,更闪烁着理想的光焰。远大而崇高的理想,能给人以巨大的精神力量,创造出意想不到的业绩。正如高尔基说过的:“一个人追求的目标越高,他的才力就发展得越快,对社会就越有益。”

最后,理想是人生的精神支柱。

一个人的生活，可以分为物质生活和精神生活两个方面。这里说的精神生活，其实就是一个人的理想和情操问题。一个有崇高理想、高尚情操的人，就会有充实的、丰富的、革命的精神生活；反之，那种目光短浅、碌碌无为、情趣低级的人的精神生活也一定是十分低级和空虚的。理想是鼓舞人们前进的重要精神支柱，人就是靠着理想，为理想去斗争而创造历史，推动历史前进的。有伟大理想的人，生活永远闪烁着光芒。青年是现代化建设的中坚，振兴中华、实现四化的大业将在我们青年手中实现。大学生更不能没有远大的理想。没有理想，失却精神支柱，青春就会枯萎；没有为实现共产主义而献身的宏伟愿望，没有为实现共同理想而奋斗的远大志向，生命就会惨淡无光。

二、大学生的道德理想

（一）什么是大学生的道德理想

大学生的道德理想，是指大学生所期望的理想人格，是大学生在道德修养上所希望和要求达到的目标。

在阶级社会里，道德理想具有明显的阶级性，它集中体现了一定阶级、一定时期的道德原则和道德规范。在今天我国社会主义社会向现代化进军的新的历史条件下，大学生又应该具备怎样的道德理想呢？无数大学生以他们的光辉业绩谱写了共产主义道德理想的颂歌。

中国女排姑娘就是谱写道德理想颂歌的青年的杰出代表，她们为了祖国的荣誉，不知花费了多少精力。她们分析世界女排劲旅的战术，以及我国女排采取的相应的战略战术，在训练馆里进行着数以万计的翻滚和扣杀，虽然为此摔肿了双腿，打裂了手指，跪出了鲜血，仍坚持不懈，终于以血和汗换来了一套攻守的硬功夫，开创了世界女排史上第一个“四连冠”、“五连冠”记录。女排姑娘这种强烈的爱国主义思想和坚忍不拔的顽强拼搏精神，正是我们这个时代青年道德理想的楷模。

（二）道德境界与理想人格

道德理想是社会发展的客观要求与人们的自觉认识相统一的结果。因此，理想人格与人们的道德境界是联系在一起的。所谓“道德境界”，就是指人们在某个时期内实际上达到和意识到某种道德品质的程度。在现实生活中，由于受到不同社会因素和个人因素的影响与制约，因而不同的人有不同的处世态度、不同的道德境界，也就有不同的人格。

第一，“自私自利”的道德境界，“损人利己”的人格。

“自私自利”的道德境界属于私有制为基础的各种社会关系的产物，属于非社会主义道德体系。但是，由于多种原因，现实社会中仍有少数人持此境界。这种境界反映在人格上，就是“损人利己”的人格。这种人满脑子充塞着永不满足的私欲，一切行为都以谋求个人私利为目的。为了获取私利，寻找各种机会和借口，以各种非法的或“合法的”形式，化公为私，损公肥私，假公济私，损人利己。这种人的人格是极为低下的。

第二，“合理利己主义”的道德境界，“先己后人”的人格。

“合理利己主义”的道德境界是经过一番乔装打扮的利己主义，标榜以利己为主，又顾及别人，既积极谋取个人利益，又不损害他人利益。具有这种境界的人，在个人利益和他人利益不矛盾时，表面上也能够为他人着想。但是，一旦集体利益、他人利益和个人利益发生矛盾，或者个人理想和抱负遇到障碍时，就会堕入自私自利的泥坑，由“先己后人”降低到“损人利己”。因此，“合理利己主义”的道德境界不过是“自私自利”道德境界的翻版而已，“先己后人”的人格与“损人利己”的人格实质上是相同的。

第三，“先公后私”的道德境界，“先人后己”的人格。

“先公后私”的道德境界与前两种道德境界是不可同日而语的。处于这一境界的人已经明确了公与私的关系究竟应当怎样处理，已初步确立革命的人生观。他有自己正当的个人利益，但他以集体利益为重；他为社会诚实、积极地劳动，也不拒绝应得的报酬；当个人利益与集体利益、他人利益发生矛盾时，尽管他会暂时地考虑个人的利弊得失，但最终还是能做到先集体后自己，自己吃一点亏也无所谓，这就是“先人后己”的人格。

第四，“大公无私”的道德境界，“毫不利己”的人格。

“大公无私”的道德境界，是树立了共产主义世界观和人生观的无产阶级先进分子的道德境界。处于这种境界的人，已经塑造起高尚的共产主义人格、“毫不利己”的人格。他们在任何时候都把“公”字放在首位，把为人类解放事业而斗争看作自己最崇高的使命。他们的全部言行都贯彻着革命第一，工作第一，他人第一，集体第一的精神。他们“毫不利己，专门利人”。这种人格是高尚的。

上述种种，实际上反映了新旧两种道德的对立。大学生要不断加强社会主义道德和共产主义道德修养，对各种不同层次的道德境界、人格采取不同的态度，努力使自己的思想从低层次的境界上升到高层次的境界。也就是说，当代大学生应首先具备“先人后己”的人格，并努力使自己达到“毫不利己”的理想人格。

（三）塑造真、善、美统一的理想人格

如何培养理想人格的问题，即是古代哲学家早就讨论过的“人能否成为圣人，如何才能成为圣人”的问题。大家都承认，那些杰出的无产阶级革命家，就是共产主义理想人格的化身。可见，理想人格是能成为现实，是能培养成的。

大学生对未来充满向往，更向往把自己塑造成具有完美人格的人。一方面，这种内在因素决定了大学生在对待一系列社会美的内容时表现出一种极为亲近和乐意接受的姿态，对待社会上一系列丑恶的东西表现出厌恶的情绪。另一方面，由于大学生的生理、心理特点决定了大学时期的人格塑造存在不稳定性，两者是客观存在的一对矛盾。对此，大学生必须有正确的认识。一个人的优秀品德和完美人格不是自然形成的，不是与生俱来的“天赋品性”，也不是一蹴而就的，它需要一个长期反复的学习、接受教育、不断修养的过程。通向理想人格的主要途径就在于自我陶冶和在实践中不断锻炼。

在社会主义时代，既要搞物质文明建设，也要搞精神文明建设。建设社会主义精神文明的重点就是培养、塑造共产主义的理想人格，造就共产主义的一代新人。共产主义人格是真、善、美统一的全面发展的人格。一切高尚的人格，都是以真、善、美为基础，并且是真、善、美的统一。

真、善、美之间具有内在联系，三者在理想人格中是不可分割的。

首先，善以真为前提。“真”是指人们对现实社会关系及其客观必然性的正确认识；“善”是指人们基于对已被认识的必然性的理想，而形成的有益于社会整体或他人的意识和行为。真正的道德理想总是体现一定社会集团的公利，在实践上又有着客观的实在依据。对真理的热爱、追求、坚持和捍卫，历来都是形成理想人格最基本、最重要的因素。共产主义的高尚人格以科学的共产主义理论为依据，真正自觉地建立在对必然性的认识上。它体现了无产阶级和劳动人民对未来道德关系的向往和完美人格的追求。一个人只有正确地认识到这一点，才可能真正导致有益于社会或他人的道德行为。因此，要自觉地培养共产主义的自觉人格，最关键的就是要全面地而不是零碎地、实际地而不是抽象地掌握马克思主义科学真理。

其次，美以真、善为前提。“美”是指人们同被认识对象的必然相协调，并引起他人或自己愉悦情感的道德生活和道德行为的具体形象。法国诗人波瓦洛弄说：“只有真才美，只有真才可爱。”离开了真就谈不上美，虚假是丑恶的。对于人的行为来说，美与善也是不可分割的。例如，现实生活中，举止庄重、大方为美，行为粗野、轻浮油滑为丑；自觉遵守公共秩序、遵纪守法、尊重他人的劳动和人格为美，伤风败俗，有损人格、国格的行为则为丑；谈吐高雅、内容健康、语言规范为美，污言秽语、恶语伤人、内容低级下流则为丑……可见，美离不开善，善是美的一种意蕴，美归根结底是符合或服从善的，离开善，美就不能真正成其为美。一个人如果忽视真和善的修养，一味地追求外表的华丽，就不可能形成完美的人格。总之，真、善、美三者是统一的。

三、大学生个人理想的选择

(一)大学时代是树立远大理想的黄金时期

青年时期是人生追求的起点。告别少年时代进入青年期的大学生，犹如扬帆起航的船只，铁锚缓缓升起，征帆鼓满春风，汽笛劈开波涛，乘风破浪地驶向那无垠的海洋。青年时期，就是这样一个怀着美好憧憬与希望，带着一身锐气，开始人生追求的黄金季节。我们党的老一辈无产阶级革命家中的许多人都从青少年时期起，就立下救国救民的豪情壮志。李大钊年少时就立下"何当痛饮黄龙府，高筑神州风雨楼"的壮志，20 多岁就成为五四新文化运动的杰出领导者；毛泽东在学生时代就写下"自信人生二百年，会当击水三千里"的豪迈诗句，抒发了一个革命青年的崇高志向和广阔情怀。打开一部革命烈士诗抄，81 位革命烈士，绝大多数在青少年时期即投身革命，用他们的青春和生命谱写了革命的新诗篇。老一辈无产阶级革命家的光辉历程说明，一个人在青年时期选择什么样的生活道路、树立什么样的理想，对他一生为社会贡献的大小，往往具有举足轻重的作用。诚然，我们并不是说所有的人都能像无产阶级革命家那样干出一番轰轰烈烈的事业，而是说明从青年时期选择好正确的人生道路、确定同时代相一致的奋斗目标是多么重要。

(二)大学生个人理想的选择需要注意的几个问题

由于理想有正确和错误、现实和虚幻之分，由于每个人都需以特有的方式参与社会主义、共产主义事业的建设，所以每个大学生都会面临理想选择问题。个人理想的选择是由客观的社会环境和个人的主观条件两个方面因素决定的。只有对自己所处的客观环境和自己的主观条件有正确的认识，才可能作出正确的理想选择，才能使自身的价值得到尽可能实现，才能充分发挥自己的聪明才智，为社会多做贡献。

首先，努力学习马克思主义，提高自己的理论水平，是正确选择个人理想的关键。

共产主义不是教义，而是科学，要使自己具有坚定不移的共产主义信念，就必须系统完整地学习、理解和把握共产主义的科学理论。马克思创立的共产主义学说，不仅揭示了人类社会历史发展的客观规律和必然趋势，指明了通往共产主义的现实道路，而且科学地阐明了个人与社会的关系，从而为每个人认识自身和社会以及二者之间的关系，作出自身理想的最终选择，提供了科学方法。缺乏共产主义理论素养，光凭对共产主义的朴素感情，在一定的条件和形势下，也许可以把共产主义当作自己的最高理想，并且在为理想奋斗的现实行动中可能会为共产主义事业而努力，但一旦遇到风浪和挫折，就可能因为看不清方向而背离共产主义理想。

其次，抛弃错误的理想，选择正确的理想。

人们的各种理想最后必然归结为两种理想形态：一种是社会主义的或共产主义的理想形态；一种是剥削阶级的理想形态。在进行个人理想选择时，最重要的是摒弃各种错误的理想，选择正确的理想。个人主义和私有观念是剥削阶级意识的核心。因此，每个大学生都必须自觉地与社会上的个人主义思潮和自己思想中的个人主义思想作斗争，通过对各种理想的鉴别，最后选定正确的理想。

最后，抛弃虚幻的理想，选择现实的理想。

一个人如果把根本无法实现的目标当作自己的个人理想，那么，即使他所选择的理想是正确的，这一理想对于他来说也是非现实的。超越客观条件和主观条件所提供的现实可能性去选择自己无法实现的理想，结果只能使自己变得志大才疏、眼高手低。当然，主张选择现实的理想，不是否认人的主观能动性的作用，而是主张在客观条件许可的范围内最大限度地发挥人的能动性。那些在逆境中艰苦奋斗，最后实现自己理想的人，正是属于尊重客观条件，选择现实理想而又能为自己的理想不畏艰难险阻、勇敢顽强奋斗的人。

第三章　大学生伦理关系的道德调控

人类通过集群和社会交往来满足自身的精神生活和物质生活的需要。作为社会的人，总是处于多维的、纵横交错的人际交往关系网络之中，总要与周围的人群发生交互作用，交流信息，协调彼此之间的关系。大学生伦理关系的道德调控就是要处理好与自我、与他人、与社会的关系。

第一节　大学生与自我的关系

大学生要处理好与社会、与他人的关系，首先要处理好与自我的关系。

一、大学生的身心发展与道德

青年期是人生最有作为的时期。根据国外医学家莱曼的调查，在20～30岁的10年中，对社会所作出的有价值的贡献（包括发明与创造），占整个人生的37%以上。如牛顿23岁创立了微积分；爱因斯坦26岁完成了狭义相对论；周恩来29岁领导了“八一”南昌起义；曹禺写《雷雨》时才22岁。但是青年期的人生变化也比较大，身心等方面会产生种种矛盾，需要引导与调节。道德对社会的作用是不言而喻的。道德对青年身心发展究竟有哪些调节与促进作用，这是本章所要探讨的问题。

（一）大学生身心发展的特点

大学生在大学期间将基本完成身体发展、智能发展、社会化发展、个性养成、思想品德塑造、知识储备、就业准备等一系列重大的人生课题。这些人生课题的完成，一方面与大学生这个年龄段的特殊心理条件密切相关，另一方面又给予大学生的心理发展以极大影响。因此，了解、掌握大学生心理发展的特点，是做好学生工作的前提。

1.什么是青年期

(1)青年期的含义。从人的成长、发展看,青年期是由儿童向成人转变的“过渡期”,或者说是从儿童走向成人的“成熟期”。

人的成熟必须具备三个基本条件:一是身体的长成,以个体生理成熟特别是性成熟为标志;二是心理发展完善,以自我意识的完善主要是个性稳定性的形成为标志;三是社会化程度的提高,以人的社会成熟,即个体对自己在社会中所处角色以及所担负社会责任的正确认识为标志。这三个条件均达到成熟水平,则形成完整的人格,即成为一个真正成熟的人。

一般认为,身体只要在充足营养和适宜条件的保证下,可以自然长成;心理发展除了同生理发展密切相关外,更多地依赖于社会所提供的条件;而社会化程度的提高则取决于个体的社会实践活动。所以身体的成熟是心理成熟的物质基础和依据,社会成熟是心理成熟的绝对条件。否则,人的心理很难得到发展。

(2)青年期的划分及其特征。根据我国教育界和心理学界的研究材料,可以把我国青年的身心发展划为以下几个阶段:

少年期(从12、13岁到15、16岁)相当于初中学习时期

青年初期(15、16岁到18、19岁)相当于高中学习时期

青年中期(18、19岁到23、24岁)相当于大学学习时期

青年晚期(23、24岁到28岁)读研究生或工作时期

少年期和青年初期合起来叫“青春期”,又称“青少年时期”。青少年时期个体身心方面发生一系列剧烈变化。其生理变化表现为:身体外形的变化;身体内部各器官机能的逐步成熟;性成熟以及第二性征出现。其心理变化大致表现为:新的自我觉悟;性意识开始出现;在依赖中企求独立。

青年中期个体的生理发展已接近完成,个体的心理则开始向形成稳定的个性发展转变。其主要表现为:自我意识不断发展;性意识进一步增强;智能高度发展;情感世界日益丰富;思想和行为表现充分。

青年晚期又称“准成年期”,是在大学毕业以后参加工作的最初几年或攻读研究生阶段。这是最后完成青年阶段的发展,准备进入成人行列的过渡阶段。个体的生理成熟在进入青年晚期前已全部完成,从生理角度讲,青年晚期的个体已是成年人了。在心理方面,青年晚期的个体特点为:一是自我认同完成,表现为自我意识正确,自我接受能力增强;二是道德认同提高,表现为道德意识、道德信念开始确立;三是社会认同尚差,表现为社会意识提高,社会接受能力不强。

2.大学生身心发展的特点

(1)大学生身体发展的特点。青年的身体特点在青春期表现最明显。青春期是身体成长的转折期,是身体发展的定型阶段。在青春期,青少年

的身体发生了显著变化，主要有三个特点：

①身体外形的变化。青年的骨骼迅速生长，手脚骨与腿骨长得特别快，显得长手长足，身体迅速长高。青年的肌肉也迅速生长，体重明显增加。

②身体内的器官机能趋向成熟。在青春期，人体内的组织与器官机能逐步成熟。肺活量增加，心脏机能增强，脑的重量已达到成人水平，脑的神经细胞的分化机能也达到成人水平，大脑的第一与第二信号系统的功能已经完善。

③性成熟。青春期的到来，标志着性成熟的开始。性成熟引起身体的一些生理变化，即出现第二性征。男性表现为喉结突起，声调变粗，发音低沉，出现胡须；女性则表现为乳房突起，臀部增宽，皮肤丰腴。这些变化是由于身体内分泌及物质代谢等各系统功能的作用，其中性腺及性激素起着特别重要的作用。

第二性征的出现，表示青春期的来临。这种生理的变化，影响着青少年心理的变化，使青少年开始意识到两性关系，宣告人体发育正在逐步成熟。

男性进入青春期，大约有 80％的人出现遗精的正常生理现象，这表示男性生殖腺开始走向成熟。我国健康男性一般在 16 岁左右首次发生遗精。由于地区与个体的差异等，出现的早晚可能相差 1 年至 2 年。女性进入青春期，在 13 岁前后“初潮”来临，也就是第一次出现月经。

(2)大学生的心理特点。

①智力的发展已达到高峰。人的智能是多方面的，其中记忆能力、认识能力、思维能力和创造能力是智能的四大支柱。据测定：人的记忆能力大致与年龄成反比，认识能力大致与年龄成正比。记忆能力与认识能力两条曲线的相交点，是人生创造能力迅猛发展的开始。而这个相交点正好落在大学生这个年龄段。处在这个年龄段的大学生抽象逻辑思维形成、思维的批判性和思维的独立性增强，标志着青年期智能发展已经成熟。在大学生这个年龄段，各项智力因素已达到成熟水平，由于知识的丰富、经验的积累、独立思考能力的增强，他们不再满足于现象的罗列，而开始主动探究事物的本质与规律，理论思维、辩证思维、逻辑思维迅速发展。但是，有时也容易出现主观片面、固执己见、脱离现实、怀疑一切等倾向。

②情感日益丰富。随着大学生活的开始，大学生的内心情感日渐强烈而丰富，他们的集体主义情感、爱国主义情感、义务感、道德感、两性情感、良心感、幸福感、美感、荣誉感迅速向广度和深度发展。尤其是爱情体验的出现，是大学生情感世界的一大突变，它对于大学生心理的影响是巨大的，不可等闲视之。

③社会需求迫切。由于身心两方面的发展，促使大学生对美好未来的憧憬，对理想事业的追求，对生活、爱情的向往等变得日益强烈。这时候，大学生对过去的我、现实的我和未来理想的我的认识逐步统一。大学生对物质生活特别是精神生活需要满足程度的不同，造成他们的世界观、人生观、道德观、理想、兴趣、情感、意志以及气质、性格、能力等方面的差异。大学生个性稳定性的发展反过来又促进大学生更加迫切地想获得上述社会需求。

④自我意识增强。大学生由于脱离了父母的保护，生活空间扩大，独立感、成人感增强，注意力开始从外部世界转向内心世界，自我认识、自我评价、自我体验、自我监督、自我控制都进入一个新阶段，表现出一系列新的特点。如自尊心、好胜心明显增强，要求得到他人的尊重与理解，期望自己成为生活的强者。但是，由于心理发展的不成熟，他们往往容易过高地估计自己，一旦遇到挫折，容易产生自卑情绪，不能准确地把握自己。

⑤性意识进一步发展。大学生由于性机能的成熟，与此相适应的感情欲望也逐渐增强。他们关心异性，渴望与异性交往，追求美好爱情。由于大学环境已不同于中学，男女学生交往机会更多、更自由，不少学生开始考虑恋爱并付诸实践，也有些学生不能正确选择恋爱时机，过早卷入感情漩涡，不能慎重处理两性关系。

总之，在大学期间，大学生在生理、心理和社会化方面逐步走向成熟。但是，这三方面的成熟不是平行发展的，而是呈不平衡状态。有时间上的先后和程度上的强弱，各个个体之间也存在着较大的差异。了解和掌握大学生的年龄特征，能帮助和促进大学生稳步走向成熟。

（二）大学生青春发育与道德

1. 重视青春期的身心变化

随着青春期的到来，生理上会发生显著变化，主要表现为身体各器官成长速度急剧加快和开始分泌性激素两个方面。生理上的变化和心理上的变化是紧密相连的，随着身体的成长，生殖系统的成熟，反映到脑中枢神经就会出现性的意识和性的需求，随着性意识的出现，人的性格、兴趣、爱好等个性心理特征也会发生变化。

有位心理学家说："青春是跳跃而来，青年好像是在一个崭新的世界中惊醒，但他既不了解世界，又不了解本身生理变化所引起的心理变化。"面对这样的变化，青少年可能会惊慌失措，不适应这种变化。对于青少年的这种变化，如果不引起重视、早期预防、早期纠正，很可能影响青年的身心健康、学习与工作，严重的还会危害家庭与社会。

青春期最突出的问题是早恋，有些青少年甚至犯两性错误。

特别要指出的是，现在各国普遍出现性成熟前移和结婚年龄后移的现象。一方面，青少年身体发育比过去提前，性成熟也相应提早；另一方面，现代青年的结婚年龄却普遍推迟。原因有多方面：有的为了求学；有的经济上尚未完全独立，或受其他物质条件限制；有的对生活水准的要求高了，等等。这样，从性成熟到结婚，平均间隔长达十多年之久。我国现行的婚姻政策是提倡晚婚，这样间隔时间就更长了。而男女社交比以前开放，加之西方文化传入，难免对青年的思想产生一定影响。目前，社会风气尚未根本好转，公园、游泳池、溜冰场及其他公共场所少数男女青年的轻浮行为，会对少年儿童产生影响，促使他们早熟。要解决由于性成熟而带来的矛盾，仅靠政策和法律限制是不够的，还要运用道德来调节。苏联教育家苏霍姆林斯基说："孩子无论在道德还是在身体方面都一年一年地在成熟……如何使道德的成熟走在身体性成熟前面，就成为一个细致而复杂的教育问题。"

2. 青春期教育与道德

对青年的青春期教育要注意以下几个问题：

第一，青春期教育的重点应放在道德教育上。进入青春期的青年，忽然发现世界丰富多彩了。这是因为随着年龄的增长，他们接触社会、接触实际、接触世界的机会，比起儿童时期和少年时代要多得多。他们在社会中看到了很多善行，也看到了很多恶行，还看到了许多善恶交叉事情的出现。他们对善行表示肯定，对恶行表示厌恶，但对善恶交叉的现象却又感到茫然，不知所措。他们原先所具有的那些道德知识和判断能力，已经不够用了，不能用来分析复杂的社会现象。一些青年读书、思考，力求科学地解释这些现象，他们在前进；另一些青年因缺乏引导，或受社会错误思潮的影响，而得出一些错误的结论，并把这些错误结论当作自己人生的依据。例如"人的本质都是自私的"、"合理利己主义"、"主观为自我，客观为他人"等错误思潮在一些青年中间反应强烈，就是一个明证。青春期是青年形成世界观和道德观的重要时期，要抓住这个良机，把教育重点放在道德教育上，对青年进行系统的道德教育，培养他们对行为善恶的评价能力和对行为的选择能力，养成良好的道德品质，以适应社会的需要。

第二，在青春期教育中要进行性道德教育。什么是性道德？性道德是社会道德渗透在两性方面的行为规范和准则，也就是一个男人或女人应当遵循的行为规范和道德标准。性道德教育是培养一个人在两性关系的处理上能够符合社会文明要求。具体来说，就是要教育青年如何正确地结交和对待异性朋友，如何恰当地选择恋人并发展和保持高尚的爱情，如何正确地处理好婚前性要求，如何搞好婚后的夫妻关系，如何承担教育后代的责任和义务，等等。

第三，要进行人格再造的教育。在青春期，道德不仅对两性关系可以起一定的调节作用，同时对整个身心健康发展，包括人格的培养，也能起促进作用。一般家长都知道，在青春发育期，需要给孩子增加营养，进行调理，使他们发育得更好。其实，青春期也是消除旧习，培养良好品质的好时机。因为人到青年，社交活跃起来，开拓了人际关系的新领域，扩大了对人、对社会的新认识，尤其当青年与异性接触或相爱时，总希望在自己所爱的对象面前表现得更好、更美。在这方面如能有目的地给予关心和引导，就会使青年更趋向成熟。哪怕是一些失足青年，只要引导得当，也可使其获得新生，重新做人，这类事例还是不少的。难怪有的心理学家称青春期是“人格再造的契机”，这是不无道理的。

（三）大学生的情绪控制与道德

人们每时每刻都处于一定的情绪状态中，经常可以听到一些大学生这样谈论他们的情绪体验：当热情高涨时，满怀自信，似乎世界上没有攻不下的难题，觉得干什么都轻而易举；当情绪低落时，似乎任何东西都在和自己作对，觉得自己无能笨拙，干什么都不顺手，没兴趣，生活变得暗淡无光。这就是不同情绪在起作用。大学生正处于青年中期，是情绪丰富多样并趋于成熟定型的关键时期。大学生情绪的发展，影响其学习、生活与健康，影响到他们对自己、对他人、对人生、对社会的看法和态度，因此，科学地对大学生进行情绪指导，有助于大学生健康成长。

1. 什么叫情绪

人的任何心理活动都伴随着一定的情绪。情绪是人对客观现实的一种特殊反应，是客观事物是否符合人的需要而产生的态度体验。

情绪与人的需要和目的有直接关系。当客观事物符合人的需要时产生的是满意、愉快积极的情绪；否则就产生忧伤、恐惧等消极情绪。情绪与情感在每一个人身上，都可以起很大作用。它可以明显地影响一个人的精神状态：可以使人精神焕发，干劲倍增，大大提高学习和工作效率；也可以使人无精打采，萎靡不振，大大降低学习和工作效率；情绪还会影响一个人技术水平的发挥，会影响一个人待人处世的态度，还会影响一个人身心健康，总之，情绪的好坏影响整个人的生活。

人的情绪复杂多样，很难准确分类。按其发展，通常可分为原始情绪、基本情绪和复合情绪。一般认为，愉快、愤怒、恐惧和悲哀是最基本的原始情绪。近年对情绪发展的研究以面部表情区分出10种基本情绪，它们是：兴趣、愉快、痛苦、惊奇、愤怒、厌恶、惧怕、悲哀、害羞和自罪感。成人除具备上述基本情绪以外，还有许多复合情绪，如焦虑包括恐惧、痛苦、羞耻、自罪感等成分，忧郁包括痛苦、恐惧、愤怒、厌恶和羞耻等成分。

2. 大学生情绪的特点

大学生正处于青春期，在生理发育趋向成熟的同时，心理也经历着急剧变化，尤其反映在情绪上。大学生的社会地位、知识素养、与社会一文化的紧密联系以及特有的年龄阶段上的生理状况，使得大学生的情绪带有自己的特色：

（1）稳定性和波动性并存。随着认知水平的提高，知识经验的积累，大学生对自己的情绪已有一定的控制能力，使其趋于稳定，但同成年人相比，大学生情绪仍带有明显的波动性。情绪波动比较大，往往容易从一个极端走向另一个极端。顺利时晴空万里，不顺时愁云满天；今天对某人敬佩得五体投地，明天却又觉得不屑一顾。学习成绩的优劣、奖学金的多少、同学关系的好坏、恋爱的成败等，都会引起情绪的波动。

（2）外显性与内隐性并存。大学生对外界刺激反应迅速、敏感，喜怒哀乐常常形之于色，具有外显性特点。然而大学生的情绪外在表现和内心体验并不总是一致的，在某些场合和特定问题上，有些大学生会掩饰或抑制自己的真实情感，不会像少儿时期那样坦率，有时会表现出内隐、含蓄的特点，例如在对异性的态度上，明明乐于接近，却表现出无所谓态度。它是大学生有意识控制和无意识防御的结果，与表里不一的虚伪是两回事。

（3）冲动性与理智性并存。大学生在外界刺激下很容易产生冲动性情绪和行为，表现为容易感情用事，有时会因一件小事而气得暴跳如雷、伤心落泪、泄气消沉，或者兴高采烈、乐得手舞足蹈。大学生中的打架斗殴事件大多因小事引起，由大学生情绪失控、不冷静思考所致。但在大多数情况下他们又能理性思考问题，自我约束和调节，特别是在同知心朋友、异性同学或所敬重的师长交往时，即使有令人不愉快的情况发生，也会冷静对待。

（4）层次性和复杂性并存。大学生的情绪心理发展过程既有明显的层次性，同时又是复杂交错的。层次性体现为不同年龄（年级）的大学生情绪情感有差异。一方面，随着年龄增长、年级升高、社会性情感日趋丰富，更多地表现出关心他人和社会，积极思索人生的情感倾向；并且情绪的稳定性增加，波动性和冲突性减少。另一方面，不同的个体在情感发展、情绪表现上呈现出一定的差异性。男女情绪各有自己的特点，并且大学生的情绪呈现一种过渡性特征，既有儿童、少年期留下来的天真幼稚又有成年期的深思熟虑。如有的女大学生看到小女孩玩洋娃娃，就忍不住要抱过来抚弄一番；男大学生看到小男孩打弹子，也会跑过去玩一下。但遇到重大问题时，他们却又能深思熟虑，说话很注重分寸，不轻易发表意见。

科学把握大学生的情绪特征，有助于正确认识大学生的心理行为特点，从而扬长避短，进行调节。

3.大学生的情绪控制与道德修养

(1)大学生情绪控制的方法。在日常生活中,每个人都会产生这样或那样的不良情绪。大学生应该学会控制和调节自己的情绪,当不良情绪产生时,要学会克制,努力减轻不良情绪带来的负面影响。一般来说,控制不良情绪可以采取以下方法:

①寻找问题症结所在。决定情绪的是人的认知,一句名言说得好:"人受困惑,不是由于发生的事实,而是由于对事实的观念。"因此,找到问题症结所在,改变错误观念,是克服不良情绪的关键。事实上,每个人都要对自己的情绪负责,所谓"天下本无事,庸人自扰之"。如果能主动调整自己的态度,纠正认识上的偏差,多从光明方面看问题,就可以减弱或消除不良情绪。

②善于发泄。台湾作家罗兰在《罗兰小语》中写道:"情绪的波动对有些人可以发挥积极的作用。那是由于他们会在适当的时候发泄,也在适当的时候控制,不使它们泛滥而淹没别人,也不放任它们而使自己崩溃。"情绪的发泄,尤其是不良情绪的发泄相当重要。如不及时发泄,就可能使人心里痛苦,行为变异,影响正常学习、工作和生活,甚至影响身心健康。因此,有了不良情绪要及时发泄出来,从而使紧张情绪得到缓解。发泄的方法有很多种,可因人因事而异。如:烦闷时,既可向师友、亲人诉说心中的烦恼和忧虑,也可用日记的方式倾诉不快;在悲痛欲绝时大哭一场,可使情绪平静;在大怒愤慨时猛干一阵活或进行剧烈的体育运动,也有助于释放激动的情绪。当然,情绪的发泄要有节制,要注意方式和时间、场合,尽量不影响别人,不损害自己,否则会带来新的情绪困扰。

③注意力转移法。情绪不好时,转移自己的注意力,做些自己感兴趣的事。如找朋友聊天,谈些愉快的话题;或外出散步,看一场电影;或读些漫画、幽默小说;或打打球、听听音乐等,以转移自己的注意力,使情绪平静下来,在活动中寻找快乐。

④自我安慰。在遇到挫折时,适当地进行自我安慰,可以缓解矛盾冲突,消除焦虑、抑郁、烦恼和失望情绪,有助于保持心理的安宁和稳定。如考试失败时,用"胜败乃兵家常事"、"失败是成功之母"来安慰自己,从而从懊丧、焦虑中解脱出来;在因挫折而陷入困扰时,一般可用"亡羊补牢,犹未为晚"和"塞翁失马,焉知非福"来作自我安慰,以解脱烦恼,自我激励,总结经验,吸取教训。

⑤自我暗示。自我暗示是运用内部语言或书面语言的形式来调节情绪的方法。暗示对人的情绪直至行为有积极的影响,既可以用来松弛过分紧张的情绪,也可以用来激励自己。例如,在情绪激动时,自己默诵或轻声警告"冷静些"、"不能发火"、"注意自己身份和影响"等词句,来抑制

自己的情绪；愤怒时就想“我不能发怒，怒会伤身”、“小不忍则乱大谋”，这样慢慢地，就会平静下来；一些大学生在自己的床头或墙上贴着“镇定”、“三思而后行”、“制怒”等条幅，这就是针对自己的弱点，用简洁的书面语言提醒自己；进考场后，暗示自己“不要紧张”、“先别忙，看清题”、“我一定能考好”，来保持自己情绪的平稳。自我暗示的作用还具体体现在自我放松训练中，通过自我默想，使意识范围逐渐缩小，排除外界干扰，全身松弛，纠正情绪失衡状态，使人从烦恼、愤恨、紧张等消极情绪状态中解放出来，达到内心的平静和安宁。

⑥他人疏导。大学生有了不良情绪，只靠自己调节有时不起作用，此时应找同学、朋友或组织倾诉，把闷在心里的苦恼全部倒出来。这样可以从别人那里得到安慰，从而摆脱不良情绪的困扰。

⑦环境调节。环境对人的情绪有着重要的影响和制约作用，因此改变环境也可以调节情绪。大学生心情不好时，可以离开感到压抑的环境，或到室外散步，或看体育比赛，这样可以使人精神振奋，忘却烦恼，对调节心理有很好的效果。

⑧音乐调节。音乐具有明显的调节情绪的功能，这已为越来越多的人所承认。不同音乐所激发的情绪不同。如，节奏明快、铿锵有力的音乐能振奋人的情绪；而旋律优美、悠扬婉转的乐曲则能使人情绪安静和轻松愉快。

⑨理智消除法。不良情绪有些是因为生活中的不利境遇引起的，有些则是由于对情况缺乏正确认识引起的。如受无中生有的挑拨离间引起的愤怒情绪、不明真相胡乱猜测引起的嫉妒情绪等。对于这类不良情绪，只要认真了解，冷静思考，理智分析，就会自然消除。理智消除不良情绪，首先必须承认不良情绪的存在。如果不愿承认，甚至认为其是合理的、应该的，当然谈不上如何去消解了。其次是当事者要分析自己产生不良情绪的原因。通过分析，弄清真相，使不良情绪得到缓解，再寻求适当途径去解决它。如果能做到这些，不但能消除不良情绪，还可以提高自己观察问题、认识问题和解决问题的能力。

情绪控制的方法多种多样，可根据每个人情绪问题的类型、程度、产生原因以及个体特征，采用适宜的方法。

(2)道德修养对调节和控制情绪的作用。引起青年情绪变化的因素是多种多样的，控制与调节青年的情绪要从多方面着手，加强思想道德修养，对调节、控制青年人的情绪能起很大作用。

提高青年的思想品德素质，加强思想道德修养，可以从以下几方面着手：

第一，树立正确的人生态度。在生活中，我们可以看到：面对同样的环境或遭遇，人们的情绪反应有很大差异。如张海迪，身遭种种磨难，依然高唱“生活、生活、多么美好”的时代强音，朝气蓬勃地为社会做贡献。而身体健康，并未遭到像张海迪那样重大不幸的潘晓，却苦闷消沉，叹息“人生的道路为什么越走越窄”。这是为什么呢？如果单纯从情绪活动的角度来分析，那就很难找到答案。造成这种差别的根本原因，只能到各自的人生态度中去寻找。正确的人生态度，能帮助我们端正看问题的态度，可以帮助我们想通许多问题，缓解不良情绪，培养健康情绪。

第二，开拓宽广的胸怀。宽宏大度，心胸豁达，也是保持情绪健康的基本条件。生活中我们可以看到，凡是情绪上容易大起大落，或者容易陷入不良情绪状态的人，几乎都是心地不宽、胸襟狭隘的人。有的青年生活得很不愉快，他们常为一些鸡毛蒜皮的小事烦恼着、怨恨着、懊悔着，这反映了他们的志向不远大，目光短浅。如果用这种眼光来看待生活，那么，忧愁、愤恨、烦恼等不良情绪就会“绵绵无绝期”，因为生活中的矛盾实在太多，每天都有可能碰到不愉快的事。

第三，增强适应生活的能力。所谓“适应能力”，首先就是接受生活现实的能力。青年人往往对于一些令人高兴、让人满意的现实比较容易接受，而对于那些让人扫兴的、倒霉的事，就不容易接受。聪明的办法是承认它、接受它，然后再想办法来对付它、解决它。例如：爱迪生的实验楼一次突然起火了，他多年来研究的有声电影的许多宝贵资料、电影样片，顷刻化为灰烬。他的妻子难过得痛哭起来，爱迪生却安慰妻子说：“别难过，不要看我 67 岁了，明天早晨起，一切将重新开始。”果然，第二天，爱迪生同往常一样，又全神贯注地埋头在有声电影的研制工作中。像爱迪生这种坦然对待不幸事件的态度，就是适应生活能力强的表现。

第四，注意性格的培养。情绪的波动还同人的性格有着密切联系，不同性格的人，在情绪波动上也会有很大的不同。有的人性格坚强，遇到失意和伤心事能挺得住；而有的人性格软弱，碰到失意和伤心事时，容易被不良情绪所征服。性格豪爽的人，一般的小事不太放在心上，不会因此引起情绪波动；而有的人却相反，喜欢斤斤计较，情绪波动也就大一些。生活中我们见到的大量不良情绪，常常可以找到性格上的原因。比如，容易忧愁的人，一般都有好强、固执、不善与人交往的特点，他们考虑问题爱钻牛角尖。情绪上经常处于犹豫、疑虑状态的人，性格往往显得很被动、拘谨，依赖性很强，缺乏独立性和创造性，总是循规蹈矩，因循守旧。容易烦躁的人，则往往过于敏感，而且习惯于将愤懑的情绪埋在心底。可见，要保持健康的情绪状态，还必须考虑自己的性格特征，注意克服性格方面的缺陷。

第五，加强对情绪的控制。保持健康的情绪，还需要在头脑中装上一个控制情绪活动的“闸门”，要让情绪活动听从理智和意志的控制，不能任其自流。凡是有理智和意志的人，都能有效控制自己的情绪，也就能基本保持情绪的平静和稳定。大家都很熟悉小说《红岩》中的华子良，他为了党的事业，把对革命战友的深厚感情和对敌人的深仇大恨，都深深埋在心底，整天装疯卖傻，对牢狱里发生的一切漠然置之、麻木不仁的，在那样险恶的环境下坚持斗争十余年，为拯救同志作出了重大贡献。华子良为什么能够控制自己的真实感情呢？难道他没有感情吗？当然不是。这是他从党的事业和对敌斗争的需要出发，自觉控制自己的情绪使之不形于色的结果。由此可见，一个人的情绪并不是不能控制的。青年人应当学会控制自己的情绪，经过锻炼，青年人就能成为道德修养高尚、举止文明的人。

二、大学生的道德人格

卢梭曾说过：青少年时期是"人的第二次诞生"。第一次，降生的是一个有生命的活的有机体；第二次，诞生的是一个公民，一个开始以自己的思想思考、活跃和行动着的个人，一个按道德原则行动的个人。青年期不仅出现了心理上的自我，而且出现了道德意义上的自我。这个自我就是道德人格。

(一)社会化和道德人格的形成

1.道德人格的定义

道德人格就是道德上的自我。但要探讨这个"自我"的定义并非易事，因为"道德人格"一词是从伦理学意义上对"人格"这个词的限定。"人格"是一个有多个义项的词，不仅多种学科对"人格"有自己的定义，而且同一学科中的不同理论也有不同的定义。

大学生的道德人格是在社会化过程中形成的。人是社会的人，人从出生之日起就生活在一个结构井然的社会中，就得与社会建立这样那样的联系。人要成为一个社会的人，一个被社会或集体需要的人，就得社会化，学习社会或集体的规范，知道社会或集体对他的期待，从而使自己逐步具备一个社会成员所应具备的知识技能、行为态度和情感。简要地说，人从诞生在家庭这一集体开始，到长大成人为止，通过各种各样的社会集团和社会环境，学习该社会的价值观念和各种社会规范，完成对于社会物质生活、精神生活适应的过程。因此，社会化就是社会将一个自然人转变为一个能够掌握一定的社会文化、学会参与社会生活、履行某种角色的社会人的过程。

人为什么必须并且能够社会化呢？这是因为，人的成长过程不仅包括自然生长过程，而且包括社会化过程。人从生到死的过程是人的自然成长过程，人从自然人到社会人的发展就是人的社会化过程。人刚生下来只不过是一个生物有机体，一个自然人。与动物相比，人类的先天本能很差,适应自然的能力很低。人不能够上天,也不能入地,不能下水。但人的需要比动物的需要复杂和高级得多。不仅要满足生理的需要,而且要有高级的精神需要,如社交的需要、事业上的成就需要。因此,人要生活在社会上,就必须学习社会的一整套文化模式,其中包括基本的生活技能、各种行为规范等。人只有经过这种社会学习,即进行社会化,才有参与社会生活的资格,才能成为一个合格的社会成员。因此,社会化是个人进入社会生活必不可少的条件。

社会化的内容是非常广泛的,概括起来主要有:(1)教导基本生活技能;(2)教导行为规范;(3)指导生活目标;(4)培养社会角色。人们通过社会化,必须掌握生活自理的技能和自谋生活的技能;必须遵循社会行为规范,成为合格的社会成员;也必须具有一定的生活目标,并且成为一定的社会角色。这四个方面贯穿一个基本点,人的社会化过程也就是人的道德社会化过程。人从学习遵守社会行为规范到确立生活目标,到处于一定的社会关系中的一定地位,成为一定的社会角色,都包含道德方面的内容。道德规范是行为规范的基本方面,在人与他人的关系方面,什么是“应该”、什么是“不应该”,都是自幼必须培养的简单道德意识;在人与社会的关系方面,如何对待家庭、集体、国家,则是人在社会化进程中必须逐步掌握的基本行为准则。而生活目标的确立,则是人们在社会化进程中,在道德方面更深刻地把握社会价值准则,自觉选择生活前程的反映。

2.大学生道德人格的形成

大学生的道德人格正是在逐步的道德社会化进程中形成的。具体来说,是从儿童时期一定形态的道德品性,逐步发展到具有自我道德意识的人格,成为一个自觉的道德主体。在思想史上,已有众多的学者对这一过程进行了有益的探讨。

18世纪的启蒙学者卢梭,可以说是从个体道德发展角度探讨人的道德品性、道德人格形成的先驱。卢梭以自然人与社会人的对立为前提,从自然人转化为社会人的过程的角度提出人的道德品性发展的学说,开这一研究的先河。然而,卢梭对道德人格形成的研究,是以直观和推理的方法来进行的,具有他那个时代的理论局限性。19世纪以来,自心理学从哲学中独立出来以后,心理学家们则放弃思辨性方法而采用科学的实验方法。早在20世纪20年代,英国心理学家麦考莱和瓦金斯的研究结果就表明:人的道德发展具有模式性、稳定性、系统性和阶段性。

20世纪以来,西方心理学的三大流派,即行为主义心理学、认知心理学和精神分析学,无一不对人的道德发展问题进行了研究。然而,各派理论观点的分歧很大,他们争论的焦点集中在品德是怎样形成和品德发展的阶段性等方面,这不仅是因为他们所采用方法的不同,而且因为他们的理论出发点不一样。新行为主义提出社会学习理论。美国心理学家班杜拉认为，道德发展不是一个内部成长或自发的过程，因而他强调环境、榜样、学习对道德行为的作用。他认为，学习是在"模仿"的基础上进行的，个人的行为被观察仿效而成为模仿者的榜样，新行为就是榜样化。儿童通过对榜样的模仿，获得许多形成道德判断的方式。社会学习论基本上是环境决定论。精神分析理论是奥地利的精神病学家弗洛伊德创立的。弗洛伊德完全从生物欲望说出发，提出人格的三维结构：伊特（又译"本我"）(id)、自我(ego)和超我(superego)。他认为伊特以原始的本能（主要是性驱力）为特征，是非道德性的，它遵循快乐原则；自我是个性的，具有理性成分，它是控制系统，初步控制着伊特盲目的激情，发展了与环境保护协调的能力，它遵循现实原则；但由于自我还不可能完全控制伊特，幼儿期出现了人格结构中的超我。超我包括具有惩罚性的良心部分和富有雄心大志的自我观念部分，它是个性的第二控制系统，发展了个性的"道德力量"，它遵循理想原则。弗洛伊德根据他的理论提出性心理发展的五个阶段：口唇期、肛门期、生殖器期、潜伏期和生殖期。儿童个性是以性驱力为基础，通过伊特、自我、超我不断产生和解决矛盾，按照上述五个阶段发展的。弗洛伊德完全从人的生物属性出发，认为人的社会性和社会的文明是对生物性的伊特的压抑，正是这种压抑产生了人的道德的升华和人格的发展。这种观点仅仅强调人的生物性。社会学习理论则完全忽视人的自然属性，仅仅强调人的社会属性，二者都具有唯心主义的片面性。认知心理学的发生认识论，从认识发展的过程和结构来研究儿童道德的发展，更加地合乎唯物论的反映论。皮亚杰认为，儿童道德品质的发展在很大程度上依赖于儿童思维的发展。同时，他也注意到儿童的道德发展与儿童的社会化体系，他指出，道德上认知的发展同社会化过程的各个阶段有着可能的类似性。自主性倾向的出现，使儿童从对权威的依赖和敬畏中最终解放出来，获得个性化人格。在皮亚杰的研究中，贯穿着四个基本观点：(1)从单纯规则到真正意义的准则。认为儿童在早期对规则并不理解，只是单纯顺从，并时常破坏规则，表现出自我中心的无约束状态。后来才对规则有一定意义的理解。皮亚杰把这称作"单纯的个人的规则的阶段"。(2)从单方面的尊重到多方面的尊重。早期儿童是在单方面尊重周围权威人物的基础上作出道德判断，权威要他做的，就是应该做的，儿童还不能够理解"好"与"坏"的道德意义。皮亚杰称此时为"信奉他律的绝对的规则，单方面对权威归依或尊敬的时期"。后期儿童才能够根据"公平评判"的观念和行为动机作出他的道德判断，并从平等和协作的观点上尊重他人。(3)从约束性道德品质到合作的道德品质。早期儿童很自然地尊重长者的权威和力量，后期儿童则从人与人之间的相互关系上作出道德判断。(4)从他律到自律。早期儿童绝对遵从外在的权威,认为对长者服从、听话就是好的,不服从、不听话就是坏的;后期儿童则持公正和平等的观念,认为道德行为与惩罚无关,而是独立地追求其本身的目的。20世纪50年代,美国心理学家柯尔伯格发展了皮亚杰的儿童道德品性理论。柯尔伯格研究了72个7岁、10岁、13岁和16岁的儿童,对每个儿童进行了长达2小时的询问。他采用十个道德两难故事,让儿童在两个中选择一个。在柯尔伯格的研究中,类分出不同的道德方面,如儿童的是非观念、权利观念、责任观念、惩罚观念、道德意图、行为后果等。在类分这些道德品质的基础上,柯尔伯格划分了三个道德判断水平和六个阶段。这里需指出的是,柯尔伯格研究了16岁青少年的道德品质问题,即研究了青年初期的道德品质问题。他的研究成果表明,青年初期人格已初步形成。下面具体阐述下柯尔伯格的三个道德判断水平和六个阶段。

水平一:前习俗水平

该水平的特点是:个体还没有内在的道德标准,而是取决于外在的要求。他们用来作为道德判断的基准取决于人物行为的具体结果及其与自身的利害关系。

阶段1,惩罚与服从为定向。个体以行为对自身所产生的后果来决定这种行为的好坏,而不管这种后果对人有什么意义和价值。以为任何一件事只要被惩罚了,不管其理由是什么,那一定是错的。避免惩罚和无条件地屈服力量本身就是价值。如,他们说某人A偷药合理,因为不偷药,妻子会病死,他要受到谴责。也有的说A不该偷药,因为被抓住会坐牢、受罚的。

阶段2,相对功利为定向。个体以行为的功用和相互满足需要为准则,开始知道了人们之间的关系是根据像市场地位那样的关系来判断的,知道了公平、互换和平等分配,但是他们总是以物质上的或实用的方式来解释这些价值的。交换就是"你帮我抓痒,我也帮你抓痒",而不是根据忠义、感恩或公平来进行的。如,赞成偷药的行为者认为妻子过去替海因茨做饭洗衣,现在病了,该去偷。也有的认为,药店老板发明药就是为了赚钱,所以老板是对的。

水平二:习俗水平

该水平的特点是:个体能按照家庭、集体或国家的期望和要求去行事,认为这本身就是有价值的,而不大理会这些行为的直接后果。这时他们能够从社会成员的角度来思考道德问题,了解、认识社会行为规范,并遵守执行这些规范。

阶段3,以"好孩子"为定向。个体以人际关系和谐为导向,认为凡是讨人喜欢或帮助别人而为他们称赞的行为就是好行为。在进行道德评价时，总是考虑到他人和社会对“好孩子”的期望和要求，并尽量按照这种要求去做。对行为的是非善恶，开始从行为的动机入手来进行判断。如认为A偷药的动机虽然不坏，但是这种行为是违法的，不该这么做。这一阶段的学生道德判断是以个人的行为是否被允许为衡量标准。

阶段4:遵从权威与维护社会秩序为定向。这时个体所作判断的根据是相信规则和法律维护着社会秩序，因此，个人有遵循权威和按照有关规范去行动的义务。由于情、法、理三者有时难以兼顾，这一阶段的学生判断善恶常会出现相互矛盾的现象。如对A偷药为救治妻子，这合乎情理。但偷窃行为又为法律所禁止，因此偷药又是不应该的。这阶段学生要求履行自己的义务，并要求别人也去遵守。

水平三:后习俗水平

又称为“原则水平”，该水平的主要特点是:个体努力脱离掌握原则的集团或个人的权威，并不把自己和这种集团视为一体，而是以普遍的道德原则和良心为行为的基本准则。想到人类的正义和个人的尊严，其道德判断超出世俗的法律与权威的标准。

阶段5:社会契约为定向。个体开始认识到，法律或习俗的道德规范仅仅是一种社会契约，是由大家商定的，也可以因大多数人的要求而改变。在判断好坏时，认为只有兼爱的行为者才是道德的，错误的行为可以根据其动机是好的而减轻对其责难的程度。但并不因为动机良好而将其错误的行为也看成是正确的。如他对A的行为表示同情，并愿出庭为其辩护，请求减刑。有的发问:法律允许老板不顾人的死活赚钱，对吗？他们认为自己对社会负有某种道义职责，对于社会上的其他成员也同样负有道义上的责任。

阶段6:以普遍的伦理原则为定向。以人生的价值观念为导向，对是非善恶的判断标准超越现实道德规范的约束，以正义、公正、平等、尊严等等这些人类最一般的伦理原则为标准进行思考。并根据自己所选定的原则进行某些活动，行为完全自律。如，他们对A的行为表示赞许，以为这是对允许药店老板牟取暴利的一种反抗。人的生命比财产更宝贵，为了救人危难，甘愿蒙受屈辱和惩罚的行为是高尚的。这种认识突破了既存的规章制度，不是从具体的道德准则，而是从道德的本质上去进行思考与判断。

皮亚杰和柯尔伯格把认识的发展与情感和道德品性的发展联系起来，肯定和证明了道德人格形成的过程性。并得出人格形成的主要趋势是:从自我中心通过脱离自我中心走向社会化，从无约束通过他律走向自律。在柯尔伯格那里，就是道德水平发展的三层次，即无约束的层次、受约束的层次和超约束或自律的层次。这对于科学研究大学生的道德现象具有重要意义。但是,要全面研究大学生的道德发生、发展现象,还需要在他们工作的基础上做更多的探讨。皮亚杰和柯尔伯格都相信道德发展的顺序是不变的,实际上对于这一不变的顺序还需要做一个纵向研究。如柯尔伯格的研究证据大多数来自不同年龄段横切面的数据。是不是还有倒退或静止在某一阶段的可能?而柯尔伯格不承认有倒退,事实上有些人似乎在前进中暂时倒退到上一阶段。皮亚杰还重视社会化过程对道德发展阶段的影响,而柯尔伯格则不同意社会化的论证,认为发展的阶段仅借助于推理的模式。因此,在发生认识论的观点上,还必须对道德社会化和不同文化影响的作用予以重视。坚持唯物主义反映论的观点,就应当强调外在社会环境的作用,强调推理模式的发展和道德的发展直至人格形成,都是社会实践的产物。

道德人格是在社会环境中形成的。大学生人格的形成不是某种生理或心理变化的产物,如弗洛伊德所讲的性心理的产物,是道德社会化过程中的产物,道德人格的特征不是生物特征,而是社会特征。人格是在同他人的相互关系中形成。人要社会化,首先是要实现客体对象化,在对象化的关系中认识自我。人是通过他人(对象)来认识自我的,对象是自我的镜子和自我力量的确证,人又是通过对象来实现自我的。人通过改变外部事物,造成外部事物的变化来认识自我,外部对象的变化和外部对象的限制实现了人的个体化。因此,个体化就是通过个人与群体之间的关系决定的。从缺乏自我意识走向具有自我意识和对他人的意识,从混沌无知走向区别于其他人并同其他人发生关系,从反应机制走向独创性,从内心世界的贫乏走向情感的丰富和能力的发达,这就是人格形成的过程。

值得一提的是,我国对于青年道德人格形成的研究十分薄弱。“十年动乱”以前,我国只有极少数心理学工作者对儿童品德的发展进行片断的探索,发表过几篇学术性的研究文章。“十年浩劫”,关于道德品质发展的研究中断,粉碎“四人帮”以后,这方面的研究进入一个新的阶段。出现了中小学生道德认识的发展、青少年理想的形成和发展、班集体对于儿童品德形成的影响、青少年犯罪问题等调查研究,不但选样涉及的面比较广,而且有的还作出了比较长期、系统的研究计划。上海师范大学李伯黍同志自 1978 年以来就组织一些同志,一直致力于对我国儿童道德判断、道德观念的发展及教育影响等问题的研究,已总结出一些很有价值的内容。这是一个良好的开端。然而,对于我们这样一个人口众多的大国,仅科学地探索出儿童、青少年的道德品质发展或道德人格形成的特点和规律,还远远不够,关于道德人格问题的研究还有待我们进一步努力。

（二）大学生道德人格的特征与结构

1. 自律和自主性的道德人格特征

大学生道德人格的形成经历了一个复杂的阶段性过程。通过个人与环境的相互作用，人在道德上达到一个平衡，就是道德人格。探讨大学生的道德人格特征，就是从成熟化的角度去看问题。

青年期的这种情绪动荡被霍尔称为“青春期危机”。这种情绪的动荡，必然造成青年道德上的不安。克列奇麦尔所列的两种极端情绪，在伦理学意义上都是道德情绪，都是人们的处世态度，都在某种程度上影响着青年群体之间、青年与长者之间的关系。情绪虽是一种表层现象，但它反映的却是内心深层的道德转变和心理转变，这种转变的实质在于青年自我的确立。

青年期被人称为心理上的“断乳期”。青年期不是儿童期的简单延续。身体的发育、抽象思维能力的发展，使自我在儿童期所见到的同一性和连续性变得不稳定了，于是，又重新出现了“自己是什么，自己的社会作用是什么”的自我意识，开始寻找自我存在感的基础。大学生常喜欢以批判、否定和破坏倾向来对待现存事物，以表明自我存在的价值。身心的显著发育，给予大学生以自信，培养了他们自主和自律的生活态度。然而，由于缺乏社会阅历和社会经验，自我理想和现实的矛盾又使大学生陷入对一些问题的困惑之中。大学生自我意识的一个显著特征在于自我（I）与他我（me）的分裂、自我与他人的分化。大学生已开始摆脱儿童那种对人不加区别的状况，他们意识到自己的特征以及与别人的区别。自我感的出现，必然引起青年初期心理上特有的孤独感或者对孤独生活的不安，以及情绪的动荡。

大学生自我的“发现”，不仅是心理的转变，也是道德的转变，是青年从他律道德向自律道德转变的关键环节。没有从依赖性精神状态到独立自主精神状态的转变，就没有道德上自我的出现。罗马尼亚的青年学家F. 马赫列尔以图表的形式[①]表述了青年人格化的主要过程。从社会关系、同一性、同既存模式的关系、自律化、规范化、价值取向六个方面，概括了童年、青年初期（青少年期）、青年后期三个年龄阶段这六个方面的人格变化特征，比较全面地反映了青年道德人格的特征（见图表）。

---

① ［罗马尼亚］F. 马赫列尔：《青年学和青年问题》，北京：社会科学文献出版社，1986 年，第 183～184 页。

	童年期	青少年期	青年后期
社会关系	自我中心	摆脱自我中心	同他人交往
同一性	成人楷模	“同一性危机”	自我的同一性
同既存模式的关系	父母的模式	朋友、同学、其他成人的模式	综合和超越既存模式:理想的自我
自律化	他律	“权威危机”	自律
规范化	紊乱,适应既存规范	非顺应主义	自觉地选择和对待规范
价值取向	价值观的不确定性、价值的模仿性	“独创性危机”	选择价值和确定价值层次

F.马赫列尔认为,这六个方面指出了成熟化的主要过程。这些不同方面的变化导向自主性道德人格的确立,这种过渡具有否定性,但并不意味前一种特征的消失,只是意味达到新的平衡。根据马赫列尔的学说,人格的形成经历了这样六个过程:(1)在社会关系方面,从自我中心经过摆脱自我中心,把自我与环境区别开来,到走向同他人积极交往。(2)在同一性方面,人最初是成人楷模向社会认同,经过“同一性危机”,逐渐形成自我的同一性,从而获得和建立自我性行为主体。(3)同既存模式的关系:首先是家庭提供的行为模式处优先地位,家庭中成人对待儿童的行为、态度,如对不同行为的管教、制止、鼓励、惩罚等,形成儿童的行为模式,过渡到同龄群体所提供的模式的优先地位,然后再过渡到家庭以外的成人模式,最终通过个人的富有独创性的理想来确立自我。(4)自律化:从儿童在道德权威上完全依赖父母(他律)走向逐渐独立于他人之外(“权威危机”),最后走向自律。在此阶段,他们根据自己的意向而不是根据权威的道德命令选择道德行为。(5)规范化:儿童最初是不顾原则规定,按照自己的想象去执行原则的。因此首先是从紊乱而不认识规范走向服从成人和机械地适应成人所倡导或强制要求的规范,走向遵守儿童主要在游戏过程中共同建立的规范,然后通过“非顺应主义危机”把握自由与必然的关系,形成义务意识,自觉遵守社会承认的行为原则和准则,发展道德选择的能力。(6)价值取向:儿童的“自我中心”并不是一种价值取向,他还没有把自我与外界环境区别开来,把外界环境看作自身的延伸。因此个人在发展初期并没有确定的价值观。当个体逐渐与客观外界区分开来,就作为一个具有明确价值意义的存在而逐步确立下来。也就是说,个人在社会环境、社会所承认的规范和价值的影响下,通过经验和教育,或者通过对既存规范和价值的扬弃,超越“独创性危机”,确立自己的价值系

统，并形成自己选择、分辨价值观念的能力。自我价值观的确立，体现在自己制定的希望目标上，体现在为实现这些目标采取的自觉和创造性的行动上。

大学生的道德人格是在生理心理发育的基础上形成的，因此我们必须认识到生理心理因素在人格形成中的作用。但是，我们也不能过分夸大它的作用，道德人格的形成及其特征揭示了个体与环境的相互作用具有决定性意义。同时，我们所指出的道德人格这种自主性、独创性特征，是最一般的特征，实际上在不同的社会环境、文化道德背景下，表现为不同的具体形态。青年期发现的"自我"，在道德人格意义上，有的是价值创新的"自我"，有的则是把他律变成自律（无批判地），承认和接受权威令律的"自我"。前者有如中国五四运动时期中国先进青年的道德人格，后者有如漫长的中国封建社会青年的道德人格。

把体现自律自主性上述六个方面的特征确定为大学生道德人格的特征，这与道德人格定义是一致的。大学生只有达到这样的程度，才能意识到自我与他人、社会和社会规范的关系，才有能力在不同的价值体系中进行选择，确立自己的目标和自觉地为实现目标而奋斗，才有富有创造性的真正独立的人格。

在这里，我们还必须区分作为大学生道德人格本质特征的自律的不同水平。青年初期，即青少年期，是青年道德人格形成时期，也就是人的自律行为开始出现的时期。然而，这时期的青年还没有形成深思熟虑、持久、自然而然的道德行为。多数青少年还缺乏言行统一的能力，他们对行为准则有一定认识，但理解不透彻，也不善于将道德认识与行为联系起来。因此，他们中的大多数还不能做到言行完全一致。[①]大学生的自律表现为主观性自律，还没有达到与客观准则相符合的自律水平。大学生的道德社会化过程就在于将主观性自律转变为客观性自律，即与社会的伦理准则要求一致的自律，形成行为习惯，从而达到人格的成熟化。

大学生是在社会实践中形成自己的道德人格的。大学生人格中包含有体现青年实践成果的成分，因此他们的人格并非完全是成年人的人格"模式"的翻版。成年人的人格在大学生道德社会化过程中起了表率作用。这种表率作用，保证了代与代之间道德文化传递的连续性。大学生的成熟并不是成年人属性的推演，而是大学生本质力量自我创造的结果。正是在这个意义上，才产生了代与代之间的距离。

2. 大学生道德人格的结构要素

以上我们从大学生道德人格的本质意义上探讨了道德人格的特征等

① 朱智贤：《儿童心理学》，北京：人民教育出版社，1979 年，第 222～223 页。

问题，但如果我们不进一步研究它的内在结构，我们就很难回答大学生的道德人格是什么的问题。

道德人格的本质特征是在质上规定了道德人格，而其内在结构则是指它的组成成分，它的结构体。任何一种道德人格都是由一定因素构成的，具有一定的构成形式。因此，道德人格的内在结构和它的本质特征一样，都带有普遍性和规律性，不为时代、民族和阶级所决定。就这一点来看，它与道德人格的内容不同。道德人格的内容受到一定时代、阶级和社会环境的制约，因此，不同时代、民族和阶级有不同的人格内容，因而人格具有不同的具体形态。要深入研究道德人格的本质，就不仅要看到它的具体形态，还要深刻认识它内在结构上的特点。

从心理学角度来研究人格结构理论，早在古希腊就已有之。“古希腊提出的四种气质说：抑郁质、胆汁质、多血质、黏液质，奠定了从康德至冯德，到现代心理学家艾森克人格维度理论的基础”。[①]冯德认为，人格结构可由这四种气质来说明。艾森克则以这四种气质说为核心，提出人格的层次结构理论。他把人格分为内倾—外倾、稳定—不稳定两个维度，而人的冲动性，或被动性，或开朗等人格特质则通过这两个维度表现出来。但是，从心理学角度研究人格结构并没有揭示人格道德方面的特征。

要从伦理学角度研究人格结构，就必须从人格的道德特征入手。然而，目前国内的伦理学著作对于道德人格的特征及结构问题并未涉及。本书的探讨仅仅是个初步尝试。

结构是由要素组成。道德人格是由道德认识、道德情感、道德意志和道德行为等要素组成。这四个要素是在一个人生理—心理发展的基础上，在社会实践活动中逐渐形成、发展和变化的。从人格形成的过程看，这四个要素并不是同时产生和形成的。首先，必须要有道德认识。道德认识就是对于行为准则中的是非、好坏、善恶及其意义的认识，儿童的道德认识有一个从感性思维到理性思维过渡和飞跃的过程。人以感性思维形式把握道德准则，是通过客观效果和具体形象进行的，因此，儿童的道德认识在达到理性认识前没有深刻化和理性化。然而，人的理性的逐渐成熟和感性经验的日渐积累，必然使人的道德意识发生质的飞跃。人不仅以感性，而且以抽象理性来判断和把握准则、人与人之间的关系，并从自我对关系的判断中，得出自我行为的道德要求。只有在这时，人才有善恶观念，才成为一个成熟的人。因此，道德认识及其道德认识发展过程中理性认识的形成，是道德人格形成的基础。

---

① 陈仲庚、张雨新：《人格心理学》，沈阳：辽宁人民出版社，1986年，第117～124页。

道德情感是伴随道德认识出现的一种内心体验，也就是对事物的爱憎态度。具体来讲，道德情感是对他人、对社会的情感。儿童的道德情感几乎是自发性的，他们从自我的客观感受出发表现出对他人的爱和憎，随着道德认识的深化，道德情感逐步从自发性情感发展为自觉性情感，发展为对社会集体和祖国的情感。当儿童对某一事物有爱憎的情感，并从自发性发展为自觉性时，他的道德观点就逐渐转化为道德信念。所谓"道德信念"，就是人们在情感上信赖和维持一定的道德原则，并自觉地按照一定原则去抉择行为和评价行为。

道德意志，是一个人自觉地调节行为，去克服内在阻碍和外在困难，以实现一定道德目的，实现社会道德要求的心理活动。道德意志与道德行为是密切联系的，离开了道德行为，道德意志就无从表现。但是，道德意志又不等于道德行为，它是调节行为的内部力量，道德意志是在道德认识、道德情感和道德信念的基础上形成的。人对一定的道德事物（准则、关系等）有了认识，有了情感和信念，就会形成相应的决心去克服内外困难，顽强地坚持一定道德行为的意志。

道德行为是在一定的道德意识和道德意志支配下所采取的各种行动。它是实现道德动机的手段，也是一个人的道德认识、道德情感、道德信念和道德意志的外部表现。人的行为具有道德性，是人的道德认识、道德情感、道德信念和道德意志的外化结果。道德行为发展的最终形态是形成道德行为习惯。这就是人不仅要按照一定的原则规范去行动，而且要使这种行动成为自己的日常习惯。列宁曾指出，应该把已经掌握的东西，"真正深入到我们的血肉里去，真正地、完全地成为生活的组成部分"，[①]"只有那些已经深入文化，深入日常生活习惯的东西，才能算作已经达到的成就"。[②]

这里需要指出的是，品德心理学也把道德认识、道德情感、道德意志和道德行为看作是品德心理结构的基本要素。然而，"道德人格"与"品德"概念实质上的区别决定了两者所强调的要素特点和结构特点的不一致性。"品德"概念指的是一个人的道德品质、一个人的道德精神世界；"道德人格"概念也包含道德品质的内容，但它强调的是人的道德主体性的建立。因此，品德结构论着重于人的道德品质的形成过程，道德人格结构论则强调的是这一过程形成的主体，即人的道德自主性的建立。

构成道德人格的道德认识、道德情感、道德意志和道德行为四要素，不是简单组合，而是整合，即道德人格这四个方面的整合，产生了一个新

---

① 《列宁选集》，第 4 卷，北京：人民出版社，1972 年，第 700 页。

② 《列宁选集》，第 4 卷，北京：人民出版社，1972 年，第 698 页。

质的人,一个具有自我道德本性的人。

3.大学生道德人格的结构特点

在四要素中,道德人格结构论特别强调道德意志在人格形成和人格作用中的意义。道德意志的贯彻,就是克服内外障碍,排除干扰去实现主体的行为目标。可以说,一定道德人格的形成,是一定道德意志努力的结果。而道德意志的力量,体现的就是道德人格的力量。正是因为人有意志,人才与动物区别开来,人才能管理自己和主宰自己所居住的地球。而如果人没有了道德意志,人的一切行为也就没有了道德性。由于有了道德意志,人格才具有独立性和自决性。

在行动中所体现的道德意志,是道德自我的确证。自觉地将自我同价值和道德规范联系起来,以自己的选择并坚持不懈地努力来维护自我的价值认同。而一定的社会价值是一定社会、一定阶级利益的体现。因此,大学生道德意志的贯彻,也就是使自己自觉地站在一定的社会立场上,使自己成为一个具有一定社会价值的人。

大学生的道德人格是在社会化过程中形成的。而社会化就是一个吸收社会承认的规范和价值,并进而促使个人为承担社会角色做好准备的复杂过程。在这一过程中,人从童年状态过渡到青年状态,形成自己的道德认识、道德情感、道德意志和道德行为。在阶级社会,大学生道德人格的形成,道德人格的价值内容,受社会上占统治地位的思想意志——剥削阶级的思想意识的约束,只有社会主义的社会实践,为大学生形成和完善自己的道德人格创造了客观可能性。社会主义社会消灭了剥削阶级和对抗阶级存在的社会经济基础,为使青年道德人格的内在价值与社会进步和人类解放的远大前程联系在一起创造了社会前提。社会主义社会是一个充满变革的社会,这就要求大学生形成的人格是非因袭型的、变革型的。因此,它也为大学生独立地和创造性地形成有自我价值主体创造了前提,青年人也只有投身于社会变革的浪潮中,才能形成富有创造性的真正独立的道德人格。

三、大学生个体道德的基点

大学生确立个体道德行为的基本准则体现在对主体和客体的态度两个方面。主体是道德行为的发出者;客体是行为施与的对象,主体道德行为的接受者。行为主体对自我的态度,对自我作为一个道德存在物的价值的评估,往往影响其派生的行为的道德意义;行为主体对他人与社会的情感、态度与方式,则直接构成行为的性质和道德意义。道德是社会存在的反映,并随着社会物质生活条件的变化而变化。因此,在合乎一定社会规范的前提下,当两个方面都确立了正确准则时,行为才能真正合乎道德的要求。对主体行为两方面的要求与符合社会规范的要求，都是道德行为的必要条件，如果行为仅仅满足了前者，或者仅仅满足了后者，都不具有一定社会的道德意义。因此从行为主体的角度来看，它的基本准则是：一是行为主体对待自我的态度：自爱；二是行为主体对待他人与社会的态度：利他（利他主义）。

（一）自爱

1."自爱"的历史渊流

在中国伦理思想史上，虽然从来没有提出过"自爱"的道德范畴，但是，从孔子开创，直至被宋明理学家继承发展的儒学中尊重人格和主体意志的思想，就是自爱道德范畴的深刻内涵。孔子提出以"仁"为核心的伦理学说，强调要以"仁"为准则来调整人与人之间的关系。但他也提出尊重人格的思想。他说："三军可夺帅也，匹夫不可夺志也。"（《论语·子罕》）这种尊重人格和主体意志的思想在孟子那得到充分发挥。孟子认为，自我的人格是一种"浩然正气"，他说："其为气也，至大至刚，以直养而无害，则塞于天地之间。"（《孟子·公孙丑上》）汉代的董仲舒把封建等级制度中人与人之间的关系，上升到封建道德基本准则的位置，从而提出"三纲"的思想，强调封建社会人与人之间关系的绝对不平等性。但他仍坚持从最一般意义上尊重人的思想。他认为，"天、地、人，万物之本也。天生之，地养之，人成之。天生之以孝悌，地养之地衣食，人成之以礼乐，三者相为手足，合以成体，不可一无也"（《春秋繁露·立无神》）。

在西方伦理思想史上，"自爱"作为伦理道德范畴，乃是文艺复兴以后人道主义思潮的产物。在中世纪的西方，人们所爱的不是自己，而是上帝。爱上帝是基本的道德范畴，一个不爱上帝的人，在中世纪就是缺乏基本道德的人。中世纪一方面宣扬爱上帝，一方面宣扬轻视人的道德。基督教宣扬"原罪说"，认为由于人类的祖先亚当、夏娃犯了罪，而人类继承了自己的祖先亚当和夏娃的原罪，所以生下来都是有罪的。人的生活、感觉、情欲是恶的，是可鄙弃的；人只有在否定自己时才能得到上帝的肯定。文艺复兴以来的人道主义，则宣扬凡是人的一切都是合理的、正当的，人并不要去追求什么虚无缥缈的"天国"，而是要尽情享受现实的幸福。卢梭认为，存在着两类关系道德，一类是与自身关系的道德，一类是与他人和社会关系的道德。"自爱"就是对于自身关系的一个基本道德要求。卢梭认为，自爱所涉及的只是自己，但使自爱具有道德意义是从人具有理性认识能力后才开始的，人在无理性认识能力之前，作为一种欲念，自爱无道德意义，而当人能判断和把握人与人之间的关系时，自爱才具有道德意义，并有善恶的分化。卢梭又指出，与自爱只涉及自己不同，自私所涉及的是人与人之间的关系。他认为，在私有制社会，占有欲是使自爱变成自私的关键。因此，自私就不是原来意义上的自爱，而是人与人之间关系上的恶。[①]卢梭的这一论点，澄清了西方伦理思想史上“自私”与“自爱”概念长期混淆的情况，从而最终将自爱作为道德范畴确立下来。应当看到，这是文艺复兴以来西方伦理思想发展的一个重要理论收获。

那么，作为内指性的爱，具有什么内涵呢？中国伦理思想史上有关尊重人、尊重人格的丰富思想，西方伦理思想史上有关自爱的观点，为我们规范自爱的内涵提供了丰富的思想资料。我们认为，综合中西伦理思想史的论述，自爱作为基本的道德范畴，指的就是作为行为主体的个人对人格性自我的爱护。这种爱护体现在个人的情感、态度及行为习惯上，在某种意义上，也就是人们的自尊感。自爱、自尊是人们对自我的肯定，是一种道德情感。这种道德情感实际上是从无道德意义的对自我生命爱护的原始欲望升华而来。自爱作为人格性的对自我的爱护，其得以成立，还必须有一前提条件，即社会必须肯定人具有自爱的权利。中世纪的西方社会没有“自爱”而只有“爱上帝”的道德概念，这是中世纪贬低人、否定人的封建宗教意识的体现。欧洲文艺复兴以来之所以提出“自爱”的道德范畴，要求尊重人、尊重人的价值，是受新兴资产阶级的兴起和随之而来的社会思潮变革的影响。

2. 大学生自爱感的形成与发展

个人的自爱感是一种道德情感，是个人对人格性自我的尊重。这种情感虽不是与生俱来的，但它首先是从对自我生命爱护的原始欲望发展起来的。也就是说，是从生物性自爱欲望发展为社会性自爱道德情感。因此，就个体而言，自爱首先是同人一起产生且终生不离的根本欲念和情感。作为一个有感觉的有机体，每个人都负有他人所不可替代的特殊责任：自我保存的需要；人作为社会人生存于这个人类社会，每个人又都负有他人不可替代的特殊责任：人格的自尊。从某种意义上说，我们诞生过两次，第一次是为了生存，第二次是为了做人。在这两次诞生之中，自爱都始终不离我们。在第一次诞生及成长过程中，自爱是我们没有自觉意识到的，是一种原始的、内在的冲动。从这种欲望派生出的第一个欲念就是对自己生命的关心，为了保持生存，我们必须要爱我们自己，这是任何其他人代替不了的。而第二次诞生，就是青春期的到来。伴随青春期到来的心理和道德的深度转变，就是“自我”的发现和内心世界的形成，当我们充分感受到自己的内心世界时，一种强烈的需要——被人理解、被人尊重、被人接受的需要即被激起。也就是说，青春期的到来，不仅出现了具有独立意志的人格自我，而且人格自尊也被唤起。正是这时，我们的自爱

① 这一思想见卢梭著《爱弥儿》。

才有了道德意义。这种道德意义上的自爱，也就是自觉地意识到既要自尊也要他人尊重我们（自尊的满足）的感情。

其次，自爱的道德情感，是在人的社会化过程中逐渐形成的。自爱也可以说是人的受尊重的社会需要意识，即人的社会尊严感。也就是说，人是生活于社会之中的，人不仅是一个生物性存在物，而且是一个社会存在物。在社会生活中，人们需要获得他人与社会给予的肯定性评价，即具有满足我们社会性自爱、自尊的需要。这种需要是在人的社会化过程中逐渐形成的。

实际上，人也只有到了青年期，才能强烈地感受到自爱、自尊的内心需要。对于儿童来说，他们唯一可以意识到的就是外部世界，他还把自己的幻想投射到外部世界去。他们已能充分意识到自己的行为，但还不能意识到自己的各种心理状态。对于青年人来说，外在的有形世界只是主观经验的一种可能性，而主观经验的中心则是他自己。青年人往往觉得最现实的存在是他自己而不是别的，人虽自幼就萌发了自爱、自尊的欲念，而只有到了青春期，才有了自爱、自尊的深切意识。

作为对行为主体的要求，自爱，对大学生的道德培养具有十分重要的意义。苏霍姆林斯基曾指出："为了成为一个真正的人，学生应该首先尊重自身，没有这种尊重，没有对自身的美的热爱，人的文明就不可思议，与一切损伤人的自尊心的东西绝不相容就难以想象。是的，不应当害怕'对自身的爱'这几个字——它们不是孤芳自赏，而是自豪感，是对于自身的良好开端的纯洁信念。文学理应唤起人的自尊心，既在别人身上，也在自己身上唤起对于一切内心的、人性的东西的兴趣和尊重。"[①]大学生是否自爱、自尊，直接影响到现实的道德人格的状况。高度的自尊心就是人对自己道德人格上优点的肯定，并确信自己行为的价值，相信自己能够克服自身的缺点。因此，自尊心强不是骄傲、自大或缺乏自我批评精神的同义词。相反，自爱感不足和自尊心不强，则是对自己道德人格及行为价值不抱信心，甚至感到自我人格是有瑕疵、不体面等的体现，从而对自我及个人的社会行为产生否定。美国心理学家卡普兰对一些科研资料及他自己对 9300 名七年级学生进行的十年纵向调查材料的总结，得出结论：自卑几乎和各种偏离规范的行为都成正比关系。[②]

我们可以说，没有自爱感，没有自尊心，也就没有道德上的自我。自爱自尊，是个人美德的基础。对于大学生而言，加强自爱感和自尊心的培

---

① [俄]苏霍姆林斯基：《教育的艺术》，长沙：湖南教育出版社，1987 年，第 27、28 页。

② 科恩：《自我论》，北京：三联出版社，1986 年，第 436 页。

养，是大学生道德品性形成的关键。苏霍姆林斯基指出："如果一个学生懂得了和感受到，教师和班集体看到和鼓励他的自尊心，那他会竭尽全力变得更好些。从实质上说，教育艺术的全部秘密就在孩子的这种上进心和这些道德上的努力之中。"①鼓励大学生爱自己美的道德品行，培养大学生的自尊心，应是教育工作者的神圣责任。由于身处复杂的社会环境，青少年道德成长并非一帆风顺。"通向孩子心灵之路并不是穿过一条干净的、平直的小径（在这条小径上教师所做的只是用爱抚之手拔掉莠草——根除毛病），而是穿过一片肥沃的田野，在这片田野上茁壮生长着道德的自尊的幼苗……孩子的毛病自身会从内部清除，不被察觉地从孩子身上消失。而且，如果自尊心的幼芽蓬勃成长起来并将种种毛病取而代之，根除这些毛病不会引起任何病态的现象"。②然而，有的父母及教师，总是力图通过简单、武断的方式来纠正大学生的缺点，把他们的缺点暴露在光天化日之下，想以此来使他们幡然醒悟，可是这在绝大多数情况下并不能奏效，反而会揭露和刺激青少年的自爱心和自尊感。他们的正常行为得不到成人的尊重，他们就会以越轨的行为来引起成人的重视。

对自我的爱、对人的尊重之所以有这样重大的道德意义，是因为"世界进入了人的世纪"。人们谈论着：现在是原子世纪、科技革命的世纪、计算机革命的世纪。但这都不是本质，本质在于，人类经过漫长的否定人、轻视人的世纪而进入尊重人的世纪。正是在这尊重人、尊重人的价值的世纪，自爱才成为道德的源泉。

（二）利他主义

1. 利他主义

自爱，是行为主体对待自我的根本态度，是行为主体处理自身关系的道德基点。利他，则是行为主体对待他人、对待社会的根本态度，是行为主体处理与他人、与社会关系的道德基点。人们生活于社会之中，也就是生活在一定的社会关系之中。在社会生活中，免不了会发生个人与社会以及个人和个人之间的矛盾，这些矛盾中最根本的也就是利益的矛盾，即个人利益与他人利益、社会利益的矛盾。在阶级对抗的社会，社会利益与个人利益的矛盾是通过阶级利益的矛盾来表现的；在无阶级对抗的、没有阶级的社会，则是在根本利益一致基础上的矛盾。在这种冲突和矛盾面前，人们是损人利已，或者是牺牲社会利益以利己呢，还是牺牲个人利益

---

① ［俄］苏霍姆林斯基：《教育的艺术》，长沙：湖南教育出版社，1987 年，第 26 页。

② ［俄］苏霍姆林斯基：《教育的艺术》，长沙：湖南教育出版社，1987 年，第 26 页。

以利社会以利他人？对此，无数人做了后一种选择。例如，美国物理学家L.斯洛汀就是牺牲个人以利他人的典范。斯洛汀曾在美国墨西哥州北部阿拉莫斯原子弹实验室工作。1946年的一天，他和同事们一起在实验室里小心翼翼地把一些钚片凑集在一起，为进行一次连锁反应做准备。忽然，仪表显示连锁反应已经开始，这说明中子大量产生，放射现象已经出现，对室内的工作人员造成了极大的威胁。这时，斯洛汀不顾一切，立即用赤裸着的双手将钚片分开，这实际上等于自杀，因为他就此接受了大量的射线。然后，他镇静地嘱咐他的七位同事准确地记住事故发生时他们的位置，以便确定每个人接受放射的程度。接着，在向有关部门报告以后，他向同事们表示歉意，并告诉他们：他将死去，而他的同事们将恢复健康。在我国，也曾出现无数不惜牺牲个人一切、舍生抢救国家财产的英雄人物，向秀丽、欧阳海、刘英俊、王杰、张华……实际上，在个人利益与他人利益、社会利益发生冲突时，作出这种选择的行为，才是利他主义的行为，才是符合道德的行为。不仅是在这种关键时刻，就是在日常生活中，人们碰到的这种矛盾，也只有自觉地将他人利益、社会利益放在第一位，才是合乎道德的行为。

2.利他的道德性

利他主义之所以是合乎道德的，是因为，个人总是社会的、集体的成员，每个人也实实在在地感觉到他是生活在一个具体的时代，国家、民族、团体和家庭之中，他的生存、发展、希望和幸福都和这些集体紧密相连。个人离不开社会和集体，个人依赖于社会和集体，社会的存在与发展是个人生存和发展的根本前提，因此，维护社会与集体利益，也就从根本上维护了个人利益。

利他主义以他人利益、集体利益和社会利益为轴心，并强调在个人利益与社会利益发生冲突时，个人应当服从社会利益。然而，由于集体利益和社会利益在不同的历史时期具有不同的形态，特别是由于在阶级社会中，统治阶级往往把自己阶级的利益宣称为社会利益，使集体利益和社会利益虚幻化，从而使利他主义也以虚幻的形式呈现。

从社会利益作为个人的生存和发展的条件的意义上看，社会利益与个人利益是一致的。但作为特定的个人，特定的社会利益又往往与特定的个人利益发生冲突。个人与他人、社会利益冲突的历史源远流长。在原始部落社会，当人们面临饥饿的威胁时，为了让大多数人活下去，就必须要吃掉丧失劳动能力的老人。老人的生存也就与集体的生存发生冲突，而要维护集体的生存，就必须牺牲老人。自进入阶级社会以来，人与人之间、社会利益与个人利益之间的冲突大大加剧。社会生产力的发展、分工的发展和私有制的出现，导致剥削阶级与被剥削阶级的形成，社会由此分裂为利益根本对立的阶级，而剥削阶级为了维护自己的私有权，就需要一个强迫他人服从的特殊强制机构，才能对付被剥削阶级个人的或集体的反抗。随着这种强制机构的出现，占据统治地位的剥削阶级又把本阶级的利益说成是“国家利益”、“公共利益”、“社会利益”，而把被剥削阶级的利益说成是有害于社会的“私人利益”。马克思指出：“正是由于特殊利益和共同利益之间的这种矛盾，共同利益才采取国家这种与实际的单个利益和全体利益相脱离的独立形式，同时采取虚幻的共同体的形式。”[①]在原始社会，虽然也有个人利益与集体利益的冲突，但冲突中的集体利益、社会利益是真实的，没有集体利益和社会利益，也就没有个人的生存。而在阶级社会中，对于广大的被剥削阶级而言，这种冲突中的“集体利益”、“社会利益”则是虚幻的，不是保障他们利益，而是剥夺他们利益的。“从前各个人联合而成的虚假的共同体，总是相对于各个人而独立的；由于这种共同体是一个阶级反对另一个阶级的联合，因此对于被统治阶级来说，它不仅是完全虚幻的共同体，而且是新的桎梏”。[②]以这种虚幻的社会利益作为评价行为的道德准绳，利他主义就被扭曲了。实际上，在漫长的阶级社会，这种虚幻的社会利益曾经不仅是道德评价的唯一标准，而且被神圣化。这种被神圣化了的、虚幻的社会利益以及被扭曲了的利他主义，在中国和欧洲都曾是社会生产力发展和人的道德精神发展的桎梏。欧洲自文艺复兴以来，以人道主义形态出现的个人本位主义，反对神圣化的、虚幻的社会利益和扭曲了的利他主义，即以个人的感性存在的合理性和以自我利益为核心来判断一切行为的善恶，掀起了人类历史上历时最为久远的思想解放运动。这对于社会的发展和人的道德精神的解放都起了重大的作用。

个人本位主义是对虚幻的集体利益和社会利益的否定，是对扭曲的利他主义的否定，但它并不是对真实的集体利益和真正的利他主义的否定。个人本位主义从个人出发，但个人只要不把自我与社会的关系断裂，不把自我封闭起来，就会导致利他主义。让我们首先从个人出发，肯定个人的存在。我们会问：我们是一个孤立的存在物，还是一个社会存在物呢？我们在谋求正当的个人利益，但是，我的利益与他人的利益是什么关系？社会利益与我的利益又有什么关系？这种推论的必然结果就是，人是社会动物，不能脱离社会而独立存在。个人既不可能孤立存在，也不可能孤立发展，而只能在社会中得到发展。一定社会所具备的一定的政治、经济、文化等条件，既为个人的发展提供了前提，也为个人的发展限定了

① 《马克思恩格斯选集》，第1卷，北京：人民出版社，1995年，第84页。

② 《马克思恩格斯选集》，第1卷，北京：人民出版社，1995年，第119页。

范围，个人可以站在一定高度预见未来，但这种预见需是植根于历史和现实的土壤中。而对于当代的大学生而言，他们的最根本利益之所在，即在于祖国的繁荣与强大，中华民族的强盛，社会主义现代化的早日实现，这也是全国各族人民共同利益之所在。当个人利益与他人利益、社会利益发生冲突时，个人应自觉地放弃自我利益，以有利于社会、有利于他人为行为的最终选择，这才是道德的。这样做的结果虽使特定的个人有所牺牲，却保障了更广大“个人”的根本利益。张华为抢救一个老农而死了，就张华作为一个年华正茂的大学生，他用自己的生命换取一个年老的农民的生命的价值而论，一些人认为是不值得的，但此问题只有从其牺牲自己以保障人类绝大多数人的生存和发展这个意义上来理解。如果没有这种自我牺牲的利他主义行为，集体的、民族的、祖国的利益就无从得到维护，个人赖以生存的社会根基就要动摇。不过，我们提倡的利他主义有一个必要前提：利他主义所维护的集体利益是真实的，不是虚幻的，是保障广大人民群众根本利益的。

第二节　大学生与他人的关系

任何人总要和亲戚、朋友、同学、同事，甚至和不认识的人发生联系，没有人能孤立于人际关系之外。在处理与他人的关系时，需要遵循最基本的人际关系准则，正确处理与他人的关系。

一、大学生的人际关系与道德

（一）大学生的交往与人际关系

人际关系，是指人们在相互交往的过程中形成的个体间相互认识、相互好恶、相互亲疏的心理上的直接关系或距离。人际关系的发展变化，对人的学习、工作、生活和健康等都会产生积极或消极的影响。据估计，大学生每天除了8小时左右的睡眠外，其余16个小时中约有65%（10～11个小时）的时间都在相互交往并传递信息，如听、说、读、写等，以此作为获得知识、交流情感、沟通思想的主要手段。从这个意义上说，学会处理人际关系，就意味着学会生活。

学友关系是大学生中最普遍、最广泛的一种人际关系。根据疏密程度的不同，学友关系又可在层次和范围上表现为三种形式，即挚友、好友和伙伴。挚友关系，是一种互相依赖、亲密无间的朋友关系。表现为同学间有明确的、相同的生活准则和价值观念，他们能相互促进、相互帮助，能做到心心相印，情感交融。这种关系既可以出现在同性同学间，也可以出现在异性同学间，它一般涉及面较小，结合程度较深，维持时间很长。好友关系，这种关系通常发生在具有共同目标而组成的排他性集团中。这种关系的涉及面较大，关系较密切，保持的时间一般随集团的解体而告终。伙伴关系，这种关系多发生在包括好友在内的，且兴趣、爱好、思想认识大致相同或相近的相当大的集团中，是一种结合程度比较松散的关系。伙伴关系是同学在长期的生活中，因多年相处而保持的既不过于亲近也不特别疏远的情感距离。这种关系在大学生的人际关系中最为普遍，也不只是领导与被领导、支配与被支配、命令与服从的关系，更重要的是协作、互为促进、互为帮助的朋友关系。

（二）大学生人际关系的特点

1.交往愿望迫切，感情色彩浓厚

大学生交往的愿望十分迫切，并伴有较浓厚的感情色彩。大学生跨入大学校门，随着生活环境和接触人员的变化，他们迫切希望与人交往，并试图通过交往获得友谊。特别是大学新生，由于原群体较强的凝聚性与现群体的离散性反差很大，使他们产生了孤独感，因此，为减少孤独感，他们急于与人交往。对友谊的珍视和渴求，以及年轻人情感的丰富，使大学生在人际交往中十分注重情感的交流，有时甚至以情感代替理智。大学生人际关系的建立与转化往往与情绪的变化密切相关。

2.注重横向交往，忽略纵向交往

大学生的横向人际交往指大学生与同龄人之间进行的人际交往，例如朋友关系就是相互对等的横向关系。大学生的纵向人际交往指大学生与不同年龄人之间进行的人际交往，例如，父母与子女、老师与学生之间就是一种依赖和服从的纵向关系。据日本的有关研究，青少年遇到烦心事时多数找朋友交流，他们都愿意与同龄人交往，而很少找父母、兄妹交流。由于大学生成人感和自立性的增强，使得他们对纵向的人际交往相对疏忽，造成所谓的“代沟”。而大学生与同龄人由于在年龄、生理和心理上有更多的相似之处，能相互理解和帮助，可探讨人生、分享忧乐。因此，大学生比较注重横向的人际交往和人际关系，而忽视纵向的人际交往。

3.交往的开放性和对流性

大学生不愿意把自己封闭在寝室、班级的交往圈中，甚至不再满足于学校范围内的交往，从而建立了与兄弟院校学生的校际联系。随着生产实习、勤工助学及毕业分配中双向选择的需要，大学生也开始与社会上的人们交往。这是由大学生的开放意识决定的。对当今时代特点的认识，他们对开放意识与自己事业发展的关系的认识都有了很大提高。大学生的学识较一般青年丰富，对新事物有强烈的好奇心，独立思考的能力也相应发展，敢于大胆发表自己的见解。大学生不愿意简单接受信息，而希望互相交流各自的观点，互相探讨感兴趣的问题。

4.交往内容和形式丰富多彩

大学生交往的内容十分丰富。由于大学生思想活跃、兴趣广泛，他们不仅在本专业内、本院系内进行人际交往，还能在本专业、本院系以外进行人际交往，共同参与研究，开展文学、艺术、体育、政治、经济等方面的协作。近年来，高校中各类学生社团的兴起正反映了大学生交往内容的丰富。在交往中大学生一般能较好地采用语言交流的形式，也能恰当地运用非语言交流的形式。语言是人际交往最重要的工具，它包括书面和口头语言。随着大学生知识的增多、写作能力和语言表达能力的提高，语言交流已成为大学生进行人际交往时最擅长运用、非常重要的交际形式，而且大学生人际关系的真正确立和发展主要也是通过语言交流的形式实现的。

（三）大学生人际关系的道德调节

大学生的人际交往关系依据一定的指导思想，受一定道德原则的调节。大学生人际关系的道德原则是：

1.平等尊重的原则

尊重是由“人人平等”的社会伦理规范所决定的人际交往原则。受先天遗传素质的差异和环境的影响，人们在能力、气质、性格等方面各不相同，并因社会分工的差异而具有不同的社会身份，但在人格上人人都是平等的，每个人都有自己的人格尊严，这表现为在各种场合中每个人都尽力维护自己的人格尊严，并期望得到他人的尊重。因此，尊重的原则也就包括自尊和尊重他人两个方面。

2.待人以诚的原则

人际交往的过程实际上是交往双方相互理解的过程。坦诚相见、推心置腹，方能互相理解。以真诚的态度对待交往，有助于建立信任，交往双方的关系也才能巩固，并结成深厚的友谊。有的大学生渴望得到别人的理解和同情，但又不愿袒露心扉，这就阻碍了人际交往。因此，大学生在人际交往中要注意克服闭锁心理。也有少数大学生受一些消极的“处世哲学”的影响，以虚伪、圆滑的态度对待人际交往，这只能导致人际关系的庸俗化。健康的人际交往必须是：真心实意地帮助别人而不求回报，直陈己见而不是口是心非，对别人的缺点、短处诚恳批评而不讥笑，对别人的优点、长处虚心学习而不嫉妒，既不当面阿谀奉承，也不背后诋毁诽谤。

3.互利的原则

人际交往是满足需要的途径。交往双方在满足对方需要的同时，又得到对方的报答，双方的关系就会继续发展。人际交往的频率往往受到报偿的多少所支配。如果某一方只获取而不给予,交往便会中断。人际交往必须遵循互惠互利的原则。互惠互利性越大,交往双方的关系就越稳定和密切,反之,交往双方就越疏远。当然,这种互惠互利不仅指物质财富方面,对大学生而言,更主要的是精神、情感等心理方面的相互奉献。

4.宽容忍让的原则

人与人之间因出身、经历、文化、修养的不同,存在着各种各样的差异,人际交往中因误会而产生矛盾也是不可避免的。这就要求人们在交往中应遵循宽容忍让的原则。宽容忍让有助于扩大交往空间,学会与各种各样的人交往,也有助于消除人际关系的紧张。它不仅表现在对非原则问题的不斤斤计较,而且表现在当别人明显对不起自己的时候也能“以德报怨”。宽容忍让不是不分是非,而是将人和事分开,宽容人但不宽容错误的事。宽容是一种良好的心理素质,它不等于软弱无能,恰恰相反,抑制自己狭隘的报复心理,其本身就是力量和勇气的表现。

二、大学生处理人际关系的道德要求

(一)调节大学生与班集体关系的道德要求

每个社会成员都生活在一定的集体之中,其发展、进步都离不开所在的集体,大学生也不例外。在高校中建立起良好的班集体,可以培养大学生的集体主义精神,可以磨炼他们的意志,纯洁情感,陶冶情操,还能促进智慧和能力的发展。在一个良好的班集体里,后进的同学容易进步起来;在一个不好的班集体里,好的同学也可能受到坏的影响。我们知道,集体主义意识不会自然形成,而要靠培养,因此,我们必须做到:

第一,正确认识集体与个人的关系,树立在集体中发展自我的观念。在社会主义条件下,国家、集体和个人的根本利益是一致的,这并不是说在任何时候、在每一个问题上,三者之间都是没有矛盾的。在实际生活中,它们之间经常发生矛盾,有时矛盾甚至发展到很尖锐的程度。这就要求我们善于去解决这些矛盾。当个人利益和集体利益发生矛盾的时候,个人利益要服从集体利益;当眼前利益和长远利益发生矛盾时,眼前利益要服从长远利益;当局部利益和全局利益发生矛盾时,局部利益要服从全局利益。对于当前的大学生而言,个人的奋斗目标只有汇集到集体目标中去,才能实现改造自己、改造社会的目的。个人如果离开集体,不仅集体利益要受到损害,而且个人的正当利益也难以得到满足。当然,集体利益不是各个成员个人利益的简单相加,而是代表了集体成员的根本利益和长远利益。我们在强调集体纪律的同时,不排斥在集体利益和集体纪律不受损害的情况下,个人充分发挥个体的主观能动性,发挥个性特长,取得学习和生活的更大自由。我们应自觉地投身到集体生活中去,参加各项学习活动、生产劳动、科研活动、文体活动等，这样，既可以开阔视野，启发思路，提高知识水平，又能陶冶情操，培养集体主义精神。

第二，树立集体荣誉观念，培养正确的集体舆论。集体荣誉感是一种追求上进的集体心理，是集体成员希望自己所在的集体强于别人的共同感情，是集体前进的动力。一个人一旦树立起集体荣誉感，就会把为集体服务变成自己坚定的内心信念。为了维护集体荣誉，他会处处严格要求自己，甚至即使为维护集体荣誉作出再大牺牲，他也会感到道德感情上的满足。当代大学生必须自觉树立起集体主义荣誉观念，对集体荣誉有发自内心的责任感。具体到在校期间，就是以所在学校、校班级的光荣为荣，耻辱为耻。

一个良好的班集体还必须形成正确的舆论。集体舆论是集体中大多数成员所赞成的正确言论或意见。它以议论、褒贬、批评和自我批评等来肯定或否定集体成员的行为，是一种影响个人发展的无形力量。当一个人不熟悉集体的行为规范时，只要遵循舆论行事，就能较好地适应环境、适应生活。因为集体舆论是集体中大多数人的意见，思想统一，矛盾自然减少，团结必定增加。一旦有错误的或不健康的舆论苗头出现，就要及时组织正确、健康的舆论去改变它。

第三，努力为集体事业多做贡献。大学生应该自觉意识到自己是集体的一员，关心集体、热爱集体是自己义不容辞的责任。一个对集体漠不关心、麻木不仁的人，是谈不上为集体作出什么贡献的。热爱集体，关心集体建设，就要充分发挥自己的作用，为集体、为社会多做有益的工作。要从一点一滴的小事做起，逐步培养为集体事业忘我工作、勇于献身的精神。只有这样，才能在国家、集体利益和个人利益发生矛盾的时候，自觉把集体利益放在第一位，个人利益服从整体利益，并把这样做看成是自己对国家和集体应尽的道德责任。只有这样，才能在党和人民需要的关键时刻，无私无畏，奋不顾身，甚至为集体的事业牺牲自己的生命也在所不惜。在炮火纷飞的战争年代，无数革命前辈为了实现中华民族解放的理想，为了子孙后代过上幸福的生活，把个人得失、安危置之度外，毅然踏上革命征途，把自己的一切献给壮丽的人类解放事业，他们的英雄行为体现了为集体事业勇于献身的高尚品质。在建设社会主义现代化事业的今天，同样需要这种献身精神，需要这种坚强的意志和顽强的毅力。一个人有了这种献身精神，就会产生高度的责任感和忘我劳动的热情。让我们用满腔的青春热血、辛勤劳动的汗水、刻苦奋斗的足迹、忘我的耕耘硕果，来装点我们的大学生活，建设自己的集体吧！

（二）师生关系中的道德要求

尊重教师，是中华民族的传统美德。在这方面，自古就流传着许多动人的故事，许多老一辈无产阶级革命家也为我们作出了榜样。毛泽东同志在延安向他学生时代的教师徐特立祝寿时说："你是我二十年前的先生，你现在仍然是我的先生，你将来必定还是我的先生。"德高望重的党和国家领导人尚且如此尊重教师，年轻的大学生更应该如此。

尊重教师主要体现在两个方面，即尊重教师的劳动和尊重教师的人格。学生上课时看见教师进教室要起立，教师回礼后方可坐下。在课堂上要注意衣着整洁，夏天不打赤脚、穿拖鞋、穿背心。迟到的同学应在教室外大声喊"报告"，得到教师允许后再进入教室。上课时学生要做到全神贯注、紧密配合，不做小动作。进教师办公室应先敲门，经教师允许后再进去。在办公室、教师寝室不乱翻东西。中午、晚上休息时间，没有要事，不要去打扰教师。平时遇到教师，应主动行礼问好。发现教师的不足，不要大惊小怪，也不要失望埋怨，而应采取谅解和与人为善的态度，在适当的机会、场合下委婉地给教师指出。

尊重教师，并不需要在教师面前唯唯诺诺。柏拉图有句名言："吾爱吾师，吾更爱真理。"这就是说，既要尊重教师，更要独立思考。教师并不欣赏那些在学习上规规矩矩、不敢越雷池一步的学生。因此，在与教师交往时，学生应打消拘谨、胆怯心理，举止仪态落落大方。对于学术问题，要善于提出问题，勇于发表意见，这样才能得到教师的欣赏。我国著名的历史地理学派创始人谭其骧，半个多世纪前是历史学家顾颉刚先生指导下的一名研究生。然而这并没有妨碍师生之间的争辩，更没有影响他们之间深厚的师生情谊。一次，谭其骧对顾先生讲学中的观点提出异议，于是师生便在《复旦学报》上著文论辩。顾先生因此还写出了《两汉州制考》。而顾先生的虚怀若谷、豁达大度令谭其骧感动不已，一再说争论对自己的成长"起了很大的作用"。在和教师争论学术问题时，先要耐心听取老师的意见，把主要论点和材料分析清楚，然后提出自己的看法，立足点不要放在驳教师的论点和论据上，而应树立起自己的论点来。争论时，要保持谦逊和请教的态度，及时收回自己不成熟的观点、意见，尽量不要在不重要的细节上纠缠，在教师精力不济时应中止争论，以保证讨论气氛正常。

另外还必须指出，即学生不仅要尊重自己的班主任、辅导员、任课教师，对于学校其他教育工作者，包括医生、炊事员、清洁工也应尊重。

（三）同学关系中的道德要求

最容易引起大学情感变化的是与同学的友谊。大学生十分渴望友谊，因为他们对自己与他人关系的认识日趋发展，迫切需要引起别人的注意，也希望与别人倾心交谈。大学生在选择朋友的时候，应该遵循以下的道德原则：

一是择友忌求全。古人曾用"近朱者赤，近墨者黑"的道理来说明交友的重要性。所交朋友的情况对一个人会产生潜移默化的影响。与正直、讲信义、有学问的人交朋友，会受益匪浅；而与那些献媚奉承、心术不正、华而不实的人交朋友，则会产生不好影响。择友必须有正确的标准，但标准又不能确定过高。如果择友的标准定得过高、过全，就会脱离实际，就交不到朋友。所以，选择朋友既要慎重，又要忌求全。实际上，任何人都会有优点，又会有缺点，不可能完美无缺。交友求全，就会觉得谁都不合适做朋友，哪一个也不值得相交。俗话说“水至清则无鱼，人至察则无徒”，择友求全的结果，必定是被孤立，这是同学关系应当避免的。

二是真诚相待，互相尊重。诚实既是做人的标准，也是交友的标准。待人以诚，就是要求我们在交朋友时做到开诚布公，互相交心。中国有句俗语：“人之相知，贵在知心。”朋友之间，只有相互交心，才可以做到知心。对人对事有什么看法、意见，都要开诚布公。同学之间朝夕相处，难免产生矛盾。当同学之间出现矛盾时一定要冷静，并虚心听取对方意见，绝不能自以为是、固执己见，更不能伤害对方的自尊心。如果是自己错了，应勇于承认，并迅速改正。如果是对方错了，则在适当的时机，用真诚、友善的态度与之交流，不能讽刺挖苦。

三是热情关心，过失相规。当同学生病的时候，应去探望、安慰、鼓励他，祝他早日恢复健康。当同学取得成绩、受到表扬时，应对他表示祝贺，不能嫉妒嘲讽。当同学犯了错误时，不能歧视挖苦、幸灾乐祸，应当热忱相助。如果同学在生活中遇到不愉快的事情，应表示关心。

(四)对家庭的道德责任

家庭是人们生活的重要场所，家庭关系是否融洽，家庭成员间是否团结，家庭生活是否幸福，直接影响着家庭中成员的身心健康。作为一名正在接受高等教育的大学生，应主动运用共产主义道德原则处理好家庭关系，切实做到：

1.平等民主，相互尊重

家庭成员之间要互相尊重，相互之间保持平等关系。有的同学在跨进高校大门后，自以为“高人一等”，成为家中的“特殊成员”，这是十分错误的。大学生要学人之长，补己之短，谦虚谨慎，虚怀若谷。在处理家庭问题时，应允许每个成员充分发表意见，尊重每个成员的民主权利。

2.尊敬父母，孝敬老人

“慈母手中线，游子身上衣。临行密密缝，意恐迟迟归。谁言寸草心，报得三春晖。”唐朝诗人孟郊这首脍炙人口的诗歌，赞颂了天下父母对子女的一片深情。父母为了子女的健康成长，呕心沥血，日夜操劳，无私地奉献自己的一切。对于父母无私的“奉献”，对于父母的辛劳，应给予极大的尊重。对大学生来说，尊敬父母，孝敬老人，最重要的是虚心听取他们的意见，刻苦学习，不断进取，勤俭节约，争取以德、智、体、美、劳全面发展的优良成绩来慰藉父母。同时还应该经常通过各种方式将自己在学校的思想、工作、学习情况告诉家里，给父母以精神慰藉。对父母的生活、工作、思想、健康等情况也要予以关心，主动为他们排忧解难。在走上工作岗位，尤其是成家以后，更要体贴父母，使他们在天伦之乐中愉快地度过晚年。

3. 互谅互助，友爱和睦

家庭成员在长期的共同生活中，难免会产生一些矛盾。正确处理家庭生活中的矛盾，就会使家庭成员中的隔阂消除，矛盾缓和，在家庭中形成一种友爱和睦的氛围。否则就容易出现感情破裂，矛盾激化。大学生懂得较多的道理，更应本着互相谅解、互相帮助的原则，以宽广的胸怀、诚挚的态度，来处理家庭中的矛盾，以促进家庭成员间的谅解和团结。

4. 勤俭朴素，文明生活

勤俭朴素是中华民族的传统美德。今天，随着中国特色社会主义建设的不断推进，人民的生活水平在不断提高。在条件许可的情况下，个人吃好点、穿好点、用好点，是可以的。但是，在任何时候我们都不能丢掉艰苦朴素这个好传统。尤其是大学生，必须珍惜父母和亲人用辛勤汗水换来的每一分钱，在生活上不能养成铺张浪费、挥霍无度的少爷作风。要形成文明、健康、科学的生活方式，摒弃那些落后、愚昧、腐朽的东西，把家庭建设成文明家庭。

5. 明辨是非，坚持原则

由于家庭成员之间存在着婚姻关系和血缘关系，就必然形成一种天然的“聚合力”。这种建立在家庭成员骨肉情谊之上的聚合力，既易于促进家庭成员之间互相勉励，共同进步；也易于促进家庭成员之间不讲原则，相互护短。因此，要使这种聚合力产生对社会的积极作用，避免消极作用。在集体和国家利益同家庭利益发生矛盾时，要以国家和集体利益为重，做到国家和集体利益高于家庭利益。只有这样，才是对家庭成员的真正爱护，才能树立正气，荡涤恶习，建立健康的、新型的社会主义家庭关系。

三、大学生的文明行为

（一）文明行为的含义

广义上说，在社会主义社会，只要是符合共产主义道德要求的行为都可以称为文明行为。但这里说的主要是人们日常生活中涉及的文明行为，如举止端庄、有礼貌、文雅等。

在社会主义时期，文明行为是建设社会主义精神文明的重要内容。

它的基本要求是对他人关心、爱护、尊敬，以及与他人平等相处等。体现的是人和人之间的平等关系，是同志式友好诚挚感情的外露，也是衡量人们精神文明水准的一把尺子。

在社会主义社会中，文明行为对调整人们的关系起着重要作用。人在社会上，就要和他人发生各种关系，进行社会交往，人们之间不仅有共同的意愿、看法，还会有不同的认识乃至分歧。这种认识上的差异、分歧、矛盾，通常不是靠硬性的纪律、规章制度乃至法律去解决，而是在礼貌的交往中，加深了解，消除误会，统一认识，增强团结，从而达到和谐统一的。

文明行为是人类历史发展的产物，是随着人类生产力水平的不断提高而逐渐形成和完备的。社会主义的文明是在新的历史条件下，在生产资料公有制的基础上，吸取过去人类生活中文明准则的精华，而发展起来的新的文明准则。这些文明准则，不仅表明人们的行为是有礼貌、有礼节的，而且表明人与人之间的关系是真诚友爱、团结互助的新型关系。

（二）大学生文明行为的主要内容

文明行为的内容反映在人们生活的各个方面，如团结互相、和气谦让、尊老爱幼、尊师爱生、尊重妇女、爱护公物、讲究卫生、礼貌语言、服装整洁、助人为乐、遵守秩序和礼貌待人、谈吐文雅、举止端庄等。根据大学生的具体情况，应侧重以下几个方面：

第一，衣着整齐，注意仪表。人的衣着等要整齐、清洁，这是文明行为最基本的要求。一个人如果衣冠不整、头发凌乱地在公共场所走动，不仅是对别人的不尊重，也是对自己的不尊重。对于整洁卫生的要求，还应包括要讲究学校、教室、宿舍和公共场所的清洁卫生。文明行为要求大学生重视教室、宿舍和公共场所的清洁卫生，并要求无论在什么场所都应努力维护环境的清洁卫生，否则就是不尊重别人，不尊重他人的劳动。那种只关心自己整洁，不注意公共卫生，把公共场所当作藏污纳垢之地的行为，是与文明行为背道而驰的。

第二，谈吐文雅，谦虚和气。古人说“恶言不出于口，忿言不反于身，不辱其身，不差其亲”，语言粗卑，不仅表现了一个人品格的低下，而且容易激化矛盾，导致冲突，造成关系紧张。要做到谈吐文雅，谦虚和气，就要对人诚恳，襟怀坦白。在人与人的交往中要讲文明礼貌。如：人们见面时要互相问候，不能用脏手、湿手或戴着手套的手同别人握手；与人谈话时，要姿势端正，精神集中，不要东张西望；在乘车途中，要帮助老人、妇女、儿童上下车，礼貌让座；在游览和旅行时，应当帮助老人、妇女搬运沉重的行李物品；在与长辈或同事谈话时，如果对方是站着的，自己坐着，就应赶快站起来，而且请对方坐下；在处理上下级关系时，不仅下级对上级要有礼貌，要认真听他讲话，而且上级对下级也要有礼貌，要主动问好，用友好、平等、同志式的态度对待下级。显然，讲究文明礼貌的这些要求是不难做到的，关键在于内心要有一种尊重别人的诚挚感情。礼貌待人可以使人感到亲切、温暖和愉快，它反映了一个人高尚的情操和精神面貌。如果人人都能自觉地讲礼貌，那么社会上人与人之间，学校里学生与学生之间、学生与教师之间的关系就会更加融洽。

第三，注意对外国朋友的礼貌。随着社会主义改革开放事业的不断深入，我国的国际交往日益增多，旅游事业蓬勃发展，我们和外国人接触的机会也越来越多。在这种交往中，我们要发扬热情好客的美德。由于各国风俗、礼貌习惯不同，我们应对一些具体的事项有所了解，以便在与外宾接触中做到不卑不亢，落落大方。

上述内容，都是礼貌待人的一些具体要求，也是我们进行思想品德修养培训的内容之一。

第三节　大学生与社会的关系

作为社会的人，不可能独立于社会而单独存在，人总是要生活在一定的社会关系中。社会中的人要生存和发展，就必须要遵循基本的社会原则、社会规范，否则就会被社会摒弃、淘汰。大学生亦是如此，也需要处理好与社会的关系。

一、大学生道德的基本原则

大学生道德的基本原则，是调节大学生个人利益与集体利益、社会利益所遵循的根本指导原则，是统率大学生一切行为的道德规范，贯穿大学生道德发展的始终，是衡量大学生个人道德行为的最高标准。集体主义原则是大学生应坚持的基本道德原则，它集中体现了一切从人民群众的根本利益出发的思想，是动员大学生为社会主义共同理想奋斗的巨大精神力量。

（一）集体主义原则是大学生应坚持的基本道德原则

根据各种准则在大学生道德生活中地位和作用范围的差别，可将大学生应坚持的道德准则体系大致分为道德的基本原则、道德规范和具体道德规范等几个层次。在这样的层次结构中，大学生道德的基本原则是最高层次的道德准则。它是调节大学生伦理关系各种准则最基本的出发点和指导原则，是大学生道德准则体系本质或基本属性最直接、最集中的反映。

1.确立大学生道德原则的条件和依据

大学生的任何道德准则都不是主观臆想的产物，而是社会物质生活条件及其相应的伦理关系的客观要求。大学生的道德准则起始于一定的道德行为，又体现于道德行为之中，是大学生道德生活经验的积累，是对普遍的道德行为的整理和概括。整理和概括的目的在于使这些要求条理化、明确化、规范化，以便更好地开展道德教育和宣传，规范大学生的道德行动。因此，道德准则是对大学生道德行为的客观要求与大学生对这种要求的主观认识的统一。正因为如此，我们要在马克思主义世界观和方法论的指导下，探讨这种概括的客观依据。

确定大学生道德原则的条件和依据主要有以下几方面：

第一，必须对道德调节的对象普遍有效。道德的直接作用是调节大学生的伦理关系，而这种伦理关系的表现又是多方面的。倘若从关系的主体角度加以概括，众多的关系又可归为三大领域的关系，即人与人（包括大学生与他人、大学生与集体等）、人与自然、人与自身的伦理关系。大学生道德的基本原则应把这三个对象都包摄进去，使其有原则可循。大学生道德准则体系所确定的基本原则不是只调节其中的一类，也不应只是两类关系，而应是对如何处理这三大领域关系集中的、高度概括的回答。

第二，必须在道德准则体系中居于主导地位。一方面，它贯穿于大学生道德准则体系的不同发展阶段，贯穿于大学生道德准则体系发展的全过程。另一方面，它贯穿于大学生道德准则体系的各个方面，即贯穿于大学生道德准则体系的所有规范，决定和统率这些规范，成为构成大学生道德准则体系的总纲。因而，它能够指明大学生道德行为的总方向，是大学生道德行为所要遵循的基本纲领。

第三，必须体现大学生道德准则体系所反映的社会经济关系和阶级利益的根本要求。不同时代建立、巩固和发展社会经济关系的要求，都是广泛的、多方面的，特定时代的大学生道德准则要反映这些要求并推进其实现，因此，大学生道德准则也必然是广泛的、多方面的。各种不同的道德原则之间的根本区别和互不相容体现出道德准则体系本质特征的不同。

2.大学生道德原则及其主要内容

集体主义的道德原则是大学生道德中最基本、最稳定的内容，是调整大学生个人利益和整体利益关系时所应遵循的最根本的准则。集体主义通常是指一切以人民群众的集体利益为根本出发点的思想和行为准则，是无产阶级在长期斗争实践中形成的，并逐渐成为无产阶级世界观的重要内容和共产主义道德的基本原则以及道德行为规范。现阶段提到的集体主义一般是指社会主义的集体主义，即一切从集体出发，以符合人民群众的根本利益为最高标准。它的基本内容主要包括两个方面：

第一，集体主义原则必须体现劳动人民的整体利益。什么是劳动人民的整体利益？概括地说，就是邓小平同志说的：解放生产力，发展生产力，消灭剥削，消除两极分化，最终实现共同富裕。这是我国社会主义初级阶段人民群众的根本利益所在。集体主义必须反映广大劳动人民的整体利益，坚持个人利益服从整体利益，把它作为判断是非、善恶、美丑的标准。只有这样，集体主义原则才能成为推动社会进步的最先进、最科学的道德原则。

第二，集体主义原则必须正确处理集体利益和个人利益的关系。这是集体主义道德原则的重要内容。每个社会成员的个人利益和社会整体利益之间不可避免会出现既相一致又相矛盾的情况。其一致性表现为：一方面，个人利益的实现和个性的全面发展必须依靠集体，以整体利益、集体奋斗为前提，离开了整体利益和集体力量就没有个人利益的实现和个人的解放；另一方面，集体又是由个人组成的，没有个人也就没有集体。整体利益归根结底是要保障个人利益，否则集体利益就没有意义。集体主义的道德原则在调整个人利益和整体利益的关系时，要求把二者统一起来：即在坚持个人利益必须服从整体利益的前提下，在实现集体利益的过程中，充分发挥个人的才智，满足个人正当的物质、文化要求，充分实现个人利益，使每个人的自由发展成为一切人自由发展的条件。这样讲是不是就否认了个人利益和整体利益之间的矛盾呢？不是，矛盾是有的。不过，我们讲的“一致”是根本利益的“一致”，我们讲的“矛盾”是根本利益一致基础上的矛盾。在解决个人利益和整体利益的矛盾时，集体主义的道德原则要求个人必须把整体利益作为自己行为的出发点和归宿，个人利益服从整体利益，必要时要牺牲个人利益，以维持整体利益。

综上所述，集体主义的道德原则包含以下几个基本点：

第一，无论个人，还是集体，都应坚持集体利益高于个人利益，大集体利益高于小集体利益，即全局利益高于局部利益，把社会集体利益即社会成员的共同利益放在第一位，以满足最大多数人的最大利益为出发点和归宿。从这里出发，每一名大学生都应自觉地为集体尽义务，因为集体利益是个人利益的集中反映，既代表了眼前利益，又代表了长远利益。

第二，集体要真正代表个人利益，履行对集体成员个人的义务。集体利益必须最大限度地覆盖个人利益，包容量越大，覆盖面越广，集体所拥有的群众基础也就越广泛，越深厚。因此，要尽可能将集体利益转化为个人利益，长远利益转化为阶段性利益。社会主义集体主义并不像一些人所误解的那样只强调集体利益，而敌视、防范和贬斥个人利益。恰恰相反，它主张在维护集体利益的前提下，让大学生去谋求正当的个人利益，让大学生去施展自己的全部才智。个人的正当利益包括个人个性的发展，集体主义并不消灭人的个性，恰恰相反，它要使每一个“作为个性的个人确定下来”，使大学生的健康个性获得多方面、充分、自由的发展。

第三，集体应努力使集体利益和个人利益得到合理配置，并求得集体和个人的和谐、平衡发展。在个人利益同集体利益、局部利益同全局利益发生矛盾时，集体要加以调整、协调。因为在集体内，并不总是存在或要集体、或要个人这种非此即彼的利益冲突，各种利益矛盾绝大多数是可以经过努力得以缓和以至消除的，所以集体应用尽可能兼顾各方利益的办法来解决矛盾，即想方设法采取一切可能的措施消除或缓和利益冲突，使各方的利益得到兼顾。

第四，当个人利益和集体利益、局部利益和全局利益的矛盾冲突不能避免时，个人利益要服从集体利益，局部利益要服从全局利益。在经过努力调整后，矛盾冲突仍然不能缓和，各方利益仍然不能兼顾时，集体享有要求个人和局部服从的权利。所谓“服从”，是指在利益发生冲突而难以同时实现或难以同样充分实现的境遇中，个人和局部把自身的一部分或全部实现条件让给集体，使集体利益能够较早或较充分地实现。

第五，集体和个人要团结协作，开拓进取。为了集体成员的利益，集体要发挥凝聚作用，凝聚集体的力量，依靠集体的合作，使个人与个人之间、集体与集体之间形成温暖、和谐的关系，使个体既有独立的人格又相互联系，既相互竞争又相互帮助。个人则要与集体同心同德，为实现集体利益而奋斗。集体主义应该而且可能成为这种广泛动员集体成员、组织集体成员的精神动力。

一个人从脱胎到健康发育，长大成人，都在不同的集体中生活，靠不同的集体培养。从一个不懂事的婴儿到成为专门人才，都是在集体的培养和教育下实现的。西方资产阶级利己主义所鼓吹的那种脱离集体的自我设计、自我发展、自我完善，以“我”为中心的我行我素、天马行空、独来独往，都是违背科学的、荒谬的。离开集体、超脱社会，不但会阻碍大学生个性的健康发展，更会带来他们思想的混乱。

学校是一个大集体，一学院、一个系、一个班级也是一个集体。在学校这个大集体下的各个小集体，都是贯彻党的教育方针，实现社会主义培养目标，执行学校各项规章制度的基层组织。每个集体都有一个共同目标，每个大学生都能得到集体及其成员的帮助，从集体的思想中吸取营养，在集体奋斗中增添力量，对于促进个人成长和进步有着十分重要的意义。在社会主义建设中涌现出的许许多多有突出贡献的人物，都以自己的成长经历证明了这个真理，即离开集体的培养和帮助，个人将一事无成。只有在集体的培养和教育下，个人的聪明才智才能得到全面发展，个人才能有所作为。

（二）坚持集体主义，反对个人主义

1.个人成长必须依靠集体

人类社会发展史表明，个人对集体存在着依赖性。每个人无时无处不在与集体发生联系，并通过与集体的联系，进而与社会发生联系。每个人只有在一定的社会关系中、在社会集体中，才能获得基本的生活资料，从而使自己生存下来并得到发展，同时，也只有在这种社会关系中才能体现自己的人生价值。

当今科学技术发展日新月异，学科之间相互渗透，互相融合。一个人要想获得知识，有所作为，更加需要发挥“合作的智慧”作用。大学生知识的丰富，科学家每一项发明创造和每一件新产品的问世，不是仅凭个人奋斗、个人智慧就可以完成的，而是综合了古今中外千百万人的智慧。不依靠集体力量，一个人再有能力和抱负，都将一事无成。钱学森说得好：“百分之九十五的科学技术都要靠集体，不能单干，单干没有生命力。”综合性的科学技术是这样，单项科学技术也是如此。一部著作、一篇论文，看起来似乎是个人单独的劳动成果，实质上它们都是集体成员直接或间接的劳动成果。

在学校里通过教师的讲授和同学的帮助，以及自己的努力，一个青年大学生是可以成为有专门学问的人才的。这一切都不是光靠个人的奋斗、自我完善、自我设计就能成功的。无师自通是不存在的。这个“师”是指他人、集体的帮助和教育。大学生在学校这个大集体中，可以通过信息交流、情感交往、相互激励和相互帮助，不断吸取新的知识，获得德、智、体全面发展。马克思认为：“只有在集体中，个人才能获得全面发展其才能的手段，也就是说，只有在集体中才能有个人自由。”人只有在社会集体中，才能生存，才能不断发展，人的聪明才智才能得以充分发挥，才能有真正的自由。

2.大学生要坚持集体主义原则

在个人和社会关系问题上，是以个人为本位还是以社会为本位，这是两种根本不同的历史观。大学生要坚持集体主义的道德原则，正确认识和处理个人、集体、国家之间的利益关系，顾全大局，以集体、国家利益为重。

改革开放后，我国经济体制发生了很大变化，在建设和发展社会主义市场经济的新形势下，不少大学生提出还要不要坚持集体主义的问题，认为市场经济就是强调个人利益，使个人利益得到满足，集体利益可以不重视了。这种观点是非常错误和危险的。为什么说集体主义原则还必须坚持呢？首先，我国的经济关系还是以公有制为主体，这决定了社会主义的道德仍然，必须坚持社会主义集体主义原则，只有这样，才能发挥道德的社会功能，正确处理和调节各种利益矛盾，协调好国家、集体和个人三者之间的关系。发展社会主义市场经济的目的是要提高广大人民群众的生活水平，保障他们得到更多的利益，但是当个人利益和集体利益发生矛盾时，个人利益必须服从集体利益。其次，社会主义集体主义体现着无产阶级的立场和全心全意为人民服务的精神，既适应于社会主义初级阶段，又与高层次的共产主义道德要求保持一致。再次，社会主义集体主义的道德原则，可以派生出多种道德意识。在人与自然、社会的关系中，它是指热爱劳动、热爱科学的精神和保护环境、保护生态平衡的科学意识；在人与人的关系中，它是指社会主义人道主义精神；在个人与国家的关系中，它是指拥护党的领导、拥护社会主义的强烈的爱国主义精神；在国际关系中，它是指坚持和平共处的五项原则。最后，集体主义是社会主义政治关系的反映，集体主义与社会主义在本质上是一致的。民主集中制说到底就是集体主义，集体主义是进一步发扬社会主义民主，加强社会主义民主政治建设的必然要求。

倡议大学生坚持集体主义原则，就是要在现实的社会条件下大力弘扬集体主义精神，使集体主义精神实实在在地体现在大学生正确认识和处理个人、集体、国家的关系上，使大学生不断实现社会本位意识的升华。改革开放 30 多年来，我们的社会主义现代化建设事业已经取得辉煌成就，以马列主义为指导的社会主义意识形态在思想文化领域中占了主导地位。大学生有较高的思想道德素质和科学文化素质，应在现实社会条件下，在积极改造客观世界的同时改造主观世界，以人民利益和民族、国家利益为本位，随时随地自觉地维护国家的尊严、民族的团结和人民的幸福，必要时甚至应牺牲个人的一切。这就需要大学生树立坚定的集体主义观念，确立坚定的社会本位意识，在实践中自觉地贯彻集体主义原则，批评和抵制个人主义、利己主义、无政府主义、拜金主义等与集体主义相背离的思想、行为。

大学生正处在思想成长时期，世界观和人生观尚未完全确立，这一时期面临许多选择，包括政治选择、职业选择、爱情选择等。其中特别是职业选择，有些大学生在确定志愿和发展方向时，对国家的需要考虑少，对自己的兴趣、爱好考虑多，因而当个人利益与国家利益产生矛盾时，不能正确对待。正确的态度是，当出现这样的矛盾时，应以集体主义原则进行调节。马克思主义认为，人的价值包括这样互相联系的两个方面：一方面是个人在社会中的地位——社会对人的尊重和满足；另一方面是个人对社会的意义——个人对社会所尽的责任和所做的贡献。在无产阶级人生观看来，评价一个人的价值，不仅在于他的生存发展的需要是否得到尊重和满足，更重要的是看他对历史的发展、社会的进步、人民的事业尽了多少责任，做了多少贡献。一句话，人生的价值在于人对社会的贡献。马克思在他的毕业论文《青年在选择职业时的考虑》中写道："如果我们选择最能为人类福利而劳动的职业，那么重担就不能把我们压倒，因为这是为大家而献身，那时我们所感到的就不是可怜的有限的自私的乐趣，我们的幸福将属于千百万人，我们的事业将默默地但是永恒地发挥作用地存在下去，而面对我们的骨灰，高尚的人们将洒下热泪。"总结中国知识分子成长道路时，我们可以发现，他们大都"把祖国和人民的利益摆在首位，为祖国的独立和富强，为人民的解放和幸福，贡献毕生的精力，以此作为人生的最高价值"。人类社会的进步和发展，靠的是一代又一代人的努力，一代又一代人的奉献。这种崇高的献身精神，正反映出集体主义是最高尚的道德原则。

当代大学生是继往开来的一代，历史赋予我们振兴国家，倡一代社会新风的重任。我们必须从理论与实践的结合上努力提升自己，坚持集体主义的价值导向，用集体主义原则指导自己的行动，摆正个人与集体、国家的位置。

3. 对个人主义的批判

个人主义是同集体主义相对立的一种价值观念，它是一种尊崇个人利益和权利，捍卫个性自由的观念，既是一种人性论、一种价值观、一种生活态度，也是一种伦理观，其核心思想是自我中心论。个人主义从本质上看，是不合理的、反科学的。我们可以从价值观、人性论、生活态度和伦理意识等方面来分析它的反科学性、不合理性。

第一，作为价值观的个人主义，把自己看作是目的，把社会看作是达到个人目的的手段。从逻辑上说，这种论证问题的方式不能自圆其说。如果说人是目的，社会是手段，那么一切其他人都是达到我的目的的手段，这与"他人在人格和尊严上与我平等，不应当把别人当作为我获得幸福的工具"是相矛盾的。从理论上说，个人是目的，社会是手段，也是站不住脚的。事实上，人与他人，或人与社会，两者互相依赖、互为目的、互为手段。如果社会不依赖个人，不把个人或集团当作手段，社会就难以繁荣，也就难以发展。人作为一个社会存在者，必须与周围的社会环境、与周围的人发生联系，进行物质、思想、感情和信息交流，否则一天也生活不下去。

第二，作为价值观的个人主义也颠倒了个人利益、需要、尊严和权利与社会利益、需要、尊严和权利的关系。个人主义认为，个人的需要、利益、尊严、权利至高无上，神圣不可侵犯。但是没有他人相助，没有社会提供一定的物质、文化条件，个人的利益、需要、尊严和权利从何谈起？

第三，作为人性论的个人主义，认为人生来就是自私的，要求最大限度、甚至绝对自由地去追求个人的利益与幸福。人有其自私的一面，但人由于生活在社会中，社会生活的共同性即共同的利益、共同的需要，决定人还有利他的方面。人渴望自由，要求自由思想、自由言论、自由追求个人的利益和幸福，本无可厚非，但个人主义过分颂扬个人自由，任何人的自由，必须以不妨碍他人的自由为限，任何人的自由必须以遵守一定的纪律、法律为限。个人主义要求的自由，实质上是不受任何约束的自由，它的逻辑结论必然导致行动上的虚无主义和无政府主义，乃至种种反社会的倾向。

第四，作为生活态度和信念的个人主义，特别强调自信，相信自己的所作所为都正确。在个人主义那儿，自信被抬到一个不适当的位置。这种过分自信，容易导致对他人的轻视、冷漠，最终使自己孤立起来。

第五，个人主义作为一种伦理意识更是不可取的。伦理个人主义主张，善恶、是非以个人的需要，即我的需要、我的利益为准。换言之，根据我的需要、我的利益决定什么是正当的，什么是不正当。伦理个人主义片面强调道德是个人自我肯定、自我发展的手段，从而否定道德是维持社会秩序的工具，对个人有约束性。在个人主义者看来，社会道德规范、社会关系是束缚人发展的羁绊，只有撇开社会道德、社会关系，个性才能得到无拘无束的发展。这显然是一种谬论。

第六，个人主义和利己主义是相通的。不仅个人主义和利己主义同是自我中心论，而且它们的产生有着共同的历史背景，即同时产生于文艺复兴时代，同时发展于资本主义时代，有共同的理论基础，就是自然人性论，即人生来就是为自己打算的，人的本性就是谋取个人私利。

个人主义的思想体系和道德原则的影响在现实生活中还存在。利己主义、小团体主义、无政府主义就是个人主义影响当前最主要的三种表现形式。所谓“主观为自己，客观为大家”的论调，实际就是合理利己主义的翻版，一切以“个人”和“我”为中心，一事当前，看对“个人”有没有利，大利大干，小利小干，无利不干。有的人贪图个人享受，不惜以身试法，贪污受贿，投机倒把，偷窃走私，最终走上犯罪的道路，这是个人私欲膨胀的必然后果。大学生要清醒认识个人主义的本质及其危害，坚决反对个人主义。

4. 对西方利己主义的剖析

西方利己主义是同社会主义、集体主义相反的道德原则。自私有制出现以后，利己主义的思想和倾向就存在，然而作为一种道德原则和价值体系，利己主义则是资本主义社会的产物。利己主义倡导的个人独立精神作为资产阶级的思想武器，在反对封建制度和宗教禅学、确立资本主义制度方面曾产生过积极作用。它对于唤醒人们的自我意识，大胆追求个人幸福，发挥个人的潜在力量，推动科技文化发展也起过积极作用。但它在本质上是反人民、反科学的，必然会给社会带来种种灾难，造成消极后果。从历史和现实的情况来看，就其作用范围和程度而言，利己主义有四种表现形式：

第一，个人利己主义。这就是资产阶级所说的"自我一致"的利己主义。这种形式的利己主义，对个人利益的重视，超过对社会整体利益的重视，超过对周围人们利益的重视，一切为了自己，把个人利益看得高于一切，一事当前，先替自己打算，斤斤计较于个人的得失，不但不愿为集体和他人作出任何个人牺牲，反而不惜损害社会和他人的利益，以使个人的私利得到满足。

第二，集团利己主义。马克思主义经典作家经常批判的小集团主义、山头主义、本位主义、地方主义、宗派主义、狭隘民族主义、封建等级利己主义、大国沙文主义、伪善的自私自利的世界主义等，统属于集团利己主义。这种以某种"集体"面目出现的利己主义的一个重要特征，就是打着"集体"利益的旗号，把自己小集体的利益抬高到相关集体和更大集体的利益之上，为了小集体利益经常使用虚伪欺骗的恶劣手段，否定、破坏甚至牺牲其他集体的利益，损害整个社会的利益。这种集团利己主义表面上不是为了个人的私人利益，实际上隐藏着极端狭隘的利己主义，是放大了的利己主义。这和集体主义毫无共同之处。在我国曾一度出现的违反财经纪律、巧立名目、截留税收、偷税漏税、化大公为小公的做法，就是集团利己主义的表现，它阻碍了经济体制改革的深化和现代化建设的顺利发展。

第三，极端利己主义。这种形式的利己主义奉行"人对人是狼"的信条，将谋取个人或小集体的利益赤裸裸地凌驾于他人和社会整体利益之上，即"我是通过使别人受到损失的办法来为我自己取得利益"，为了个人利益和小集体利益可以无所不用其极。

第四，合理利己主义。这是一种所谓"不损人范围内的利己主义"。它作为一种道德学说，是由 18 世纪法国的爱尔维修、霍尔巴赫和德国的费尔巴哈进行系统阐述的。他们认为人的本质是自私的，个人是人的一切行为的出发点和最终目的，因为人天生就有追求个人利益的权利，所以每个人在追求个人利益时，必须克制自己，兼顾他人利益、个人利益和社会利益相结合是道德的尺度，而结合的基础自然就是个人利益。这种学说提出的个人利益与社会利益相结合的思想对于马克思主义经典作家曾产生过重要影响，利己但不损人的主张若真能够实现，自然要比极端利己主义进步一些。然而，且不说在资本主义社会它是不能实现的空话，就是在社会主义条件下它也只能在一定情况下，即当个人利益和集体利益、他人利益没有冲突时才有效，一旦有了冲突，即要利己就会损人，不损人就不能利己时，要么选择损公肥私、损人利己的极端利己主义，要么遵循舍己为公、舍己为人的集体主义。可见，合理利己主义不能保证在任何情况下都能正确处理个人利益与他人利益、集体利益的关系。

利己主义，用个人利益对抗社会利益，不符合人的社会性，违背了个人与集体相统一的原则，实践中于社会、于他人，甚至于利己主义奉行者本人都有害无益。但是，我们必须看到，利己主义作为一种道德学说，其理论前提"自私是人的本性"具有极大的迷惑性。主张利己主义的思想家都把自私自利视为人的普遍本性，这在理论上是站不住脚的，是不科学的。人的属性是多层次的，有自然属性，有社会属性，而根本属性是人区别于动物的社会属性，体现为诸如劳动、理性、道德性、自我意识、社会组织性、语言、美感等。人最根本的属性即人的本质。只有人才有道德，至于人具有怎样的伦理道德观念和行为那是另一问题。就个人而言，是奉公还是自私，都不是与生俱来的，它与人们接受的教育、个人的社会实践有关。

二、大学生道德的主要规范

道德规范是社会主义道德体系的主要内容和重要组成部分，是社会主义道德基本原则的具体体现，反映了社会主义社会的普遍道德要求。现阶段，在具有中国特色社会主义道德体系中，道德规范的主要内容是爱祖国、爱人民、爱劳动、爱科学、爱社会主义。将"五爱"的公民道德确立为社会主义的主要道德规范，将对提高社会道德风尚，不断完善个人道德品质起着重要作用。

（一）爱祖国

1. 爱国主义

爱国主义是中华民族的传统道德规范，也是社会主义初级阶段的一个重要道德规范。爱国主义反映了个人和国家民族整体利益之间的关系，是调节个人与本国家民族间关系的重要规范。爱国主义是人们长期以来积聚而成的对国家和民族的一种深厚的道德感情，具体表现为对祖国的忠诚，对国家和民族前途命运的关心，愿意为国家、民族承担义务和责任的献身精神。爱国主义是国家民族自尊心和自信心在个人身上的集中体现。爱国主义是中华民族的光荣传统和高尚品德，是中华民族生存发展的精神力量。几千年来，爱国主义传统激励人们创造了灿烂夺目的华夏文明，也造就了无数爱国志士和民族英雄。

早在战国时代，楚国伟大诗人屈原虽遭谗罢官，流放他乡，历尽颠沛流离之苦难，但仍念念不忘自己的祖国和人民，竭忠尽智报效祖国，最后自沉汨罗江，实现了自己以死报国的爱国理想。反抗民族压迫、抗击外敌入侵是爱国主义的重要内容，霍去病抗击匈奴侵扰、岳飞抗金、戚继光抵御倭寇、郑成功收复台湾，及近代林则徐禁烟、三元里人民抗英、谭嗣同血祭维新，他们的爱国主义精神使他们受到历代人民的敬仰。正是这种强烈的爱国主义情感所形成的凝聚力和向心力，使中华民族充满生机和活力。

应该指出的是，爱国主义是一个历史范畴，在不同的历史时期，爱国主义有着不同的内容和形式，体现出强烈的时代特征。中国历史上各个时期的爱国主义因为历史的局限，都带有一定的片面性和不彻底性。在奴隶社会和封建社会，国家不过是奴隶主、封建帝王的领地和“家天下”，那时的爱国主义更多地表现为“忠君报国”，为统治阶级效忠，甚至表现为对弱小国家和弱小民族的压迫，对人民正义斗争的镇压。在中国沦为半封建半殖民地社会之后，争取国家独立和民族解放，反对资本主义侵略，以及展开反对出卖国家利益的斗争成为当时爱国主义的主要内容。五四运动以后，中国共产党成立，中国革命进入新民主主义阶段，爱国主义的内容也大为丰富和发展：它以马克思主义科学理论为基础，把反帝反封建作为明确的斗争目标，将争取中华民族的彻底解放和促进世界人民革命事业联系起来，代表了人民的利益、民族的愿望和祖国的未来。在这种爱国主义精神的激励下，在中国共产党的领导下，中国经过几十年的建设和发展日益强大，傲立在世界的东方。在发展中国特色社会主义的时代背景下，爱国主义的主要内容表现在：加紧社会主义现代化建设，争取实现包括台湾在内的祖国统一，反对霸权主义，维护世界和平。这是时代赋予每一个公民的神圣职责。

2. 爱祖国的主要内容和要求

热爱祖国是社会主义道德体系的重要规范，这一道德规范包含着极其丰富的内容和要求。

第一，树立民族自尊心和自信心。中国是历史悠久的文明古国，几千年来，中华民族以其伟大的创造力和辛勤劳动，为人类创造了巨大的物质财富和精神财富；中国地大物博，山川秀丽，资源丰富，民族众多，尤其是在迈向21世纪的今天，摆脱了贫困、逐步走向现代化的中国更显得生机勃勃。一切都充分表明，中华民族是伟大的民族，身为中华民族的一员应当感到骄傲和自豪。

民族自尊心和自信心是推动中华民族向前发展的精神动力，树立民族自尊心和自信心要求我们必须正视自己的优点和短处，同时也要看到其他国家和民族的长处。要学习外国的长处，扬弃自己的短处，绝不能因己有所长就沾沾自喜，夜郎自大；也不能恃强凌弱，搞民族主义和大国沙文主义；不能因为我国现在经济还比较落后，西方发达国家科学技术比较先进，经济比较发达，就妄自菲薄，盲目崇拜国外的一切事物，认为“外国的月亮比中国圆”，以至为洋风熏醉而丧尽国格、人格，这些都是有损于国家和民族尊严的。树立民族自尊心和自信心，就是要热爱自己的民族，热爱自己的祖国，珍惜祖国的优良传统和文化遗产，坚信自己民族的创造力；必须摒弃那种有害的民族自卑心理，正视自己民族的不足之处，同时要努力学习其他民族的长处，尊重其他国家和民族；要反对一切有损于国家和民族尊严、利益和荣誉的言论和行为。

第二，必须坚持国家和民族的利益高于一切，勇于为国家和民族的利益贡献出个人的一切。每个人的命运总是和国家、民族的命运联系在一起的，个人的发展和前途是融于祖国的发展和前途之中的，因而个人利益必须无条件地服从国家和民族的利益。国家的统一和民族的团结是国家强盛的根本保证，维护国家独立和领土完整是每个公民应尽的义务和责任。爱国主义的道德规范要求每个公民勇于同破坏国家统一，损害民族团结，危害社会主义事业的行为作坚决的斗争。当国家遭受外敌入侵、国家尊严受到玷污时，能临危不惧，挺身而出，用鲜血和生命捍卫国家和民族的尊严。

国家的繁荣昌盛和兴旺发达是和每个公民的命运息息相关的。在和平时期，爱国主义更多地体现在为祖国建设高度的物质文明和精神文明做贡献上。“天下兴亡，匹夫有责”，每个人不论能力大小，不论处在什么岗位，都应当努力学习，辛勤劳动，把自己的工作岗位当作报效祖国的阵地，尽职尽责，将拳拳爱国之心切实地化为爱国行动，为祖国的建设事业贡献自己的全部力量。

第三，必须坚持爱国主义和国际主义的统一。作为社会主义道德规范的爱国主义，它始终体现出爱国主义和国际主义相统一的特征，这也是与历史上的爱国主义的主要区别。坚持爱国主义和国际主义的统一，是我们处理对外关系的出发点。一方面，我们必须坚持爱国主义，自觉维护国家和民族的利益，绝不容忍任何有损国家、民族利益和尊严的言行；另一方面，我们又是坚定的国际主义者，始终将自己国家和民族的利益的实现与全人类总体利益的实现紧紧联系在一起。

爱国主义和国际主义体现了一个问题的两个方面。共产主义事业是全人类的事业，各国无产阶级的革命斗争是互相支持、互相促进的。每一个国家的无产阶级要实现革命的最后胜利，首先必须立足于本国，独立自主，自力更生，争取革命的胜利；同时也必须把自己国家的革命与全人类的进步事业紧密联系起来。中国革命的胜利就是在依靠中国共产党和中国人民的基础上取得的。在中国革命和建设的进程中，曾经得到了各国人民道义上的支援和物质上的无私援助；同时中国人民也以中国革命的胜利，积极支援了其他国家人民的革命事业。建国初期，中国人民“抗美援朝，保家卫国”的义举就充分体现了爱国主义和国际主义的统一。社会主义道德所提倡的爱国主义，要求我们平等地对待其他国家和民族，坚决反对狭隘的民族主义和大国沙文主义。

（二）爱人民

1.爱人民是树立正确人生观的基础

马克思主义人生观，也就是共产主义人生观即无产阶级人生观，是人类历史上最先进、最科学的人生观，代表了人生观的发展方向，是大学生人生观的最高选择。而树立这一正确、科学的人生观，首先要树立热爱人民，全心全意为人民服务的思想。热爱人民，全心全意为人民服务是共产主义道德最基本的规范，这是基于对人民群众历史作用的科学认识。

人民群众是历史的主人，是社会财富的创造者，是推动历史前进的动力。人类社会发展的历史表明，正是人民群众的伟大创造力，才推动了物质生产和精神生产的发展，推动了社会形态的更替，促进了人类的文明。历史唯物论告诉我们，物质生产的发展是人类活动的基础，人民群众正是从事物质生产的主要力量。历史的主人只能是人民群众，绝不是什么“帝王将相”、“英雄个人”，更不会是“神”。因此，只有热爱人民，全心全意为人民服务，做人民需要的、有益于人民的人，才能真正树立马克思主义人生观。也只有树立了马克思人生观，才能奋发有为、开拓前进，把自己的青春和热血、智慧和才华贡献给振兴中华，实现“四化”的伟大事业，才能担当起实现共产主义的历史重任。

2.爱人民的主要内容和要求

爱人民，就是要忠于人民、热爱人民、尊重人民群众、急人民之所急，想人民之所想，爱人民之所爱，与人民群众同呼吸、共命运。人民群众是物质财富和精神财富的创造者，人民群众是历史的主人。在社会主义的中国，人民是国家和社会的主人，是社会主义建设的主力军。我们大学生应当密切联系群众，走与工农相结合的道路，树立全心全意为人民服务的思想，一切从人民的利益出发，为人民的利益而努力奋斗。这要求我们自觉培养和实践为人民服务的思想。那么作为社会主义国家的大学生，应怎样才能做到全心全意为人民服务呢？

第一，为人民而学习，掌握为人民服务的本领。有为人民服务的愿望和决心是很好的，但光有良好的愿望是不够的，还必须要掌握为人民服务的实际本领。要使自己学到为人民服务的真本领，就必须树立正确的学习目的，选择和确立自己的专业志向，珍惜大学阶段的学习机会，刻苦学习，努力攀登科学文化高峰，将自己培养成德、智、体全面发展的有用人才。

第二，关心他人，热心社会工作。在集体生活中大学生应相互关心，互相帮助。同学之间要互相爱护，共同进步。在校期间积极做好社会工作是为人民服务的具体表现，也是对自己很好的锻炼。

第三，牢记人民的哺育，把知识献给人民。我们要全心全意为人民服务，把一切献给共产主义，就要当好人民的勤务员。必须认识到，我们的一切都是人民给予的，离开人民的哺育，我们将一事无成。我们也绝不能因为自己学有文化知识就盲目骄傲，而应虚心向工农群众学习，"因为群众的知识、群众的经验是最丰富最实际的，群众的创造力是最伟大的"。[①]要用自己所学的现代科学文化知识，帮助改善群众的物质生活和精神生活。在校期间我们应积极参加社会实践，运用自己掌握的知识和技能，为人民服务。

3. 全心全意为人民服务

全心全意为人民服务是共产主义人生观的核心，是共产党人的最高宗旨，也是一个革命者对待人生的根本出发点。它所表现的是一种为了人民的利益和事业敢于献身的精神。它包含有三个方面的内容：要热爱人民、关心人民、爱护人民，对人民怀有深切真挚的道德情感；要坚定人民群众是历史创造者的道德信念；要把人民利益摆在高于一切的位置，个人利益服从人民利益，全心全意为人民服务，敢于同危害人民的行为作斗争，在人民需要的时候，为了人民的利益，不惜牺牲自己的利益甚至生命。

全心全意为人民服务是共产主义道德最基本的规范。实践证明，只有把全心全意为人民服务，作为共产主义道德的基本规范，才能符合无产阶级和人民群众的根本利益，才能符合共产主义道德的基本原则。无产阶级革命的目的，不是为了个人或少数人的利益，而是为了解放全人类。无产阶级的历史使命决定了它的道德观是全心全意为人民大众谋幸福，求解放。

全心全意为人民服务的内容十分丰富。全心全意为人民服务作为共产主义道德的基本规范。它要求我们：第一，毫无自私自利之心；第二，毫不利己，专门利人；第三，对人民极其负责，对同志极其热忱。

全心全意为人民服务的主要内容是：

第一，人民利益高于一切，一切从人民利益出发。这是无产阶级本质的表现。一切从人民利益出发，就要求无论何时何地都要想人民之所想，急人民之所急，个人利益服从人民的利益。一切从人民利益出发，就要求我们的一切言论行动，必须合乎广大人民群众的最大利益，以最广大人民

---

① 《刘少奇选集》，上卷，北京：人民出版社，1981 年，第 353 页。

群众所拥护为最高标准。一切从人民利益出发，就要求我们在需要的时候，为了人民的利益而不惜牺牲个人利益甚至自己的生命。在社会主义现代化建设中，在保卫祖国安全、维护社会治安和平凡的劳动中，都需要我们发扬勇于献身的崇高精神。大学生应该以正确的态度来对待这一人生重大问题。

第二，热爱人民，勤恳工作，当人民的勤务员。全心全意为人民服务，就要热爱人民、勤勤恳恳地工作。热爱人民要贯彻到我们一切言论行动中。既要关心人民群众的物质利益，又要关心人民群众的精神文化生活需要，关心人民的全面发展。人民群众的精神、文化需要是多方面的，逐步提高的，大学生应用自己所学，从政治思想、文化艺术生活，特别是科学技术知识方面，积极帮助群众提高精神文化生活水平，这是社会主义现代化建设的需要。而且我们也应该在学习和运用科学文化知识的实践中，不断提高自己的共产主义道德品质。要当好人民的勤务员，就必须对工作极端负责任，对同志、对人民极端热忱。

第三，热爱人民，维护广大人民的利益，在学习、生活和工作中，要敢于同违法乱纪的行为作斗争，同一切危害人民利益的言行作斗争。我们应坚定地站在人民的立场上，旗帜鲜明地保护人民的利益，保证社会主义事业的胜利前进。

全心全意为人民服务具有时代特征。如何对待人民群众，是判断真假马克思主义的试金石，把“全心全意为人民服务”作为一切言论和行动的出发点和归宿，也是衡量一个人是否具有共产主义道德品质最重要的标志。大学生应该努力学习科学文化知识，努力培养全心全意为人民服务的高尚品德，献身人民事业，为建设“四化”大业多做贡献，这是时代赋予我们的历史使命。

（三）*爱劳动*

1. 爱劳动是大学生应有的美德

人类社会发展的历史说明这样一条真理：劳动具有深刻的社会意义和道德意义。劳动是人类赖以生存、发展、繁衍发达的基本条件。从某种意义上讲，劳动创造世上的一切财富，同时也创造了人。因此，劳动专属于人类，是人类特有的、第一个基本的社会实践活动，且是人区别于动物的本质特征。在漫长的原始社会里，由于生产力极端低下，人们只有共同劳动才能维持最基本的生活，不可能有剩余产品，人们不知私有观念为何物。

随着生产力的发展，阶级社会产生。在剥削阶级占统治地位的奴隶社会、封建社会、资本主义社会，劳动人民受剥削压迫，劳动被看成是下等人干的事情。只有当社会主义制度建立、剥削阶级被消灭时，劳动才不再是为剥削者，而是为大家、为社会也为自己，劳动成为广大社会成员光荣豪迈的事业。正如列宁所说："为自己劳动取代被迫劳动，是人类历史上最伟大的更替。"[①]热爱社会主义劳动，用共产主义劳动态度对待劳动，这是共产主义道德的重要规范，也是共产主义道德的重要特征。

大学是精神文明建设的重要阵地，也是对学生进行共产主义教育的课堂。一切热爱人民、热爱祖国的青年都要通过劳动创造来报效祖国和人民。一切高尚品德的形成，都直接、间接地同劳动相联系。劳动不仅创造美好的物质世界，而且也创造美好的精神世界。

美的事物备受青睐。在甲骨文里，"美"这个字的上部是一对角，下部是一个人，合起来是一个人头上戴着羊头或羊角。人们称它为"羊人曰美"。这说明在狩猎时代，我们祖先就把那些善于猎取野羊，并把野羊圈养驯化为家羊的劳动者称为"美人"。所以马克思说："劳动创造了美。"

新世纪对人才的要求是德、智、体、美、劳全面发展，劳动本身的实践性、技术性、教育性特点决定了劳动在人的全面教育中占重要地位。因此大学生应该热爱劳动，端正劳动态度。劳动技术教育有利于大学生将来走向劳动，献身"四化"，并且可为专业教育和职业教育打下基础。

爱劳动是中华民族的传统美德，大学生作为祖国建设的生力军，在担当历史重任之时，在立志为祖国奉献青春之时，就应义不容辞地继承和发扬这一美德，热爱劳动，热爱一切劳动人民。

2. 爱劳动的主要内容和要求

(1)生产力发展促成劳动分工，也必将导致分工的消失。在原始社会，生产力水平极其低下，每个社会成员都为自己的生存而劳动，体力劳动和脑力劳动是完全融合的。直到生产力向前发展，阶级社会出现，体力劳动和脑力劳动才分化开来。剥削者为了维护其统治地位，将劳动的要领减缩为体力劳动，他们视体力劳动为低贱之事，由此有了轻视劳动的旧思想。

在社会主义初级阶段，剥削阶级被消灭，虽然劳动分工依然存在，但已不是以往意义上的劳动分工了。工人、农民、知识分子都是社会主义建设者。知识分子是工人阶级的一部分，劳动只有分工区别，不存在高低贵贱之分。脑力劳动和体力劳动的分离是历史的产物。随着当今科学技术的突飞猛进，脑力劳动和体力劳动的相结合，要求劳动者多长智慧，逐渐减轻繁重的体力劳动，又是历史发展的趋势和规律。世界各国每周工作时的逐渐减少就是一个很好的证明。

生活在校园里的大学生，他们的人生观和价值观初步定型。要使大

---

① 《列宁选集》，第3卷，北京：人民出版社，1995年，第376页。

学生端正态度，认清脑力劳动和体力劳动没有本质区别，无论是体力劳动者还是脑力劳动者都是光荣的。

(2)爱劳动与爱科学是相辅相成、不可分割的。狭义的“劳动”指体力劳动，它表现为一种实践活动，注重人们的动手操作，讲究的是动作技术。但广义的“劳动”包括有脑力劳动，它必须以学习科学为基础。学习科学主要表现为一种理论上的思维，注重人们内在思维的运作。正是从这个意义上说，爱劳动与爱科学是不可分割的。

首先，社会向前发展，高科技广泛运用于生产、生活各个领域，未来的劳动者必须具备较高的文化科学水平，才能掌握现代化的生产工具，进而才能改进和创造新的生产工具。过去是深奥的知识，今天就会变成简单的常识。今天是少数人才能掌握和操作的技术，明天就要交给多数的普通工人去掌握。历史的发展，科学技术的现代化，要求人类传授知识的时间缩短，所学知识的深度和广度不断拓展。因此，热爱劳动要以热爱科学为基础。大学校园是学习知识，增长本领的最佳场所，广大学子应充分利用这个好时机，努力学习科学文化知识，为今后的社会工作奠定基础。

其次，马克思主义的劳动道德观与科学观是一致的，它认为任何真正意义上的劳动道德都是科学的，任何真正意义上的热爱科学的人也必须是有道德、愿奉献的人。科学家的劳动道德要求他们运用科学征服自然，服务社会，造福人类，使物质文明、精神文明的建设不断前进。科学实践，培养了人们脚踏实地、实事求是的精神。大学生能真正地热爱科学，不断地进行科学探索，那么他也便具有爱劳动的美德。

(3)新时期对大学生爱劳动的几点要求：

第一，要明确在社会主义条件下，一切社会需要的劳动都是光荣的。农、林、医、师、煤炭、地质等专业和航空、电子等其他专业只有分工的不同，没有地位的高低，在不同专业岗位上的劳动，目标都是一致的。要安心本专业的学习和今后的工作，要诚实、创造性地对待自己的专业学习。

第二，要有勤劳创业、吃苦耐劳的美德。从历史上看，勤劳创业是我国劳动人民的美好品德。

第三，以主人翁的态度对待自己的学习和劳动，遵守纪律，勤勤恳恳，尽职尽责，奉公守法，做到革命第一，工作第一，他人第一，以优异的成绩做无愧于时代的品行高尚的新人。

第四，努力学好马列主义理论课和专业知识，掌握先进的文化、科学知识，为提高劳动生产率和进行创造性劳动奠定坚实的专业基础，具备优良的劳动品质，用革命的人生观和世界观来指导自己的实践。

3.共产主义劳动态度

伟大的时代要求大学生树立共产主义劳动态度，用自己勤劳的双手，为创造光辉灿烂的社会主义、共产主义事业作出新的贡献。

“共产主义劳动态度”有广义和狭义两种理解。广义的“共产主义劳动态度”，是指有正确的劳动观点，自觉遵守劳动纪律，在劳动中不计较个人利害得失，努力提高劳动生产率，提高产品质量，注意节约，搞好协作，发挥劳动的主动性、积极性和创造性，以主人翁的责任感对待事业的一种状态。狭义的“共产主义劳动态度”，是指在未来劳动已成为生活第一需要的共产主义社会中，人们心目中形成的一种自觉自愿、不计定额、不计报酬的对待劳动的态度。这种比较严格意义上的共产主义劳动态度，虽然今天还不能成为劳动者的普遍需要，但可以作为一种努力方向来提倡。事实上，在社会主义阶段，我们党内党外的先进分子为革命和建设事业所表现出的英勇献身精神，不正是这种道德的体现吗？因此，作为道德要求，一方面要坚持培养这种劳动态度，使劳动者具有清醒的头脑，奔向远大的目标；另一方面又要正确地贯彻、执行社会主义按劳分配的各项政策。

培养大学生的共产主义劳动态度，使大学生以踏踏实实的劳动作风，全心全意为人民服务，祖国的现代化建设将呈现出长江后浪推前浪的喜人景象。

（四）爱科学

1. 爱科学的含义

热爱科学是社会主义道德体系中一个有特殊意义的道德规范。它表现为勇于探索、实事求是、坚持真理的精神。树立爱科学、学科学、用科学的道德风尚，鼓励人们探索科学真理，为真理献身，是热爱科学这一道德规范的基本要求。

科学是人类智慧的结晶，包括自然科学和社会科学。就科学本身来说，它体现了人与客观世界之间反映与被反映的关系，对待科学的态度则体现了人们对社会整体利益的责任。热爱科学的道德意义在于：首先，科学是人们认识和改造客观世界，获得物质财富的重要手段，也是认识和改造社会，促进社会进步和人类解放的精神力量。人类文明的每一次进步，都与科学有着紧密的联系。现阶段，科学技术对我国经济和社会的发展有着特殊和重要的意义，没有科学的进步，经济的发展和社会的进步只能是一句空话。因此，热爱科学必然成为一个基本的道德要求。其次，坚持科学真理，注意在科学实践中培养良好的道德品质。历史上许多科学家、思想家就是在探求真理的过程中形成了高尚的品质和勇敢顽强的探索精神。最后，个人的全面发展和人类最终解放的目标也要求人们掌握科学真理，提高科学文化水平。因此，热爱科学，坚持真理，实事求是，是现代化建设的客观需要，是大学生应尽的道德义务和道德责任。

2.爱科学的内容和要求

热爱科学的道德规范主要有以下一些内容和要求：

第一，热爱科学必须建立在关心祖国前途和人民利益的基础上。对祖国和人民的责任感、使命感，是掌握科学、坚持真理的精神动力；对祖国和人民的崇高道德感情，能够促使人们努力学习先进的科学技术，攀登科学高峰。

第二，要勤奋学习，刻苦钻研科学，培养探求真理的坚强意志。正如马克思所说："在科学上没有平坦的大道，只有不畏劳苦沿着陡峭山路攀登的人，才有希望到达光辉的顶点。"科学知识的获得，真理的发现，只有靠顽强的毅力，通过艰苦奋斗才能实现。不愿为科学作出任何牺牲的人，就永远只能被关在科学的大门外边。

第三，要敢于坚持真理，实事求是，勇于为真理献身。科学的道路是不平坦的，它需要人们付出艰苦卓绝的劳动，甚至生命。在追求科学真理、坚持真理的过程中，人们的道德境界能够得到升华。历史证明，为真理勇敢献身的人，人民是会永远纪念他的。

第四，要运用科学知识为人类造福，推动社会进步。掌握科学的目的是为人类造福，为人民服务，要将科学应用于实践，创造出物质成果和精神成果，推动社会发展，从而体现出科学的道德价值。那种利用科学损害人民利益的行为是不道德的。

（五）爱社会主义

1.只有社会主义才能救中国

在中国这块土地上确立社会主义制度，不是一种偶然，而是一种历史的选择，是社会发展的必然。

1840年，外国殖民者用大炮轰开了中国的大门，古老的中华民族面临亡国灭种的危险。为救亡图存，具有爱国主义光荣传统的中国人民，掀起了一次又一次反帝反封建的爱国斗争。各种思潮起伏更替，各种"救世良方"纷纷提到社会改革的议事日程上，各种性质的改良和革命也不断发生。各个阶级、各种政治力量、各种救国方案都在接受历史的考验和选择，它们都将由历史来证明，究竟哪一条道路是光明的通达之路。

鸦片战争之后，清王朝苟延残喘七十多年的历史表明，封建地主阶级不可能引导中国摆脱外国侵略势力，走上富国强兵的道路。

农民是反帝反封建的一支重要力量。但他们受时代和阶级的局限，无法为中华民族找到一条通往光明的坦途。太平天国革命的理想大厦，是建筑在落后的小农经济和绝对平均主义基础之上的空想；义和团运动，除一些简短的口号外，也提不出行之有效的救国方案。所以，旧式农民战争，尽管也曾经波澜壮阔、轰轰烈烈，但自发的农民运动终究不能振兴中国。

19 世纪 70 年代，中国民族资产阶级在外国资本主义、本国封建主义的双重压迫下诞生了，他们中的代表人物起初认为，要富国强兵，只有仿效西方发展资本主义实业，建立资本主义生产关系。首先站出来奔走呼号的是资产阶级改良派，从“公车上书”到“百日维新”，他们进行了英勇斗争。可是，他们却企图依靠一个没有实权的皇帝去实现自上而下的资产阶级改良。历史证明，在中国这个半封建半殖民地社会，这是行不通的。后来以孙中山先生为首的资产阶级革命派，总结了改良派失败的教训，提出了“驱除鞑虏、恢复中华、创立民国、平均地权”的纲领，终于在 1911 年推翻清王朝，结束了两千多年的封建统治。辛亥革命的伟大成功，唤起了中国人无数美好的希望，但无情的事实粉碎了人们的幻想。“民主”只是海市蜃楼，“共和”也徒有虚名。清王朝虽然被推翻了，但中国半封建半殖民地的社会性质没有改变，中国仍在帝国主义和封建主义的双重压迫之下。历史清楚地证明资本主义道路在中国同样行不通。

十月革命一声炮响，给我们送来了马克思主义。马克思主义同中国工人运动相结合，产生了中国无产阶级的先锋队——中国共产党。从此，中国人民在中国共产党的领导下，在马列主义、毛泽东思想指引下，经过二十八年的艰苦斗争，彻底推翻了帝国主义、封建主义和官僚资本主义在中国的反动统治，为“振兴中华”开辟了广阔的前景。对农业、手工业和资本主义工商业社会主义改造任务的基本完成，社会主义制度的确立，使我国的社会生产力获得了空前发展，中国的国际地位空前提高。长期的历史经验使各族人民深切体会到，只有社会主义才能救中国。

2. 爱社会主义的主要内容和要求

爱社会主义表现为社会主义爱国主义，是在历史的爱国主义基础之上发展起来的最高类型的爱国主义，代表广大人民群众的根本利益，反映整个国家民族的思想情感和道德观念。爱社会主义的内容有两方面：一是热爱社会主义祖国，二是与无产阶级国际主义紧密联系。社会主义国家代表了全国各民族人民的根本利益，中华民族之崛起，只能走社会主义道路。热爱社会主义并为社会主义革命和建设事业而奋斗，就成为社会主义时期爱国主义的一个基本要求。

“只有社会主义才能救中国”。我们要有社会主义爱国主义的觉悟，自觉地把热爱祖国与热爱社会主义统一起来。要以辩证唯物主义和历史唯物主义为指导，认清社会发展的客观规律，坚定地走历史发展之路。正确地认识社会主义社会的各种社会现象，把握社会主义的本质，从历史和现实、理论和实践的结合上认清社会主义制度的优越性，坚持社会主义道路。

有社会主义爱国主义觉悟的学生必须懂得：热爱祖国就要热爱社会

主义，为人民服务就要为社会主义事业服务，关心祖国的未来就要关心社会主义的发展。要坚持四项基本原则，认真贯彻体现这些原则的路线、方针、政策，自觉地为每个阶段的总任务服务。所谓“社会主义制度不如资本主义优越”的观点，必须坚决抵制和消除；所谓“不爱社会主义不等于不爱国”、“离开社会主义照样为人民服务”的错误观点，必须克服和澄清。

另一方面，无产阶级国际主义是关于世界无产阶级和劳动者国际团结、互助合作的思想。社会主义爱国主义要求人们把本民族的命运同世界人民的正义斗争，同人类进步事业紧密联系在一起。在搞好本国革命和建设的同时，支持国际无产阶级以及被压迫民族和被压迫人民的革命斗争，支持世界和平事业和人类进步事业，反对帝国主义、霸权主义、殖民主义和种族主义。中国的前途同世界的前途是息息相关的。中国革命之所以能够取得胜利，又是同争取世界光明前途的各国人民的奋斗分不开的。中国得到过别的国家和人民的帮助，也帮助过别的国家和人民。我们是爱国主义者，决不容忍中国的民族尊严和民族利益受到任何侵犯。我们是国际主义者，深深懂得中国民族利益的实现不能离开全人类的总体利益。把爱国主义和国际主义结合起来，是我国处理对外关系的根本出发点。

爱社会主义具有鲜明的实践性。热爱社会主义，不能只是凭空赞美，而应把我们对祖国的热爱化为具体的行动，为实现当前党和国家的各项任务贡献力量。

第四章　大学生的道德实践

道德实践是在一定的道德意识指导下有目的的社会活动，包括道德评价、道德选择、道德修养、道德教育等，是一定的社会道德理想、道德准则转化为个人道德品质的必要途径。道德实践能告诉大学生什么是好的，什么是坏的；什么是可为的，什么是不可为的。道德实践能培养大学生形成良好的道德观念。

第一节　大学生的道德评价

大学生的道德评价是大学生道德活动的重要方面，在整个道德体系中具有突出地位，它和道德教育、道德修养都是研究大学生的道德行为的。正确认识大学生道德评价的作用、依据和方式。坚持动机与效果的统一，对大学生的行为进行道德评价和判断，对提高大学生的道德水平，形成良好的道德风尚，培养大学生的共产主义道德品质，具有重要的理论意义和实践意义。

一、大学生道德评价的特点和标准

大学生的道德评价，是指大学生在道德活动中，依据一定社会或阶级的道德规范，对自己或他人的行为和品格所作的是非、善恶、褒贬的道德判断。道德评价是一定社会和阶级用以调整人们关系、维护社会秩序，以达到扬善抑恶目的的重要形式。

生活中，大学生总是自觉或不自觉地对自己以及周围人们的一些行为进行道德评价。例如，当人们认为助人为乐、见义勇为、团结友爱行为是道德的时候，他们就必然会加以支持和表扬，形成一种鼓励这种行为的力量，以达到促使这种行为更经常、更多地发生；相反，当人们认为欺骗、偷盗、损人利己是不道德的时候，他们就会对这种行为加以贬斥、反对和批评，形成一种抵制的力量，以达到促使这种行为更少发生或不发生。同样的，大学生也会对自己的行为进行道德评价，以自我评价指导自己的行为。例如，当大学生认识到团结友爱、互相帮助是一种美德时，他们就会为自己的这种行为感到自豪，激励自己今后多做这种事；当他们没有做到这一点，而是自私自利、袖手旁观时，他们就会谴责自己，促使自己今后不再做这种事。对人、对己进行的这种道德评价，存在于任何有道德关系存在的地方。

（一）大学生道德评价的特点和作用

道德作为调整人们之间关系的行为规范的总和，既没有专门的执行机构，也不像法律规范一样具有强制性，它的作用主要是依靠大学生以一定的善恶标准来进行，没有道德评价就没有道德的作用。道德评价的特点是深入到大学生的精神世界，作用于大学生的道德情感。一种不道德的行为一旦受到批判，其行为者就会受到舆论的压力，从而内心产生不安和愧疚；相反，一种高尚的道德行为，一旦为道德评价所肯定，就会使行为者产生喜悦和快乐，这种行为就会受到推崇和继续。道德评价的这种作用是法律所不能代替的，法律的裁决只表明“允许”与“不允许”，而道德评价的结论却是“应该”与“不应该”，目的是唤起大学生的自觉——对不道德行为的否定，即是对行为者个人价值的否定，在调整人际关系中能够起到使人“有耻且格”的作用。

道德的调整、规范、教育、认识等职能的实现也都建立在道德评价的基础上。就大学生而言，如果他们具备较高的道德评价能力，就会形成一种精神力量，对这个群体的道德以及对校园的道德风尚产生重大影响。

具体而言，大学生道德评价的作用可以从以下两个方面来认识：

首先，大学生的道德评价是将道德由他律转变为自律，培养大学生道德品质的重要手段和方式。道德原则、规范在未能变成大学生内心信念之前都属于他律，他律向自律的转变必须通过道德评价来实现。社会道德评价、自我道德评价通过对现实中道德品质和行为的分析、判断、议论，明确地将社会的善恶标准、是非准则传达给大学生，大学生则在这种评价中获得道德与不道德、善与恶的道德观念和意识，唤起道德良心和责任心、自尊，从而自觉地调整自己的行为，扬善抑恶，从善拒恶，向善良、正义、高尚、诚实看齐，与丑恶、偏私、卑鄙、虚伪作斗争，做一个高尚的人、纯粹的人。

其次，道德评价是调节社会道德生活、改善道德氛围的有力武器。道德评价（尤其是社会评价）使凡是符合社会道德原则和规范的行为得到广泛传播并受到社会成员的效仿，而对凡是不符合社会道德原则和规范的行为进行批评和抨击，控制和约束其蔓延。就大学生来说，通过道德评价扬善抑恶、趋善避恶、取善弃恶，为社会群体树立道德典范和道德榜样，促使整个社会对善的行为产生向心力，对恶的行为进行批判，就能起到净化社会环境、纯化道德环境、提高每个社会成员道德素质的作用。

（二）大学生道德评价的标准

道德评价是通过善恶的范畴来进行的。在道德评价中，大学生常常以善与恶、正义与非正义、公正与偏私、诚实与虚伪、崇高与卑贱、光荣与耻辱等道德范畴来评价人们的道德品质和道德行为。其中善与恶是最一般和最基本的范畴，比较广泛地包含着其他范畴的内容。在现实生活中，大学生从一定的立场出发，根据一定的道德原则和规范，把应予嘉许的行为称为“善”，把应予谴责的行为称为“恶”，从而得出对某种行为道德评价的最终概括。既然道德评价是对人的行为及其品质的道德价值的衡量或判定，而道德价值又常常借助于善恶来体现，所以善恶就成了道德评价的一般标准。

善与恶是一个历史范畴，不同历史时期包含不同的内容，不同阶级对之也有不同的理解。作为人类最一般的道德意识和最普遍、最基本的道德情感，善与恶不仅表达人们对道德生活和道德现象的认识，而且也反映人们对道德关系和道德行为的感觉、体会和态度。为了从道德上表达自己的认知和感觉，人们总是把那些有利于自己、他人及社会群体的行为和事件当作善，而把那些不利于自己、他人及社会群体的行为和事件当作恶。对善的行为，人们总是给予肯定、赞扬，而对恶的行为则充满否定、谴责、蔑视和憎恨的情绪。然而善恶观念并非是一成不变的，由于道德本身具有历史性和阶级性，作为对人们行为所作的道德或不道德判断的善与恶，同样具有历史性和阶级性。在不同的时代、不同的民族、不同的地区，人们的善恶观念是不同的。恩格斯说过：“善恶观念从一个民族到另一个民族、从一个时代到另一个时代变更得这样厉害，以致它们常常是互相直接矛盾的。”①在阶级社会里，善恶观念的阶级性表现在人们总是从各自集团或阶级的利益需要引申出自己的善恶观念，不同的集团或阶级便有不同的善恶观念，一定的善恶观念也总是为一定的集团或阶级服务。这是为什么呢？因为善恶是利益的表现，对于每一个人来说，是否符合本阶级（集团）的利益便是衡量善恶的标准。同时，由于一定的利益标准在道德领域内又具体化为一定的道德原则和规范，因而在具体的道德评价中，人们又总是依据一定的道德原则和道德规范体系来判断善恶，把符合一定社会或阶级的道德原则和规范体系的行为或品质看成善，把违背一定社会或阶级的道德原则和规范体系的行为或品质看成恶。正是由于善恶

---

① 《马克思恩格斯选集》，第3卷，北京：人民出版社，1995年，第433～444页。

与利益、道德原则和规范的这种关系，常常使善恶标准表现出某种相对性和不确定性。统治阶级认为是善的，被统治阶级认为是恶的；统治阶级认为是恶的，被统治阶级则认为是善的。

善恶观念的变化，还表现为它的历史性。由于道德具有历史性，是一个历史范畴，道德评价的标准也必然具有历史性。随着社会经济关系的变化，道德也在不断变化和发展，善恶标准也随之变化。在原始社会，由于生产力水平极其低下，不能提供剩余产品养活别人，杀死和吃掉战争俘虏的行为并不被认为是恶的，在道德上并不受到谴责；20 世纪火地岛上的居民，冬天饥饿，在老太婆和狗之间，他们首先杀食老太婆充饥，把狗留下来捕海獭，这被认为是善的。这些现象在今天都是不可思议的，主要原因就是道德本身是随着社会经济关系的变化而变化的，社会经济发展了，道德随之发展，善恶标准也随之变化。奴隶社会杀死奴隶是道德允许的，但进入封建社会，地主杀死农奴便被称为恶。

认同善恶标准的历史性和阶级性并不意味否定其绝对性和一般性。人们总是把那些有利于他人和人类共同生存、发展与进步的行为和品质看作是善的，大学生也是如此。这就体现了马克思主义伦理学的观点：必须按照历史的实际条件，以对当时社会发展起不起促进作用作为标准。在阶级社会里，只有代表社会生产力发展的阶级的利益才是与社会发展和人类进步的趋势相一致的，才是促进社会发展的。正因为如此，人们的行为只有符合代表社会生产力发展的阶级的利益，才是真正善的，否则就是恶的。

（三）善与恶的相互关系

善恶矛盾交织、互相转化的情况常有发生，这就要看到善与恶之间的辩证关系。19 世纪英国经济学家马尔萨斯曾经说过一段话："对于德，要有热烈的赞赏，似乎必须要有恶的要素存在，假如没有道德上的恶惹起厌恶现象，形式与实质不能有同样的美，品格也不能有同样的完全。"①他认为道德上的恶对于产生道德上的善是绝对必要的，离开了恶，就谈不上善。黑格尔也曾经说过，善与恶是不可分割的，恶的意志希求是跟意志的普遍性相对立的东西，而善的意志则是按它的真实概念而行为的。马克思主义认为，善恶是相比较而存在的，相斗争而发展的，如果没有恶，人们就无法去认识和感觉到善。在一定条件下，善恶是可以相互转化的。如一种新的道德观念、一种新的善的道德行为，在刚开始的时候必然受到恶的阻止，被认为是"恶"，因为它相对于为习惯所崇奉的秩序、相对于陈旧

---

① ［美］莫蒂默·艾德勒、查尔斯·范多伦著：《西方思想宝库》，长春：吉林人民出版社，1988 年，第 626 页。

的日趋衰亡的观念是叛逆的，表现为对现实事物的批判和亵渎，但由于它是具有必然现实性的善，最终将被上升为普遍接受的善。现实生活中，道德原则和规范要求大学生培养合理的善恶情感，善善恶恶，趋善避恶，其实就是要求大学生懂得善恶的相互关系并正确处理其关系，就是要求大学生对他人利益和社会集体利益多一点关心，多一点对个人自己福利欲求的正确认识、调整与制约，把对善的认识与对善的向往、爱恋联系起来，形成一种对善的渴求力和向心力；同时把对恶的认识与对恶的抵制、拒斥联系起来，使善的意念和情感充实扩张，使恶的意念和情感收敛泯灭。

二、对大学生进行道德评价的根据

对大学生的道德行为和品质进行评价，除了要掌握道德评价的标准外，还要有其依据。对人的行为和品质进行评价就涉及行为动机和行为效果，在动机和效果二者中，究竟应依据什么来进行道德评价？

（一）动机与效果的关系

动机和效果是伦理学中一对重要的范畴。所谓“动机”，就是激励大学生去行动的主观原因，是大学生对自己行为的自觉意识；它常常以兴趣、爱好、愿望、理想、意图和形式表现出来。动机往往是由需要产生的。由于大学生的需要复杂多样，因而大学生的行为动机也各不相同。所谓“效果”，指的是大学生行为完成之后产生的客观后果和结局。效果之所以是客观的，一则它是现实可见的，二则效果的好坏都受客观条件制约，效果具有客观性、外在性、现实性的特点，是动机的最终实现。

道德评价是看动机还是看效果问题，是道德评价中一个十分重要的问题，该问题也是伦理思想史中长期争论的一个问题，为此形成了动机论与效果论两大对立和斗争的派别。

动机论强调动机是评价人的行为道德性质和衡量其道德价值大小的主要依据。行为的道德价值只存在于行为的动机之中，与其效果无关。一个人的行为是善的，是道德的，就是因为行为者行为完全出于纯粹善的动机，至于该行为产生的效果是好是坏无关紧要。也就是说，道德评价只能依据行为是否“应该”，而不必管“为什么”，行为者只能有“善”的目的，而不能有其他的什么实际目的，否则便是恶。我国汉代的董仲舒便是动机论的典型代表，他提出的“正其谊（义）不谋其利，明其道而不计其功”的道德评价模式对后世产生了深刻的影响。宋代的朱熹把这一模式定为学规，并进而提出了所谓“王霸义利之辨”。在他看来，“王道”与“霸道”的主要区别就在于“王道”讲仁义道德，“霸道”讲实际利益，前者是天理流行，后者是物欲横流。根据他的理论，“秦汉以来，千五百年间，尧舜三王周公孔子所传之道，未尝一日得于天地之间”。就是说汉武帝、唐太宗这些帝王统治时期虽然国家强盛、经济发达，但由于他们好大喜功、背离“王道”，实际造成道德的沦丧，历史的倒退。

在西方，德国古典哲学家康德是动机论的主要代表。在他看来，除了“善良意志”之外，再没有什么东西称得上是道德的了，因为“善良意志”纯粹是出于“义务”的，本身是善良的，不是为了追求某种目的和实际的效果。所以他说：“出于义务心的行为所以有道德价值，不是因为他所求达到的目的，而是因为这个行为的格准；所以这种价值不是靠行为的目的之实现，只是在于行为由此发生的立志作用依据的原则，与欲望的对象无关。”①根据康德的公式，当小孩落水时，救小孩的人只要有善良的动机，并努力去抢救，不管救活与否，其行为都是道德的；相反，如果救小孩的人怀有其他目的，那么，即使小孩得救了，该人的行为也是不道德的，不具有道德价值。

效果论与动机论恰恰相反，效果论强调行为的效果是道德评价的唯一依据，否定动机的重要作用。效果论的著名代表是近代英国功利主义大师边沁和密尔。他们认为，动机论者无所谓善恶，也不能成为道德评价的依据，“一切动机都可能产生善行、恶行或中性行为”。② 只有行为的实际效果才是道德评价的依据，一切使人快乐的行为就是善的，一切使人痛苦的行为就是恶的。“意向的好坏，要看企图的后果来决定”。决定行为道德性质的只有效果，只要行为效果好，这个行为即是道德行为，动机好坏无关紧要。对于一个救落水者的人来说，只要把人救活了，无论他的动机是什么，他的行为都是善的，如果抢救不成功，无论动机是什么，都毫无道德价值。

（二）动机论与效果论的对立

动机论与效果论作为道德评价中的两个重要理论，两者根本对立，二者虽有其合理因素，但其中的缺陷也很明显。

动机论看到了行为动机在道德评价中的重要作用。由于道德行为是一种自知自觉、自由选择的行为，动机体现着行为者对一定道德理想和道德价值的偏爱和追求，体现着一个人的道德理想，体现着一个人的精神素养和内在素质，动机对于评价行为是否道德有着重要意义，绝不能把那种动机不好而又暂时取得好效果的行为称为道德行为。但是动机又有其不妥之处，表现在它把动机与效果完全对立起来，否认效果在道德评价中的意义，把道德评价变成一种离开社会实践，不受社会实践检验的主观随意

---

① 《道德形而上学探索》，北京：商务印书馆 1957 年，第 14 页。

② 《西方名著提要》（哲学社会科学部分），北京：中国青年出版社，1957 年，第 249 页。

活动。事实上，现实中并不存在没有实际内容、实际目的的动机。董仲舒的“正谊”、“明道”其实也是要行为者按照本阶级的道德原则和规范办事，以符合本阶级利益，这其实也是动机真实的实际目的和效果。所以马克思、恩格斯在揭露康德的动机论时指出：“在康德那里，我们又发现了以现实的阶级利益为基础的法国自由主义者在德国所采取的特有形式。”毛泽东同志也指出：那些“口头上反对功利主义、实际上抱着最自私最短视的功利主义的伪善者”。[①] 如果坚持用动机论进行道德评价，必然导致对“好心办坏事”者的宽容，其结果是促使道德生活中人们对其自身行为后果的忽视或不关心，丧失道德责任感。

效果论强调效果在道德评价中的作用，从一定方面看有其合理之处，因为它匡正了动机论者对效果的完全忽视，看到了效果对行为性质及其道德价值的重要作用，把道德与行为的实际后果如利益、实惠、好处等直接联系起来，这对于道德评价具有一定的意义。但是这种理论也同样存在着根本性错误，那就是：它把行为的社会有益性混淆了，并以后果代替前者，对社会有益即是道德的。它完全撇开行为的动机去进行道德评价，其中的矛盾是不言而喻的。既然效果论认为行为产生的快乐多一点就是善，产生的痛苦多一点就是恶，那么行为者为了追求善，在行为之前必定要去衡量行为后果的善恶，从而决定是否行为。这就是说，行为的效果是受动机支配的，完全否定动机就陷入自相矛盾。为了摆脱这种矛盾，边沁曾提出将意图与动机分开的理论，而事实上在伦理学中二者是一个含义。后来他又提出对道德行为与行为者分别给予评价的理论，其实，对人的道德评价并不能只看个别行为，必须从整体上予以考察，因此，这也是一种诡辩。如果按照效果论进行道德评价，那么就容易对日常生活中复杂道德现象的评价失去公正，把某些居心不良、歪打正着的人视为好人，这无疑会挫伤人们的道德积极性。

（三）坚持动机与效果的统一

马克思主义伦理学把辩证唯物主义和历史唯物主义运用于道德评价问题的研究，揭示了动机和效果的辩证统一关系，指出：在社会实践的基础上，动机和效果是统一的，又是对立的，它们的对立统一关系是主观见之于客观，认识和实践辩证关系的具体表现。

动机和效果的统一，首先表现在动机从实践中产生，包含着对一定效果的追求，并指导行为达到效果，效果体现动机。动机和效果作为行为的两个重要环节，不是孤立的行为的两个端点，而是互相包含、相互依存、紧密地结合在一起，动机总是指向一定的效果，并指导行为向这个目标努

---

① 《毛泽东选集》，第 3 卷，北京：人民出版社，1991 年，第 864 页。

力，效果也总是体现动机，效果本身就是动机的外化、现实化。无动机的单纯行为是毫无意义的本能动作，无效果和目的的行为是个人潜在的心理活动。动机和效果的统一，其次表现在动机和效果是相互转化的，主观的动机必须转化为相应的客观效果才能起作用。一般情况下，好的动机能有好的效果，坏的动机会有坏的效果，哪怕这一转化会有极大困难，但要求统一的趋向是不可阻挡的。效果也能够转化为动机。由于人的行为具有历史性和连续性，上一代人或者人们上一次的社会实践活动便成为经验，这种经验又成为新的动机产生的基础。道德习惯的普遍化，也总是由个别人或部分人的行为效果逐渐变为多数人的动机而实现的。在一定条件下，动机和效果的相互转化，在人们的道德行为中是带有规律性的必然表现。

动机与效果的统一，又是对立的统一。动机是主观的，效果是客观的，两者存在矛盾。也就是说，并非任何时候二者都是一致的，“好人办坏事”和“歪打正着”的情况也大量存在。这种矛盾是主观与客观、认识与实践的矛盾，造成这种矛盾的根本原因就在于：动机向效果的转化是一个复杂的实践过程，一定的动机能否达到预定的目的和效果，既要看它是否符合客观规律，又要看是否具备各种实践手段，还要看主体的能动性。这个过程受各种因素，如主体的知识、才能、经验、意志力、应变力、判断力、反应力等主观条件，以及社会环境、物质环境、偶然机遇等客观条件的制约。

在大学生道德评价中，我们既反对将主观动机看成唯一依据，也反对把效果视为唯一依据，而是主张辩证唯物主义动机与效果的统一论。毛泽东同志说：“唯心论者是强调动机否定效果的，机械唯物论者是强调效果否定动机的，我们和这两者相反，我们是辩证唯物主义的动机和效果的统一论者。为大众的动机和被大众欢迎的效果，是分不开的，必须使二者统一起来。”[①]最科学、最根本的道德评价依据是社会实践及其效果，“社会实践及其效果是检验主观愿望或动机的标准”。[②] 毛泽东同志的这一论断，是大学生在进行道德评价时坚持动机和效果辩证统一原则的重要依据。首先，坚持这一标准，才能确保在进行道德评价以人的动机的好坏为依据。一个人的动机好坏、内在道德品质的善恶，不能听行为者的表白，只有用社会实践才能检验出来，任何动机总是在实践中产生和发展，总是要在实践中表现，并最终体现于实践结果。如果真正出于好的动机，行为的最终目的也是要取得好的效果，即使因意外造成坏的效果，行为者也要总结经验，继续实践，力图达到动机与效果的统一。相反，坏的动机

① 《毛泽东选集》，第 3 卷，北京：人民出版社，1991 年，第 868 页。

② 《毛泽东选集》，第 3 卷，北京：人民出版社，1991 年，第 868 页。

即使取得了暂时的好的效果，最终也必然会在实践中暴露。其次，只有坚持实践标准，才能保证大学生在道德评价中真正把动机与效果辩证统一起来。大学生在进行道德评价时，既要在实践基础上通过效果来看动机，又要联系动机来看效果。一个行为带来了好的效果，只有出于好的动机，这个行为才能是好的，如果动机不好，这行为在道德意义上也不是好的。一个行为带来了坏的效果，如果动机本身不好，就应该给予道德谴责；如果动机是好的，那这行为在道德意义上就不是恶的。可见，只有动机与效果联系起来进行评价的方式才是科学的方法。

三、大学生道德评价的方式

（一）大学生道德评价的方式

大学生道德评价分为社会评价和自我评价两种，社会评价又分为社会舆论和传统习俗两种形式。社会评价属于客观方面，自我评价属于主观方面，它们的共同特点是，通过对道德行为的判断，给予大学生思想和行为以影响。

社会舆论的形式是多种多样的，这里讲的社会舆论主要是指道德舆论。道德舆论是指大学生对社会生活事件和现象、对大学生的行为和品质发表的各种议论、意见和看法，表明自己的态度和情感。社会舆论的形成一般分为自觉和自发两种途径。自觉的社会舆论，是通过各种方式传播的正式社会舆论，也称“官方舆论”；自发的社会舆论，是指大学生遵循实际生活经验和已有的传统而形成的社会舆论，也称“非官方舆论”。由于社会舆论具有大众化、普遍化的特点，因而，对于造成某种道德氛围、无形地影响大学生的言行举止等方面，具有不可替代的作用。社会舆论对某些品质表现出肯定或否定、赞扬或批评、支持或贬斥，因而，它是大学生行为的指示器和调节器。但是，社会舆论从来就不是单一的，几乎没有统一的为所有大学生接受的社会舆论，当一些大学生热情赞扬某种行为时，往往会有一些大学生对这种行为则表示谴责。

传统习俗，是人们在社会生活中长期形成的一种稳定的、习以为常的行为倾向。传统习俗是自发社会舆论的重要来源，但它又有自身的特点。由于传统习俗源远流长，是在漫长的历史发展过程中逐步积累起来并世代相传的、普遍的、稳定的社会心理特征和行为方式，是一种重要的社会因素和顽强的习惯力量，在道德评价中具有特殊作用。它以“合格”与“不合格”评价大学生的行为，判断他们行为的善恶，凡是遵从传统习俗的行为就受到褒扬，凡是违反传统习俗的行为就受到谴责和歧视，对大学生行为活动起着有力的约束作用。内心信念是构成大学生行为内在动机和性格的有机组成部分，它包括很多方面的内容。伦理学上的内心信念是指道德信念，即大学生发自内心对某种道德义务的真诚信服和强烈的责任感，是深刻的道德认识、强烈的道德情感和顽强的道德意志的有机统一。内心信念是进行自我评价的唯一力量。大学生在一定的内心信念的支配下，往往由于自己履行了某种道德义务而感到欣慰和满足，并在此后继续坚持这种行为。对于自己不能履行或错误履行道德义务而感到内疚和羞愧不安，并对自己的行为作出检讨和反思，在此后尽力避免类似行为的发生。在道德评价中，内心信念的这种作用是其他力量所不可替代的。

（二）大学生的自我评价与社会评价

自我评价和社会评价作为大学生道德评价的不同形式，各具特点，各有所长。

社会评价主要借助于社会舆论和传统习俗的力量，并按这些力量作用于被评价的对象。因此，对于大学生行为者主体来说，社会评价是一种外在的力量和约束。作为社会评价标准的社会舆论和传统习俗是在一定道德观念的长期熏陶和支配下形成的。当某种道德观念为大多数人所接受、信奉时，就能形成强大的力量。但是，无论是社会舆论还是传统习俗都不是单一的，都具有二重性。社会舆论的二重性表现为：在阶级社会，统治阶级根据本阶级的道德原则和规范要求，通过各种手段制造舆论，目的是消除旧统治阶级的舆论（包括旧思想、旧意识、旧道德），引导和支配群众舆论，使本阶级的舆论成为主导舆论，以巩固其统治。传统习俗的二重性表现为：任何社会都存在着新旧两种传统习俗的矛盾和斗争，旧的传统习俗由于自身特点和性质要继续存在和延续一段时间，其中某些根深蒂固的因素还将存在较长时间，而新的习俗则虽适应社会需要和政治需要但却没法取代旧习俗。旧习俗有某些适应新时期需要的合理内容，新习俗中有某些不完善的因素，在确立新习俗过程中必须对旧习俗进行批判继承，这也是一种矛盾。因此，社会中时时都存在新与旧、进步与落后、积极与消极对立的风俗习惯。

大学生在进行自我评价时以某种程度的彻底性和冷静态度把适用于他人的评价用于评价自己，个体既是评价者，又是被评价者，既是道德评价的主体，又是道德评价的客体。大学生自我评价主要以大学生行为者本人的义务感、荣誉感、尊严感和良心等反映出来，主要是借助于内心信念或良心的作用来认识、评价和调整自身的行为，是内在力量的作用，它比社会评价更具深度和广度。就深度而言，自我评价不仅能够评议现实的行为和品质，而且可以直接考察大学生内心深处的欲望、动机、意图、观念等。就广度而言，自我评价可以在个体独处时发生作用，具有高尚品质的大学生即使在没有人监督的情况下也能够做到“慎独”，做到在信念的支配下百折不挠地履行责任和义务。

大学生自我评价有很多社会评价不可比拟的优点，但自我评价也不能脱离社会评价而存在。自我评价的准则也是社会道德原则规范的“内化”，这种内化借助于社会评价的形式得以实现。大学生的善恶观念是在道德实践活动中形成的，大学生个体通过道德交往和道德评价吸取道德经验，增长道德见识。社会道德评价所传递的道德原则规范为大学生个体自觉不自觉地接受下来，转化为内在的尺度。据此可以说，大学生自我评价是社会评价的特殊形式。

（三）社会舆论与大学生内心信念的关系

社会舆论与大学生内心信念是相互依赖、互相促进的关系。

一方面，大学生的内心信念促进社会舆论的形成和发挥作用。任何社会舆论的形成都以人们的内心信念为基础。当社会舆论与内心信念高度一致时，就会对人的行为产生重大影响，而当二者不一致时就很难产生影响。例如，当社会舆论谴责或赞扬某种行为，而且与大学生的内心信念完全一致时，那么这种舆论就能产生巨大力量，并且会强化这种道德行为；当社会舆论与大学生的内心信念根本不一致时，即使有人强迫其“易弦换辙”，改变行为，行为者依然会“我行我素”。

另一方面，社会舆论促使大学生进行激烈的斗争，以提高其自我评价能力，增强大学生的内心信念。当某种行为发生后，社会舆论便会作出肯定或否定的评价，假如是否定的评价，那么大学生就会从这种社会评价中懂得这是不道德的行为；当这种行为多次发生并多次遭到社会舆论的否定，大学生就会形成并巩固一种内心信念——某种行为是不道德的。一旦这种坚定的信念形成了，此后他便会尽量避免这种行为的发生，即使在无人监督的情况下也“独善其身”。

第二节 大学生的道德选择

大学生的道德选择是大学生道德实践领域中的一个重要范畴。在道德实践中，大学生常常面临多种道德行为方案，必须作出取舍。培养大学生道德行为选择能力，使他们在多种方案构成的道德冲突中，能够处理好自由与必然的关系，正确作出道德行为选择，乃是我们对大学生进行道德教育、加强大学生道德修养的出发点和落脚点。

一、大学生与道德行为

（一）道德行为的本质

要了解什么是道德行为，首先要了解什么是人类特有的生存方式。

它是人类在对客观世界认识和改造基础上表现出来的能动的、自觉的活动。

在伦理思想史上，“行为”最早被解释为“一切物体的变化”，后来随着自然科学的发展，它逐渐被赋予“有意识、有目的”的意义。我国古代《墨经》一书说：“行，为也”，“志行，为也”。又说：“为，穷智而悬于欲也”、“志行悬于欲谓之为”。亚里士多德认为：“人的行为是根据理性原理而具有的理性生活。”马克思主义伦理学认为，行为是人类有目的、有意识的能动、自觉的活动，因而也是人类所特有的活动方式，它不同于自然物的发展变化，也不同于动物的只同感觉相联系的活动。由于从事行为活动的主体的人是生活于一定历史时代、社会关系、社会制度下的，因而总要受时代、社会的制约和影响，打上时代和阶级的烙印。因此，历史性、阶级性就必然地体现在人们的思想意识和行为活动中。行为的发生是从感觉开始的，某个外因刺激人的感官，引起感觉，在此基础上形成强烈的情感，继而发展成为某种需要和欲望，然后形成指导人们行为的动机。动机指向一定的目的。因此，行为的过程可以表示为：感觉—需要和欲望—动机—目的—手段和方法—意志—结果。

社会生活是丰富多彩的，人们的行为也是多种多样的。在复杂的行为中，有的具有道德意义，有的不具有道德意义。因此，马克思主义伦理学进而将人们的行为区分为道德行为和非道德行为。所谓“道德行为”，是指受一定道德意识支配、有利于或有害于他人和社会的行为。这种行为具有道德方面的意义，可以对之进行善恶评价。而“非道德行为”则指不受道德意识支配的行为和不涉及他人和社会利益的行为，不具备道德方面的意义，不能对之进行善恶评价。

(二)道德行为的特征

人类行为是具有多元意义的行为，独立于社会政治、经济、文化等生活之外的单纯抽象的道德行为是不存在的。道德行为总是与其他社会行为，如政治行为、经济行为、法律行为、教育行为朝夕相随。了解这一点，有助于我们把握道德行为的特征。

道德行为具有哪些特征呢？主要可以归结为四个方面：

首先，道德行为是一种自知行为。一种道德行为必须以行为者对自己同他人和社会利益关系的认识为前提，也就是说，行为者知道自己行为的性质、意义和价值，知道行为对于他人和社会的影响，对人我关系和己群关系有自觉认识。只有这样，行为者才能对自己的行为负起道德责任，也才能对自己的行为进行道德评价。神志不清的精神病患者、尚无判断能力的儿童，即使在个别场合和在某种程度上作出有利或有害于他人或社会的行为，那也不能算是道德行为。黑格尔曾指出：“儿童和野蛮人也可能实现符合道德要求的行为，但是这种行为还不是道德行为，因为这里并没有对行为性质、对行为是好是坏进行任何研究。”

其次，道德行为是一种自觉行为。道德行为还必须是自愿决定的行为，必须具备自主性，是发自内心的，而不是出于强制。道德行为是主体精神的自律，是自己为自己立法，是意志自由的行为。这种自主性不仅表现在行为者本人为其所是，非其所非，社会提倡的坚决去做，社会反对的坚决不做；还表现在有时是别人反对的，行为者在一定道德意识支配下偏要去做，如孔子说的“知其不可为而为之”，有时是别人所认可的，反而不做。

再次，道德行为是有选择的行为。道德行为是经过行为者比较、鉴别、思考、反省后自觉选定和择取的。在同一道德环境下，人们行为发生的可能性往往有很多种，影响行为者选择决定的因素也有很多，行为者可以做，也可以不做，可以这样做，也可以那样做。做或不做，究竟怎么做，完全由行为者自主决定。行为者按照自己的意愿所选择的行为才称得上是道德行为。

最后，道德行为是相互关联的行为。道德行为必须发生在与他人和社会联系的环节中，个人的单独行为不能称为道德行为。一个人自学、阅读、写作、睡觉、休息、做饭、穿衣等，都称不上是道德行为，而如果一个人给他人讲课或听他人讲课，与他人一道工作等，则是道德行为。工作中与他人协作、配合，是有利于社会和他人的行为，是可以进行道德评价的行为。

（三）大学生道德行为的价值

大学生道德行为活动之所以具有价值，是因为它对于人类社会和人类个体具有某种有用性和肯定意义。罗马尼亚伦理学家 K. N. 古利安曾经说过：“道德价值不仅反映了客观的现实，同时也促进社会生活的改造、丰富、完善和美化。”具体地说，大学生道德行为的价值表现在两个方面：一方面是有利于人类生存与发展，促进社会生活的繁荣、稳定；另一方面是促进个人身心健康，使大学生个体得到充实和完善。

大学生必须懂得道德是进行社会调节的工具，它要解决的是个人与他人、个人与社会之间的矛盾，因此，大学生的道德价值必然表现为对社会整体利益的维护和个人的自我节制和某种程度的牺牲。社会主义社会虽然消灭了剥削，人们之间有了共同理想，有了共同的社会目标，但是为了求得国家、集体、个人之间利益的统筹兼顾、协调发展，必要时还要求个体作出一定的自我克制和牺牲，群体价值的实现必须优于个人价值。例如高校实行就业制度改革以来，大学生具有择业的自主权，当毕业时，大学生如果选择“到西部去、到老区去、到基层去、到祖国最需要的地方去”，那么，他是以祖国利益为重、以社会的全面发展为重，他的行为体现了较高的道德价值。

大学生道德行为的价值，还有一个量的比较问题。不同道德行为的价值量是不完全相同的，它受道德行为实施者的道德情操、道德境界的影响，也受道德行为受益者需要层次与满足程度的影响。例如，当某个同学遇到困难或遭遇不幸时，条件优裕的同学与同样贫困不幸的同学去进行帮助，道德价值前者低于后者；心平气和、和蔼可亲的同学与居高临下、趾高气扬的同学去实施帮助行为，道德价值前者高于后者；出于同情、义务和责任感去帮助，与为了沽名钓誉、入党、当干部、评先进去帮助，道德价值前者高于后者；自觉、志愿捐款捐物，与“看到别人这样做，自己不做不好”两者比较，道德价值前者高于后者；在受帮助的同学孤苦无助的情况下做出雪中送炭的行为，与困难不是很大且帮助比较及时的情况下的常规行为，前者大于后者。这就反映道德行为不仅具有质的区别，即有无的区别，还具有量的区别，在考察和判断道德行为时，应该运用辩证的方法。

二、道德选择与道德冲突

（一）什么是道德选择

大学生的道德选择是大学生在社会公共生活、学校生活和家庭生活中经常遇到的实践课题。大学生无论是在大学生活中，还是毕业后的职业生活、家庭生活以及社会人际交往中都面临道德选择。

选择是大学生活的基本形式，而道德选择活动是其中最为常见的一种。所谓“大学生的道德选择”，指的是大学生在面临特殊问题时，根据对某种道德原则、规范体系的认识，选择某种方案。它是道德行为发生前的思维过程，是大学生在一定道德意识的支配下，在善恶之间、不同道德价值之间进行取舍的一种特殊的道德活动。大学生道德行为选择的发生必须具备两个先决条件：一是客观环境提供选择的可能性；二是大学生的意志自由。离开这两个前提条件中的任何一个，行为者就无法实施道德行为选择，无法确定道德责任的限度。

大学生的道德选择离不开客观环境。要求行为者选择某一种方案。那么客观环境必须提供至少两种可供选择的方案，这样，行为者采取其中一种、放弃另外一种或者几种方案，这样才称得上是选择。大学生是生活于一定时代、一定社会制度和处于一定社会关系之中的，其行为必然要受到社会客观条件和环境的制约。他所作出的道德行为选择总是受到其所处的地位、具体的生活环境以及当时社会上实际存在着的道德规范体系、风俗习惯传统的制约。任何人都不能超越时代和环境的局限作出道德行为的选择。

大学生的道德行为选择还离不开大学生个人充分的意志自由和进行选择的主观能力。如果大学生没有充分的意志自由，或者不具备实施选择的能力，那么，大学生的道德行为选择仍将是一句空话。这里所说的“意志自由”，当然不是没有纪律限制的自由，不是随心所欲、我行我素、为所欲为，而是指大学生在认识了自己所处的社会历史条件和道德必然性的前提下自然地作出自愿选择的自由。实际生活为大学生提供的自由是广泛的，既可以选择道德的行为，也可以选择非道德的行为；既可以选择有道德行为价值的道德行为，也可以选择没有道德行为价值的不道德行为；既可以选择高尚的道德行为，也可以选择一般的道德行为。此外，大学生实施道德行为选择的能力也各有不同。社会历史条件提供了大学生道德行为选择的大范围，由于大学生道德觉悟、道德品质和道德情操层次不一样，这决定了其选择时主观能力的差异。这表现为：道德觉悟高的大学生能够突破环境的制约，成为改造者和创造者，自由地选择高尚的道德行为；而道德觉悟较差的大学生往往不能摆脱道德环境的束缚，在选择中处于被动，不能作出高尚的选择。世界观、人生观、价值观、道德觉悟、人生理想在很大程度上决定了大学生的选择能力。

（二）道德选择中自由与必然的关系

上面已经讲到，大学生的道德选择只有存在几种行为或行动方案时才有可能。表面上看，大学生道德选择的条件是客观环境提供的选择的可能性以及主体的自由意志和选择能力，但在本质上，行动的客观可能性和个人的主观选择能力才是自由进行道德选择的根本条件。其中，客观可能性具体表现为大学生道德选择的主体制约性或内在制约性。在大学生进行道德选择时，环境的外在制约性与主体的内在制约性是紧密相连的，它们是相互制约的两个因素。为此，在认识它们相互关系时必须摒弃两种错误观点：一种是决定论观点，即认为大学生的道德选择仅仅受客观环境制约；另一种是自由意志论观点，即认为大学生的道德选择仅仅受个人意志制约。

马克思主义对自由和必然的关系作了科学的论述，即承认自然界和社会发展的客观必然性，认为人们能够认识这种客观必然性。在人们尚未认识客观必然性时，人们是客观规律的奴隶，是不自由的；当人们认识到客观必然性并在实践中利用这种必然性为自己服务时，人们变成了客观世界的主人。因此，马克思主义认为，自由就是对必然性的认识和对客观世界的改造。马克思主义的这一精辟论断为大学生正确认识自由选择与道德责任的关系问题提供了良好的帮助。

首先，大学生道德行为的自由是以认识客观必然性为前提的。客观必然性是通过具有一定目的和愿望的大学生的实践活动来实现的。马克思主义认为，承认客观必然性并不排斥人们对自己行为的自由选择，但是自由选择必须遵循客观必然性；人们在客观必然性面前并不是无能为力的，而是可以认识客观必然性从而发挥自己主观能动性的。人们既然能够认识客观必然性，发挥主观能动性，使客观事物服从和服务于自己的目的，那么，人们就必须对自己的行为负道德上的责任。大学生在实施道德行为选择之前是有意识的、经过考虑并具有一定的目的。客观必然性会制约目的的实现，但是在这种必然性中，大学生始终是有意识的，具有善恶辨别能力，能够根据这种能力作出行为选择。

其次，大学生道德行为的自由，其实质仍是遵循客观必然性。“自由”的真正含义并不是随心所欲地选择道德行为，否则，当他与客观必然性较量时，必然是败家，必然是不自由的。“自由”的实质仍然是对客观必然性的认识。要正确地选择行为，除了以这种选择的客观必然性为依据外，没有其他依据。恩格斯曾经指出：意志自由的含义不是别的，“只是借助于对事物的认识来作出决定的那种能力”。因此，大学生对一定问题的判断愈是自由，这个判断的内容所具有的必然性就愈大；而犹豫不决是以不知为基础的，它看来好像是在许多不同的和相互矛盾的可能决定中任意进行选择，但恰好由此证明它的不自由。

（三）什么是道德冲突

日常生活中人们常常碰到这样的事，某人的父母、亲人在家病危，急切希望他能回去，而他因工作一时脱不开身，不能离开岗位，这时他面临两难选择。如果选择回家，那么他工作就是失职；如果他选择不回家，那么他就不能尽孝。人们常称这是“忠孝不能两全”。用伦理学术语来讲，这是“道德冲突”。所谓“道德冲突”，指的是行为者面临这样一个处境，不同的道德规范对同一道德行为提出了不同的要求，行为主体不能同时遵守两种要求，而必须作出取舍，为执行某个道德原则或规范而放弃另一道德原则或规范，为了实现某种道德价值而需牺牲另一种道德价值。道德冲突在本质上是道德原则规范或道德价值之间的冲突。道德冲突可以分为两种类型：一种是不同道德体系的道德原则、规范要求之间发生冲突；另一种是同一道德体系中的不同道德原则、规范要求发生冲突。这两种冲突在大学生群体中都经常遇到。

不同道德体系的道德原则、规范要求之间发生冲突，主要体现为不同意识形态领域的道德原则、规范相互冲击，如西方资本主义国家的道德规范要求与社会主义国家的道德规范要求是不一样的；我国新时期的道德规范要求与旧时期（五四前和解放前）的道德规范要求也是不一样的。由于道德规范、原则和要求必然要为不同阶级（集团）的利益和意志服务，利益不一样的阶级（集团）的道德观念、道德意识是不可能一样的。比如，西方资本主义国家普遍认同“货币是最高的善”，财富和金钱是衡量道德价值的尺度；而我国封建社会提倡“仁民”、“爱物”，以此为一切道德行为价值的衡量尺度，讲宗法等级观念，崇尚“忠”字。这些道德规范与我国社会主义道德原则发生了激烈的冲突。而生活在当代的大学生，他们接受当代占主导地位的道德原则规范体系的教育和熏陶，同时又不可避免、或多或少地受到旧的道德意识的影响，受到来自西方的资产阶级道德意识的渗透，以及其他未来道德观念的冲击。当面临具体选择时，他们并不可能兼顾两者，必须作出取舍。

另一种情况是同一道德体系中的不同道德原则、规范要求发生冲突，在大学生群体中也较为常见。这种冲突往往是由生活或社会交往中无法预料的不确定因素导致的，是由道德准则、道德体系的复杂性、变动性所造成的。而某一行为适用于多种价值准则，不同的道德准则有不同的要求，多种准则共同介入和影响同一行为，必然要求行为者作出取舍，这样难免就出现冲突。例如，期末考试即将来临，某学生正在争分夺秒地进行紧张的复习，就在这时，远方的同学回家途经该校，需要逗留一天。这样，如果从同学友情出发，他应该到车站去接送，并陪同学游玩，但这样肯定会耽误复习，影响成绩；如果一心复习迎考，又可能冷淡了同学，遭同学怪罪。其实，这就是不同道德准则介入和影响同一行为的表现。类似的还有工作与学习的矛盾和冲突、友谊与爱情的矛盾与冲突、个人与集体的矛盾与冲突，等等。

还有一种情况是，在同一行为主体中，道德的现有水平与道德理想之间发生冲突。人的道德理智与道德情感发生冲突，这被称为“道德主体的自我冲突”，表现为三种方式：一种是主体的实际形象与他谋略担当的角色（理想角色）之间发生冲突，他想做一种人，现实中他不是这种人，他希望做什么事、怎样做事，现实中他不可能做这件事或无法这样做。另一种是生活中情感与理智、生理与心理、非理性意识与理性意识之间的冲突，如有的学生总是希望能早起参加锻炼，现实却总是赖床；心里面总是爱着某一异性同学，理智上却总是劝解和控制自己。还有一种是理想与现实的冲突，表现为一个人所从事的与他的喜好的冲突，理想中渴望的与现实中拥有的冲突。比如有的同学自小喜欢某门学科，高考偏偏录取在别的专业；他厌烦传统的教学方式和考试方式，现实中这种方式依然没有改革。

（四）道德选择中目的与手段的统一

在道德冲突的情况下，大学生从事道德选择，常常会使主体认为道德选择就是解决道德冲突，就是偏重一个方案而轻视另一个方案。任何选择都要求有所偏重，但并不是所有的道德选择都是冲突的。为此，必须将真实的冲突与由于行为主体不能正确发挥道德功能、不善于创造性地使道德规范适应新特点而产生的虚假冲突区别开来。这里就涉及目的与手段的相互关系问题。

大学生道德选择中目的与手段的关系问题是伦理学史上争论不休的问题，有的认为“目的可以证明手段正当化”，或者认为“只要目的正当，可以不择手段”；马克思主义伦理学则认为目的与手段要统一，手段要与目的相适应。目的与手段的问题，可以具体解释为，大学生在进行道德选择时目的和手段之间是毫无关系还是不可分割？为达到目的，选择手段是否受限制？如果有限制，是取决于目的的性质还是取决于手段的性质？这是道德目的与手段相互关系的核心问题。现实中，经常碰到这样的问题，当代大学生对社会上的不正之风、弄虚作假现象深恶痛绝，然而在考场上有些学生仍然抄袭，或者考后请客送礼，理由是，“为了出好成绩，可以不择手段地竞争”，从而认为舞弊得高分也是光荣的，并不觉得这是不道德的行为。

目的与手段的关系问题历史上不少人作出了科学的回答。日本社会活动家池田大作认为，“目的的正确性，必须在实现目的的过程中由使用的手段来证实和证明”。“即使目的很宏伟，如果手段与目的相悖，目的本身就变成欺骗的口号”。英国著名历史学家汤因比说：“目的不能使手段正当化。目的和手段在伦理上必须有一贯性。”黑格尔认为：“仅仅志欲为善以及在行为中有善良意图，这毋宁应该说是恶。”马克思主义则认为，目的可以是达到其他目的的手段，同样，手段也可以成为目的，既然目的好，就应当有相应的手段与之相适应。手段的价值取决于达到目的的道德性质。如果说目的能够证明手段正确，其实是把手段客观上并不具有的特性强加在手段上。苏联伦理学家季塔连科指出：“伦理监督既不限于手段，也不限于目的。没有手段的目的是空洞的，没有目的的手段是盲目的。”

三、大学生道德选择能力的培养

（一）培养大学生道德选择能力的必要性

大学生道德选择能力的培养，不仅是一个理论问题，更是一个实践问题。它的必要性既可以与加强大学生道德修养的必要性联系起来，同时，又更加体现了选择能力培养的实践性。培养较强的道德选择能力是加强大学生道德教育和道德修养的落脚点。

首先，培养大学生道德选择能力体现了时代的要求。目前我国正在进行的社会主义现代化建设事业是一项全新的伟大事业，改革开放和市场经济的步伐日益加快。21 世纪，开创社会主义现代化建设的新局面，需要一大批德、智、体全面发展的“四有”人才。这些人才具有高尚的爱国主义热情和集体主义精神，全心全意为人民服务，愿意把自己的才华和毕生精力奉献给社会主义事业。由于未来的时代将是一个更加开放的时代，世界将变成联系紧密、交流频繁的“地球村”，在思想道德领域，西方资本主义与社会主义的交锋将更经常、更激烈。社会主义事业需要的是大批具有坚强“抗腐力”、坚定社会主义信念的人才，是在复杂形势面前仍然保持清醒头脑和能够明辨是非的人才，说到底，是具有较强道德选择能力的人才。

其次，这是大学生肩负的重大使命的要求。大学生要做精神文明建设的生力军，要做带头人，整个高等学校应该成为社会主义精神文明建设的重要阵地。校园精神文明建设要体现在大学生道德意识和道德觉悟的提高上，体现在道德观念的增强上，更要体现在道德实践能力的增强上。思想最终要落实到行动上。有较高的道德意识而缺乏较强的道德实践能力，那么高尚的道德行为将成为一句空话。道德实践能力的提高集中反映为道德行为选择能力的提高。

再次，从大学生道德选择能力培养的现状来看，其面临新形势，任务更艰巨。一方面，大学生道德意识面临着更多、更复杂的影响和渗透，尤其是西方资本主义道德意识的腐蚀，大学生进行道德行为选择也面临更多的干扰。另一方面，在新形势下如何加强大学生道德实践能力的培养，我们尚缺乏经验，对新情况、新问题的了解、分析和研究都需要一个过程，对道德实践能力培养的有效方法、途径的探索也需要一个过程。此外，大学生道德选择能力的培养任务更加艰巨。由于现在的环境由封闭、单一的环境过渡到复杂而开放的环境，学生的选择能力常常表现为不稳定、不巩固，比较脆弱，经不住考验。

（二）个性心理特征与选择能力的培养

个性心理特征，在马克思主义经典作家那里被称为人的“自我意识”。自我意识在道德选择过程中表现为主体的意志和区分善恶的能力，它是道德选择的必要条件。没有自我意识，就谈不上真正的道德选择。

马克思曾经说过，自我意识是自由的首要条件。他指出，一个人只有在他具有意志、完全自由去行动时，他才能对他的这些行为负完全责任，而抵制一切强迫人从事不道德行为的做法则是道德上的义务。康德关于自我意识的观点也值得我们借鉴。他认为，人的良心为人设立了“内部法庭”，不仅要求有经验的“自我”形象，而且要求主体有另一个人的形象。波兰哲学家沙犬也对此做过生动的阐述：当我可以选择，且这种选择是由我决定的时候，我总是自由的。我，作为个人，这样做，完全表现一种特殊性，这是对社会的制约而言的一种特殊性，没有它，我就不是一个具体的人，我就不是一个“社会关系的总和”。由此看来，道德选择是不能脱离个人自由的，只有依靠个人自由才能实现。这其实就论证了道德选择时必须照顾到行为个体的个性心理特征，照顾到个体的自我意识。

在选择中，客观环境和个人决定是作为一个整体的两个方面存在的。承认选择受客观制约，并不是说选择可以没有人的参与而由环境预先确定。道德选择是由社会主体完成的，在社会主义行为中，社会关系被个性化了。道德选择必然承认主体选择的自由。

由此联系到大学生中“令人头痛”的观念个体化问题。由改革开放前的“大一统”思想发展到现在的复杂、多样化，由过去的“一心为集体”发展到现在的“个人倾向”，这令不少思想政治工作者惶恐不安。大学生观念个体化是不争的事实，但是我们应该正确认识这一问题，正确理解当今时代学生“更有个性”的客观基础，要从社会发展和进步的历史过程与大学生的现实处境去认识这一问题。以建立社会主义市场经济体制为最终目的的改革开放导致了普遍的观念变革，新体制下人的经济和社会行为日益体现了个人意志，市场经济以个体作为驱动，这些都促使大学生不断追求个性化。来自不同社会阶层的大学生因其文化背景的不同，生活选择的自由度越来越大，这些因素共同作用使大学生更强调个人意识。在一致反对“西方资本主义以个人抹杀集体”的同时，我们更要警惕犯“以集体抹杀个人”的错误。不少学生也在这问题上陷入迷茫。在道德选择时为了对学生的个性意识加以正确引导，必须在理解社会历史发展客观事实、承认学生个性发展的基础上，教育学生正确认识自由与必然的关系，正确处理集体与个人的关系，正确认识个人行为与社会进步的关系。

（三）义务、良心在道德选择中的作用

道德选择的模式是多种多样的，不少伦理学家从道德主体选择的动因角度，将道德选择分为义务型选择、良心型选择和价值目标型选择等，其中肯定了价值目标型选择的积极意义。义务型、良心型选择有积极的一面，也有消极的一面，毋庸置疑的是，义务、良心在道德选择中都具有重要的作用。

义务是指个人对社会、对他人应尽的责任。道德义务则是指人们在一定的内心信念和道德责任感的驱使下，自觉履行的对社会和对他人的义务，它所表现的是个人对社会或对他人所负有的道德责任。在道德关系中，道德义务是不可或缺的。道德义务与政治、法律意义上的义务的不同之处在于，道德义务并不以享受某种权利为前提，它是人们在道义上应尽的责任，是在内心信念驱使下对社会、对他人的责任。尽管行为主体在履行道德义务后必然会受到社会或他人的认同，并获得道德上的满足，且享受一定的“权利”。

道德义务是以或多或少牺牲个人利益为前提的。道德义务是一种自觉履行的义务，是行为自由的表现。从它的客观要求和内容来说，是具有不依从人的主观意志为转移的客观约束力，是人们理解和认识了客观要求后自觉认识到的自己的使命、职责或任务。每一名社会成员，只要他认识和理解了社会发展的要求，具有高尚的道德情操和高度的阶级觉悟，就必然能自觉、愉快地去履行义务。这种认识觉悟水平越高，他就越不感到受约束，反而越感到自由和愉快。

道德义务可以分为对他人的义务和对社会的义务。对于在校大学生来说，对他人的义务主要是指对父母、老师、同学、朋友等应尽的道义上的责任，比如在校尊敬师长、团结同学，在家尊重父母，对朋友热诚招待、尽力帮助，在社会交往中尊老爱幼，等等。而对社会的义务则包括对党、对国家、对社会、对学校、对自己所在的集体（包括团体等组织）的义务，比如为了社会主义现代化建设的需要放弃个人利益，服从祖国需要，到最需要的地方就业，参加社会实践活动，为基层提供文化、科技服务，热爱集体，热爱劳动，爱护公共财产等。

良心在道德行为的选择中具有重要作用。人们对自己行为的选择既受外部条件的限制，也受良心的影响。在同样的客观条件下，人们选择什么样的行为主要受良心支配。一般情况下，良心不允许自己的行为违背自己所接受的道德观念，一个积极进步的人不论有没有社会舆论等外界监督都能自觉履行对社会应尽的各项义务。对于广大学生来说，在处理同学关系、家庭成员关系时，良心的这种作用表现得非常明显，因为同学关系（如寝室成员关系）、家庭成员关系不太容易受到外界干预，其中涉及的是非、荣辱问题的解决，主要取决于个人的道德修养，取决于主体的良心。

良心对道德行为选择的影响还间接表现在通过道德评价起作用。对于一名具有较强道德观念的大学生来讲，当他意识到自己损害了他人利益，给他人带来不幸时，他会感到羞愧不安，受到良心谴责。这种谴责虽然不为人所知，但强度很大，具有持久性。于是他感到悔恨，甚至决心不惜代价停止不道德行为，或者“将功赎罪”。一名大学生帮助另一名大学生，或者为社会作出贡献、给他人带来幸福时，他便能感到良心的满足，从而巩固自己的道德信念，保持自己的行为选择。

第三节　大学生的道德修养

道德教育，主要是在马克思主义道德观的指导下，进行的社会主义思想政治和伦理道德的教育。为了卓有成效地进行思想道德教育，就必须弄清道德教育的意义、作用、途径与方法，把广大青年培养成为适应社会主义现代化建设需要的有理想、有道德、有文化、有纪律的社会主义新人。

一、道德教育的意义和作用

（一）道德教育的重要意义

思想道德教育就是指我们国家教育方针中的德育。从广义来讲，也是我们平常所说的思想政治教育。思想政治教育从层面上看，是思想教育加政治教育；从严格的科学意义看，思想政治教育与思想道德教育在内容上各有侧重：前者侧重于政治思想教育，后者侧重于道德思想教育。实际上，思想政治教育与思想道德教育又是一致的、密不可分的。

道德是奠基在一定经济利益基础上的上层建筑和特殊意识。从规范意义上讲，思想道德是一定社会或阶级从社会整体利益出发而形成的概括的、调节人与人之间关系、为人们普遍遵循的行为准则。这种规范、准则，不仅调节社会生活中个人与个人、个人与集体、集体与集体之间的利益关系，同时也调节着婚姻家庭生活、职业生活、社会公共生活中人与人之间的利益关系。借助道德手段调节人与人之间的利益关系，是与人类社会同时产生、共同发展，并将永恒存在的。在阶级社会中，居于统治地位的道德是统治阶级的道德。历来统治阶级和为统治阶级服务的政治家与思想家，都把道德作为维护本阶级统治地位和阶级利益的手段和工具。在我国几千年的封建社会中，虽然王朝不断更迭，但在利用封建道德维护自身统治与奴役人们上，从来都是一致的。他们从处理封建的君臣、父子、夫妇、兄弟、朋友之间的关系出发，制定了以“三纲五常”为核心的一整套封建伦理纲常，用“三纲五常”来教化人民，熏陶青少年，使全社会的人都按封建纲常办事，任凭他们剥削和统治。在资本主义社会，由于私有财产是神圣不可侵犯的，人与人之间的关系完全被物的关系所掩盖。尽管资产阶级也利用一切宣传工具等来宣扬自由、平等、博爱等，但它的虚伪性、欺骗性以及道德的资产阶级本性是难以掩盖的。社会主义道德坚决摒弃奴役人民、欺骗人民的一切旧道德。教育人民特别是青年要正确认识和处理个人与个人，个人与集体、国家，集体与集体之间的利益关系。提倡国家、集体、个人三者利益的兼顾，主张人与人之间要互助合作、互相尊重、互相爱护，坚决反对损公肥私、损人利己的资产阶级利己主义的思想和言行。

进行道德教育除了利用社会这个大场所外，更重要的是要依赖学校。学校教育除了文化教育，还有思想品德教育。历代统治阶级特别重视学校培养出的学生具有什么样的道德品质。在封建社会，总是把伦理道德教育放在教育的首位。孔子主张：“弟子入则孝，出则悌，谨而信、泛爱众，而亲仁,行有余力,则以学文。"(《论语·学而》)孔子认为,学文是弟子行有余力的事情,学校主要是对学生进行封建道德的培养与训练。朱熹在他的《小学》序言中说:"古之小子,教人以洒扫应对进退之节,爱亲敬长隆师亲友之道,皆所以为修身齐家治国平天下之本;而必须使其讲而习之于幼稚之时,欲其习与智长,化与心存,而无扞格不胜之患也。"社会主义学校的教育任务,是为社会主义革命和社会主义建设培养人才。这种人才,既要有文化科学知识,也要有社会主义觉悟。列宁曾深刻指出:"只有用人类创造的全部知识财富来丰富自己的头脑,才能成为共产主义者。"[①]又说:"应该使培养、教育和训练现代青年的全部事业,成为培养青年的共产主义道德的事业。"[②]毛泽东在社会主义建设时期深刻指出:"不论是知识分子,还是青年学生,除学习专业知识之外,在思想上要有所进步,政治上要有所进步,这就需要学习马克思主义,学习时事政治。""没有正确的政治观点,就等于没有灵魂"。[③] 无产阶级革命领袖的这些论述,十分清楚地告诉人们:社会主义要求学校教育,既要对青少年进行科学文化知识的教育,又要向青少年进行社会主义品德教育,使青少年既有文化科学知识,又懂政治,具有无产阶级高尚品德。就这一意义来讲,对青少年进行道德教育,是培养无产阶级革命事业接班人的要求,也是学校教育不容忽视的一项重要任务。

从青少年身心发展的特点看,也要求我们加强大学生的思想道德教育。由于大学生正处于身心急剧变化的时期,在他们身上突出地存在着主观与客观以及主观与身心发展不平衡等多种矛盾。他们主观认为自己已长大成人,要求成年人尊重他们,要求社会给予他们应有的独立地位,但成年人又往往把他们视为小孩子,对他们的要求不够重视,或忽视了他们的要求,造成青少年与社会、与成年人之间矛盾的激化。现实生活中就有不少大学生认为,社会不了解他们,成年人不了解他们。他们中有人说:"我好像发现,在我们这个社会里,我们像是被社会遗弃了的人,人们给我们的只是白眼和考验。"还有的学生说:"一个人在困难压头,再加上有人看不起的时候,如果有一个知己的领导或老师找你谈谈,就是不解决问题,心里也是高兴的。"应该说,学生的这些要求是合理的,我们应给予理解,尽量满足他们;否则,就会引起或加剧青年人与成年人、与社会之间的矛盾。青年在这一阶段,不仅存在主观认为自己已长大成人、愿意独立自主地处理问题与事实上的经验不足、辨别是非的水平不高、独立解决问

① 《列宁选集》,第4卷,北京:人民出版社,1972年,第348页。

② 《列宁选集》,第4卷,北京:人民出版社,1972年,第352页。

③ 《毛泽东选集》,第5卷,北京:人民出版社,1991年,第385页。

题的能力差的矛盾，而且他们的世界观、思想品德尚处于形成时期，可塑性很大。他们向往有意义和有价值的生活，愿意为社会多作贡献。然而这些美好向往，不是自发产生的，而是受社会主义制度影响和社会主义道德教育的结果。

从当前的现实看，加强大学生的道德教育有重要的现实意义。

首先，加强对大学生的思想道德教育，能促进社会主义“两个文明”建设的健康发展。我国正处于社会主义现代化建设时期，全国各族人民面临的共同使命就是要把我国建设成为民主、富强、文明的现代化国家。这个现代化，既包括物质文明的现代化，也包括精神文明的现代化。社会主义精神文明建设，既包括社会主义科学文化的发展，也包括人的精神面貌、道德品质的培养。建设经济发达、具有社会主义精神文明的国家本身就包含对思想品德的要求。如果一方面是物质财富空前丰富，另一方面则是精神生活极度空虚与道德风尚极端败坏，这种建设绝不是社会主义建设。应该说，在我国，随着社会主义制度的建立，人们的物质生活与精神生活得到了不断提高，已为社会主义道德建设的发展提供了充分条件。只要我们充分把握社会主义制度的优越性，重视社会主义思想道德教育，就能将我国建设成为“两个文明”高度发展的社会主义国家。在整个社会主义建设中，物质文明和精神文明是相互促进、相互作用的。我们一方面要看到，物质文明决定精神文明的发展，精神文明对物质文明的发展起着能动的、积极的作用；另一方面更应看到，人是要有一点精神的，人的精神状态和道德面貌，既制约着精神文明的发展，又规定着物质文明发展的方向。如果广大青年有了集体主义精神，有了高度的组织性和纪律性，有了不怕困难的创业精神，有了艰苦朴素、吃苦耐劳、爱护公物的优良品德，那么社会主义的思想道德就令人信服地成为推动“两个文明”发展的精神动力。

其次，加强社会主义思想道德教育也有助于培养适应社会主义市场经济发展与社会主义建设要求的新型人才。改革开放是我国社会主义建设时期的既定方针。要贯彻这一方针，不但要与资产阶级打交道，引进资本主义国家的先进技术和先进管理经验，学习他们的长处，同时又要警惕资产阶级的生活方式和腐朽文化对青少年的侵蚀。毛泽东在《论十大关系》中指出：“我们的方针是，一切民族、一切国家的长处都要学，政治、经济、科学、技术、文学、艺术的一切真正好的东西都要学。”又说：“外国资产阶级的一切腐败制度和思想作风，我们要坚决抵制和批判。但是，这并不妨碍我们去学习资产阶级国家的先进的科学技术和企业管理方法中合乎科学的方法。工业发达国家的企业，用人少，效率高，会做生意，这些都应该有原则地好好学过来，以利于改进我们的工作。”毛泽东的这段论述，为我们指明了在贯彻改革开放方针时，应向资本主义学习什么、不学习什么；也告诉我们在向外国学习的同时，必须教育青年全面认识资本主义社会，使青年懂得什么是社会主义？什么是资本主义？资本主义制度与社会主义制度有什么本质区别？社会主义的优越性表现在哪里？以防止青年盲目崇拜外国、崇拜资本主义制度。我国当今的改革，在经济上要建立市场经济体制，在政治上要推进民主政治建设。市场经济的发展，要求培养与市场经济发展相适应的人才。通过各种渠道强化青少年的思想道德教育，就能培养他们具有优良品德，也能促使青年在改革开放和社会主义建设实践中努力把自己锻炼成为适应市场经济发展需要的建设人才。

最后，加强社会主义思想道德教育还有助于清除剥削阶级道德的流毒和影响，转变社会风气，努力形成良好的社会道德风尚。新中国成立60多年来，剥削阶级虽已消灭，但剥削阶级的思想影响和道德流毒还严重存在，无时无刻不在毒害广大青少年。事实证明，掌握了国家政权的工人阶级和广大劳动群众，在推进经济体制改革、建设社会主义市场经济的同时，必须加强青少年的思想道德教育，在思想道德领域清除剥削阶级道德的流毒和影响。在青少年中形成一种朝气蓬勃、文明礼貌的社会风气，不仅对于提高全民族的思想道德水平、培养社会主义"四有"新人具有重要意义，而且对于发展生产力、促进经济发展、推动社会主义市场经济体制的建立，都有着重要意义。加强青少年思想道德教育以转变社会风气、形成良好的社会风尚，首先要提高经济水平、发展社会生产力，同时必须加强和完善党的领导，倡导廉政勤政，严惩腐败。这是保证对青少年进行思想道德教育取得良好效果、转变社会风气、形成良好社会道德风尚的关键。只有提高了广大青年的思想道德水平，他们才能在转变社会风气、形成良好社会道德风尚方面发挥重要作用。

（二）道德教育的作用

在现实运用中道德教育所起的作用很大，归纳起来主要集中在以下几方面：

1. 灌输作用

"灌输"的词义大体是灌注、输送、输入。道德教育所说的灌输，是指教育者利用各种恰当的手段和方式，向受教育者传播和输送先进思想和科学理论，也包括引导受教育者通过种种渠道和方式学习、接受先进思想。

对大学生来说，灌输的主要内容是：爱国主义、集体主义、社会主义道德思想教育，劳动思想教育，无产阶级恋爱观教育。同时，还包括职业道德教育、人生观教育和理想信念教育。

灌输的形式和方法灵活多样，不拘一格。有的人把"灌输"和"灌输式”混为一谈。灌输是针对“自发论”提出来的一种思想教育。“灌输式”是一种方法，是指在思想道德教育中所采取的填鸭式、命令式、教条式和硬灌的方法。这种方法不可取。我们应提倡“启发式”，要采取丰富多彩、生动活泼的方式来进行灌输，并随着时代的发展和对象的不同而不断创新。要求教育者提高素质，在灌输时讲究灌输艺术，以提高灌输效果。

2.矫正作用

矫正是指纠正受教育者已存在的某些不正确的思想和不符合规范的行为，或修正受教育者已存在的某些不良品质。

矫正作用和灌输作用是相辅相成的。尽管做了充分的灌输工作，但矫正的任务仍然相当繁重。这种情况是正常的。矫正作用有：第一，人生活在现实的社会环境中，总会受到多种错误思想和不良行为的影响，产生不正确的思想认识，甚至染上不良风气，作出不道德的行为。在这种情况下，思想道德教育的任务，就是纠正受教育者不正确的思想和行为，矫正他们的不良品质，把他们的行为引导到正确的伦理规范轨道上来。第二，人的思想是存在矛盾的。在人的思想中不仅存在不知与已知的矛盾、情感与理智的矛盾、功利与道义的矛盾等，而且充满多种矛盾，旧的矛盾解决了，新的矛盾又会产生，只有这样才能取得思想境界的升华。道德教育就是要抓住矛盾，促进转化，克服消极因素，发扬积极因素，使思想道德达到新境界。

3.调节作用

调节就是道德教育的协调、节制功能。对大学生的道德教育而言，主要表现在调节大学生自身的心理状态、调节人与人之间的关系和调节环境氛围等方面。

调节大学生自身的心理状态。随着社会的不断发展，大学生所面临的新问题越来越多，心理压力也越来越大，进行适当调节就显得尤为重要。首先，道德教育可以调节大学生的品质和性格。在现实生活中，大学生的气质和性格不一定适合于自己学习和生活条件。在这种情况下，如果不改变自己的学习和生活条件，就只有一条路——调整自己的性格，并通过调整性格、影响气质，使气质、性格与学习、生活条件相适应。对于性格不良者就更应如此。其次，调节遇到挫折时的心理。在学习生活中，遭受挫折和失败的情况时有发生，这是产生各种心理疾病的根源。在这种情况下，就需要道德教育来进行调节，通过教育，纠正不良心理，有效地防止心理障碍和心理疾病的发生，保证大学生的心理健康。当前各高校已非常重视这一方面的教育。

调节人与人之间的关系。大学生生活在群体之中，由于每个人的思想观念不同，性格、兴趣、爱好等各有差异，再加上每个人对整体情况了解的局限，必然导致群体之间、个人与群体之间、个人与个人之间存在着分歧和矛盾。这些分歧和矛盾如不及时解决，就会造成隔阂，使人心情不舒畅，影响健康、团结和学习。因此，必须通过道德教育进行及时、有组织的协调。协调人际关系，用行政命令方法不行，用强制压服的方法也不行，只能用伦理思想进行民主说服、协商。

调节环境氛围。人生活于环境之中，受环境的影响极大。环境不仅影响人的情绪，而且影响人的思想和品行。良好的环境不仅能使人心情舒畅，而且能激发人奋发向上，陶冶人的情操。相反，恶劣的环境使人暴戾、烦闷，意志消沉。因此，道德教育的一项重要工作就是净化、美化和优化学校的育人环境，充分发挥环境育人的作用。

4.激励作用

道德教育的激励作用就是运用各种有益的方法，激发大学生，鼓励他们在学习、工作中表现出积极性、能动性和创造性。这也是培养高尚品德和完成学习任务的首要条件。

激励最基本的作用是激发人们形成积极动机。激发人们形成积极动机主要是要做好以下两项工作：一是引导人们形成正确的价值观。这包括提高人们的思想觉悟和道德水平，形成正确的人生观、道德观等。二是诱导和提升人们的需要层次。人的动机是与他的需要水平相关联的。人的需要层次低，他的动机指向也必然低；人的需要层次高，他的动机指向也必然高。要想使人具有持久的、积极的动机，除了满足人的正当需要外，还应特别注意提高人们需要的层次，使他的需要从生存的需要、安全的需要向归属、荣誉、创造和发展的需要提升。只有引导大学生形成正确的价值观并将他们的需要层次提高到相应的水平，才可能形成持久的、积极的动机，表现出积极性、能动性和创造性。

二、道德教育的途径和方法

道德教育的根本目的，是为适应社会发展的需要，按照社会新道德的要求，培养和造就一代社会主义新人，培养青年的社会主义道德品质，提高全民族的思想道德水平，形成良好的社会道德风尚。为了实现这一目的，就必须了解和掌握道德教育的途径和方法。

（一）道德教育的途径

道德教育的途径尽管多种多样，但主要的、最基本的有如下几种：

1.教学活动

这里所指的教学活动主要包括思想政治理论课和文化教学课。

实践已经证明，思想政治理论课是向大学生进行马克思主义基本理论教育和共产主义人生观、道德观及党的路线、方针、政策、社会主义民主与法制教育的重要途径。通过这条途径灌输的思想观点，为其他途径的教育活动提供了理论基础和思想基础。其他途径的教育活动，又使通过这条途径进行教育的内容得到扩充和深化，使学生的思想认识更具体、更丰富、更深刻。

思想政治教育直接为大学生的道德教育服务。它的基本任务是，从学生的思想实际出发，向学生进行共产主义人生观和道德观教育，从理论和实际相结合上促进学生的健康成长。并且它是一门应用性很强的综合学科。它综合运用马克思主义基本理论及教育学、伦理学、心理学、法学、美学等学科的基础知识和新的研究成果，向学生进行有针对性的教育。

高校的文化教育活动，也是进行道德教育的重要途径。它是由学校德育的一般规律决定的。学校工作以教学为中心，师生的基本活动是教学活动，学生的大部分时间是在学校度过的。各科教学都担负着传授文化科学知识、发展智能和提高学生思想觉悟、培养良好品质的任务。有些课可以对学生进行爱国主义、社会主义和民族自豪感教育，有些课可以使学生获得纪律性、勇敢、毅力等品质和扬善抑恶的思想感情等。所有文化都可以对学生的思想、人格等产生潜移默化的影响。这也是这一途径的基本特点。这种教育的主力军是教师，教师具有传授知识、培养学生能力和进行思想道德教育的职能。总体上看，教师和学生接触的时间多。从专业特点看，教师是学生的同行。从年龄上看，教师是学生的前辈。从教育规律上看，教师处于主导地位，在教和学这对矛盾中起主导作用。长期的学校教育也使学生形成这样一个信念：自己的知识主要是教师传授的，教师对自己成长具有重要影响。学生感到教师可亲可信，同教师接触时，没有思想负担，敢于敞开胸怀。这些得天独厚的条件，是专职德育工作者难以比拟的。因此，在道德教育中要积极研究新问题，总结新经验，在更高的层次上，更广泛地发挥其作用。

2. 校园文化活动

“校园文化”有广义和狭义之分，这里所指的主要是狭义的“校园文化”，是指大学生在学校开展的文化生活形式的总和，即以大学生为主体，以教师为主导，以课外文化活动为主要内容，以校园为主要空间的一种群体文化，这实际上是相对于课堂文化而言的，它能反映出一所学校的特征。

高校的校园文化有三个特点：一是内容丰富、形式多样、层次较高。大学生具有青年人与知识分子的双重特性，体力和精力充沛，思维敏捷，文化知识较丰富，精神境界较高。与其相适应的是校园文化内容丰富多彩，学术性较强。其中有的是学习、研究马克思主义，有的是文艺、体育及其他业余爱好者的团体，诸如文学、影视欣赏、戏剧、歌舞、武术、气功、登山、集邮等;活动的形式也多样,如读书、演讲、讲座、研讨、表演、比赛、展出各种作品,以及举办艺术节、体音节等。二是规模大,参与人数多。高校绝大多数学生住校,校园文化生活有深厚的群众基础,特别是规模大的学校,这一特点更为突出。无论组织什么形式的文化(艺术)活动,都有许多学生参加,即使是单项的文化活动,也吸引了大量的爱好者。三是具有很强的主动性。大学生的文化层次较高,他们参加校园文化活动,不仅仅出于兴趣,也是为了得到教育和锻炼,有很强的参与意识和自主性,他们不满足欣赏者的角色,要求自我娱乐、自编自演、自学自教,成为校园文化的主人。随着校园文化领域改革的开展,大学生的文化视野越来越宽,求知求乐欲越来越强,渴求在课堂之外能有丰富多彩的文化生活。

这些特点决定了校园文化是学生德、智、体全面发展必不可少的条件。校园文化对学生的全面发展具有重要意义,其根本原因是它具有帮助学生健康成长的多方面功能。

认识功能。校园文化是社会文化的一部分,校园文化渗透着社会文化和民族优秀文化。在校园里有目的地开展一些健康向上的文化活动,可以帮助学生认识人生、认识社会,了解中国国情,学习继承中华民族的优秀文化传统和崇高美德。开展校园文化活动有利于丰富学生的阅历,提升学生素质,使学生形成科学的人生观和世界观。

育人功能。活跃健康、丰富多彩的校园文化,是课堂教学和社会实践的交融点,能够巩固、加深和发展课堂教学,扩大学生的知识面,增强学生的独立思考能力,发挥他们的各种潜能。开展校园文化活动,既可以使学生的写作能力、语言表达能力、组织能力、创造能力和社交能力得到提高,又可以使学生得到自我表现、自我教育、自我管理、自我提高的机会,并加速其社会化的进程。

导向功能。校园文化的内容、形式及校园文化所形成的文化氛围和文化环境,对学生的影响是深远的,对学生起到直接的或潜移默化的作用。良好的文化氛围能使学生不知不觉地接受教育,左右他们的思想行为和生活方式,具有滴水穿石的力量。报刊、广播、闭路电视、橱窗等传播媒介,构成校园文化的小环境,给学生以制约和影响。学生之间的交往及师生之间的交往,都是校园文化的一个方面,直接影响着学生的思想情绪。

娱乐功能。大学生正处在长知识、长身体的关键时期,肩负着繁重的学习任务。开展健康的校园文化活动,不仅能调节学生的精神生活,还能发挥"以乐醒人"、"以美育人"的作用,有利于学生身心健康发展。寓道德教育于校园文化娱乐之中,使学生愉快地受到教育,能够达到"防邪于未然"、"起教于微妙"之目的。

3.青年群众性组织活动

对于高校而言,青年群众性组织主要是指共青团、学生会、班集体等。共青团是先进青年的群众性组织。学生会是高校学生自己的组织。大学生几乎都是团员,高校的共青团组织和学生会具有同样的广泛性。

共青团的基本任务是在党的领导下,以共产主义精神教育团员和大学生,协助学校全面贯彻党的教育方针,带领全校学生以“三好”为目标,以教学为中心开展活动,培养德智体全面发展的社会主义事业的接班人。学生会是学校党政组织联系学生的纽带,是带领学生进行自我教育、自我管理的重要力量。共青团和学生会都是校园文化建设及社会实践的积极组织者。班集体是在学生中落实德育管理和行政管理的基本单位,对加强学生思想道德教育和行政管理工作,具有重要作用。

共青团、学生会、班集体活动的共同点,是都立足于调动学生自我教育和自我管理的积极性,提高学生自我教育和自我管理的能力,但又各有侧重。共青团主要是通过日常的思想教育工作、团课和团的组织生活,以及开展各种适合青年特点的活动,向团员和学生进行思想道德教育。学生会主要是寓思想道德教育于管理活动、社会实践及校园文化活动中,通过这些活动,提高学生的思想道德水平和自立、自律的素质。班集体则是学生进行自我教育和自我管理的基础单位。

学生既是受教育者,又是教育者,他们自我教育的主观能动性能得到充分发挥。教育活动有广泛的群众性。班集体的学生都生活、学习在一起,年龄较近,彼此了解,有共同语言,容易进行思想交流,从而取得良好的教育效果。

(二)道德教育的方法

思想道德教育方法是完成思想道德教育任务、实现思想道德教育目的的手段。对大学生进行道德教育,有多种多样的方法。但我们认为,区别于一般教育方法,大学生思想道德教育的方法主要有:

1.榜样引导和舆论扬抑的方法

榜样身上总集中体现了一定时代或阶级的道德水准和要求。在我国漫长的封建社会中,统治者为了进行道德教化,不断树立各种各样的榜样,这些榜样对封建道德教化起过重要作用。无产阶级所需要的榜样和树立榜样的目的虽与剥削阶级有根本不同,但运用榜样的力量来进行思想道德教育则是相同的。榜样是一面镜子,它可以看到人们心灵的疵陋,从而及时得到纠正。在社会主义建设时期,榜样仍然具有强烈的感染力。原因是:社会主义社会的青年在本质上是仰慕、向往和追求高尚情操的。思想道德教育要依据青年的这种心理情绪,运用榜样去启发、激励、引导青年践行道德义务。对于榜样的选择要不拘一格,他们可以是领袖、英雄模范、历史伟人、文艺典型，也可以是各种好人好事、家长、教师。然而，无论哪种榜样必须事迹真实、形象感人。宣传时，既要对其高尚的道德行为进行宣传，更要注意对其磨炼和成长历程的宣传；既看其果，又看其因。离开后者，容易造成将人物拔高和神化。只要榜样选择得当，对个人、对社会的道德行为和状况就能起到扬抑作用，取得良好效果。对个人来说，榜样可以影响人的一生；对社会来说，榜样可以影响社会各个领域，使之蔚然成为社会风气。

2. 个人示范和集体影响的方法

在思想道德教育过程中，教育者的表率作用和受教育者在集体中的作用，是两个不可缺少的方面。教育者是塑造灵魂的工程师和设计者，而受教育者则是教育者道德面貌的对象化和再现。教育者必先受教育，必先成为表率和楷模。身教重于言教。同时，教育者也要充分尊重受教育者，尽可能地发挥受教育者在集体中的作用。集体是个大课堂，人人是教育者，人人又是受教育者。人是社会的人，个人总要受集体的制约和影响。所谓“近朱者赤，近墨者黑”，“染于苍则苍，染于黄则黄”，这说明具体环境对个人品德形成的巨大影响。

3. 传授道德知识和总结个人道德实践经验的方法

无论是前人的道德知识还是个人的直接道德经验，都对青少年品德的形成有着重大影响。已经被概括为理论形态的前人的直接经验，能够启迪心扉、发人深省，对人们怎样看待生活、了解人生意义固然有着指路的作用，但是这种知识传授不是孤立地、静止地进行，必须同个人的道德实践经验相结合。要真正理解某种道德准则、某种道德要求，将“前贤”的经验化为己有，也须同受教育者本人的实践经验相结合才能做到，才能起到移情易性的作用。教育者一个很重要的任务，就是要对受教育者的道德实践经验进行总结，并把它上升为理论，变为活教材，对青少年进行活生生的思想道德教育。

总而言之，对青年进行思想道德教育必须选择正确的方法。然而，道德教育的方法，既要根据青年思想道德教育的任务、内容与教育对象的实际情况来确定，也要根据人们尤其是青少年品德的形成、发展的规律以及社会主义思想道德教育长期实践经验概括出来的思想道德教育原则来确定。只要灵活运用这些方法，一定能收到良好的道德教育效果。

第四节　大学生的道德教育

大学生的道德修养是大学生根据社会生活和社会道德的要求，对其道德素质进行的自我改造和自我完善。大学生的道德修养不仅具有个人意义，而且具有重要的社会意义。对大学生进行道德教育，不仅是一定社会道德准则转化为大学生道德品质的重要手段和途径，而且是一定道德体系人格化和大学生道德风尚得到改观的重要标志。大学生个人道德修养的增强和道德境界的提高，也意味着大学生整体道德素质的提高和大学生整个道德水平的进步。

一、道德修养是大学生重要的道德品质

（一）道德修养的含义

“修”是指整治、提高；“养”是指培育、长养。所谓“修犹切磋琢磨，养犹涵养熏陶”就是这个意思。什么是道德修养呢？道德修养主要是指思想意识、道德品质方面的“自我教育”和“自我改造”。大学生的道德修养，是指大学生按照一定道德原则和规范的要求，通过道德意识和品质方面的自我磨炼和自我改造，而形成的情操和水平，其中包括大学生依照社会道德要求所进行的自我批评和自我解剖，也包括大学生在社会实践中所形成的情操以及应达到的境界。

同道德教育一样，加强大学生的道德修养是为了培养大学生的共产主义道德品质，也是一个大学生在社会实践中提高道德认识，增强道德情感，锻炼道德意志，树立道德信念，培养道德习惯的过程。只不过道德教育是社会有计划、有组织地对大学生施加系统的教育影响，而道德修养则是大学生进行的“自我教育”和“自我改造”。

（二）大学生道德修养的理论依据

重视道德品质修养，是中华民族的优良传统。我国被称为“礼仪之邦”，一向以重视道德修养而闻名于世界。孔子曾说，他最忧虑的事就是“道之不修，学之不讲，闻义不徙，不善不能改”。孟子认为要想承担天下之“大任”，就要经过“苦其心志，劳其筋骨，饿其体肤”的修炼。尽管他所讲的修养，受到历史条件的限制，有其局限性，但他在一定程度上认识到道德修养对人们品德形成的重要意义。毛泽东同志要求党的干部要不断提高马克思列宁主义的修养。刘少奇同志写的《论共产党员的修养》一书中指出：“我们应该把自己看作是需要而且可以改造的，不要把自己看作

是不变的、完善的、神圣的、不需要改造的、不可能改造的。我们提出在社会斗争中改造自己的任务，这不是侮辱自己，而是社会发展的客观规律的要求。如果不这样做，我们就不能进步，就不能实现改造社会的任务。”刘少奇同志的这段话，充分说明了道德修养的重要意义。

加强道德修养，对大学生来说是十分重要的。学生时期正值人生观和道德品质形成时期，有意识地培养良好品德，加强自身修养，对今后一生的发展将起重大作用。特别是大学生肩负着发展中国特色社会主义的历史重任，他们的道德品质如何，是关系改革开放和社会主义现代化建设成败，关系到国家前途与命运的问题。

讲道德就必须讲道德修养。首先，大学生道德作用的发挥，是和其道德修养紧密相连的。道德具有自觉性的特点，任何道德的作用总是要通过个人的行动来实现的。道德原则和规范只有变作自己的道德品质，才能为人们自觉遵守，也才能形成强大的社会舆论，对不遵守这种道德原则和规范的人实行有效的社会监督。但大学生要把某种道德原则和规范变成自己的道德品质，就必须对它有一个认识和体验的过程，即道德修养的过程。离开了道德修养，道德就不能有效地发挥作用。其次，大学生的道德水平很大程度上取决于他们的道德修养。判定大学生道德水平的高低，不能仅仅看他表面上是否遵守了某种道德原则和规范，更重要的要看他是否能把这种道德原则和规范变成自己的道德品质，自觉地行动。在道德评价中，大学生依据道德品质自觉遵守某种道德原则和规范，和在社会舆论压力下被迫遵守这种道德原则和规范，两者是不同的。只有前者才被看作是真正有道德的。在社会实践中，只有发挥主观能动性，自觉按照一定的道德原则和规范要求来进行“自我教育”和“自我改造”，才能使其转化为大学生的内心信念，变成他们的行为品质。一个道德高尚的大学生，必定是一个自觉加强道德修养的学生，他之所以成为道德高尚的人，正是他努力进行道德修养的结果。所以在日常生活中，说某个大学生道德修养如何，往往成为对这个人道德水平的评价。

同样是在改革开放的今天，在大体一样的校园环境受同样的教育，为什么有的大学生进步快，有的大学生进步慢呢？其中一个很重要的原因，就是大学生的主观努力和道德修养不同。只有在社会实践中加紧道德修养，才能使自己变成品质优良、政治立场坚定的社会主义事业的建设者和接班人。在社会主义建设中涌现出来的无数英雄人物，如乔安山、李素丽、徐洪刚、徐虎等，他们崇高的思想境界和感人的先进事迹，也都是他们长期加强自我修养的结果。能重视道德修养，是大学生不断提高自己的道德品质、不断前进的关键。

（三）大学生道德修养的目标

当代大学生是跨世纪的一代，肩负着社会主义现代化建设的重任。

《中共中央关于进一步加强和改进学校德育工作的若干意见》指出:“现在和今后一二十年学校培养出来的学生,他们的思想道德和科学文化素质如何,直接关系到21世纪中国的面貌,关系到我国社会主义现代化战略目标能否实现,关系到能否坚持党的基本路线一百年不动摇。”大学生不仅要有较高的科学文化知识和才能,还必须具备良好的思想道德修养。

——热爱祖国、热爱人民。要把祖国和人民的利益放在第一位,把自己的命运紧密地同国家的前途和民族的命运联系在一起,有强烈的民族自尊心、民族自信心和民族自豪感,树立为祖国、为人民而学习的理想,掌握为祖国、为人民服务的本领。在实践中,把自己的智慧和才能无私地奉献给祖国和人民。

——热爱科学、勤奋学习。科学技术是第一生产力,社会主义的物质文明和精神文明离不开科学的发展,社会主义现代化建设的关键是科学技术。掌握先进的科学文化知识,不仅直接有利于提高生产力,而且在一定条件下有助于科学世界观的形成,能提高人们的思想觉悟,促进社会主义精神文明建设。热爱科学,既要有从事科技创新的热情,又要有攻克科学难关的意志,同时还要有坚信科学真理的信念,有同谬误、迷信、愚昧作斗争,维护科学的尊严,并用科学造福于人类的高度责任感。热爱科学,必须有持之以恒、刻苦钻研的治学精神,离开了勤奋学习的精神,就不可能掌握丰富的科学知识,为人民做贡献也就成了一句空话。

——遵纪守法、文明礼貌。这是人人都应遵守的行为规范,也是大学生应该具备的最基本的品德。法律面前人人平等,违法和违纪之间没有不可逾越的鸿沟。当代大学生要做遵纪守法的模范,必须认真学习法律知识,做到知法、守法,明确遵纪守法的意义,提高遵纪守法的自觉性。要明确自由与纪律、民主与法制的辩证统一关系,自觉维护社会主义民主,同一切违法乱纪的行为作斗争,做社会秩序的自觉维护者。文明礼貌是中华民族的传统美德,也是社会主义精神文明建设对人们的道德要求,是社会主义精神文明的重要内容,是社会主义精神面貌和道德风尚的体现,是一个人道德品质修养和文化素质的反映。它对调整人与人之间的关系,维护社会秩序,促进社会主义现代化建设具有重要意义。当代大学生必须自觉地培养文明礼貌的行为习惯,成为讲究文明礼貌的表率。

——热爱劳动、艰苦奋斗。热爱劳动是社会主义道德的基本规范,也是当代大学生必须具备的品德。要树立劳动光荣的思想,坚持脑力劳动与体力劳动相结合,积极参加各种社会公益劳动和自我服务性劳动,在自觉参加劳动实践中,培养自己热爱劳动的品德。要尊重劳动人民,走与工农相结合的道路,肃清鄙视劳动人民的思想意识和轻视劳动的错误观念。要尊重他人劳动,珍惜他人的劳动成果。爱护公共财物,关心、保护公共财产，是热爱劳动、珍惜劳动成果的体现。要大力提倡勤俭节约，反对铺张浪费。艰苦奋斗是中华民族的传统美德，是人们对工作和事业的一种态度和行为作风，它表现为不畏艰辛、不怕牺牲、顽强奋斗、坚忍不拔的毅力和精神。在科学与技术突飞猛进、日新月异的今天，对大学生的学习提出了更高的要求，要想学有专长，必下苦功。

——待人诚恳、言行一致。忠诚老实、言行一致是最基本的道德品质，也是大学生应具备的品德。对于当代大学生来说，忠诚老实、言行一致的品德具体表现为：在政治上，对党、对人民、对祖国竭尽忠心，并无私地为之奋斗；在学习上，刻苦认真，一丝不苟，遵守学习纪律，努力完成各项学习任务，树立科学严谨的学风；在事业上，忠于职守，热爱专业，尽心竭力，一心一意；在人际关系上，对朋友真诚相待，对父母、师长尊敬爱戴；在作风上，光明磊落，表里如一，言行一致，不口是心非，不弄虚作假，文过饰非。集中到一点，就是要求做到实事求是、说老实话、办老实事、做老实人。

——谦虚谨慎、戒骄戒躁。“满招损，谦受益”，这句闪烁着智慧火花的格言，一直流传了几千年。“虚心使人进步，骄傲使人落后”也体现了这个道理。大学生要做到谦虚谨慎，戒骄戒躁，首先自己要有自知之明，要懂得一个人如果脱离了群众，离开了集体，本领再大也将一事无成，必须做到有了成绩不自满，有了功劳不骄傲，有了名誉不固步自封。要有向他人学习，取长补短的态度。俗语说：“金无足赤，人无完人。”我们应该严于律己，宽以待人，善于发现别人的长处。取人之长，补己之短，互相学习，互相帮助，共同进步。

——开拓进取，勇于创新。创新是一个民族的灵魂，是民族进步的不竭动力。发展中国特色社会主义，是前无古人的崭新事业，没有现成的经验照搬照抄，只有将马克思主义同中国革命建设的实践相结合，解放思想，勇于探索，善于创新，开拓进取，才能成功。因此，当代大学生要把开拓进取、勇于创新作为品德修养的重要内容。要转变安于现状，不思进取，害怕改革，墨守成规的精神状态，站在改革潮流的最前列，关心改革，支持改革，立志改革，振奋精神，不断进取。要有强烈的参与意识和实干精神，积极投身到社会实践中，为中华民族的伟大复兴作出自己应有的贡献。

——坚持真理、勇于献身。真理是客观事物及其规律性在人们头脑中的正确反映。人们用真理指导实践活动，可以导致工作的成功。坚持真理就必须修正错误，只有这样社会才会进步，历史才能前进。在改革开放和社会主义现代化建设的新时期，市场经济体制不断完善，经济和科学技术飞速发展，知识经济势不可挡，这些变化将冲击我国社会生活的各个方面。一切束缚社会主义生产力发展的旧框框都将被打破，有许多新课题，我们还没有认识或还没有充分认识，需要我们去研究、探索，作出科学的回答。时代要求当代大学生为坚持真理而奋斗。

二、加强大学生道德修养的途径和方法

（一）加强大学生道德修养的一般途径

大学生道德修养的重要特征之一是，它必须解决两对矛盾：一对矛盾是社会道德体系及其道德要求与大学生个人的道德选择能力、道德践行能力之间的矛盾。在长期的生活中，每个人的脾气、性情各异，大学生如果不提高修养，一任己性，就不能形成良好品德。解决这一矛盾，就要加深和提高大学生对社会道德体系及其要求的认识，在社会实践中不断提高自身的道德选择能力和践行能力。要不断地克服自己的弱点，提高自己的素质。另一对矛盾是大学生自我受消极道德因素影响而形成的道德品质与先进社会道德所要求的道德品质之间的矛盾。其往往是善和恶、正和邪之间的对立，其极端形式表现为两种对立的道德意识之间的斗争。当代大学生既受到旧体制形成的心理、习惯的影响，又面临改革开放形势下西方资本主义世界道德观念和不合理成分的侵蚀。解决这一矛盾的方法，就是需要认真地解剖和反省自己，不断地完善自我和超越自我。

加强大学生的道德修养，其实质就是要真正解决好两对矛盾，实践是解决这两对矛盾的途径，它在大学生道德修养过程中起着十分重要的作用。首先，道德实践是达到道德修养境界的唯一途径。要做到这一点，唯有通过道德实践，在实践中提高认识能力，磨炼意志，培养丰富的情感。其次，道德实践也是检验大学生道德修养的标准。它检验大学生主体的道德修养是否符合社会主义道德准则，检验大学生主体是否知行合一。口头上能背诵娓娓动听的道德箴言，并能确立很高的道德修养志向，但如果不付诸实践，那只是华而不实，甚至是虚伪的。再次，道德实践是推动大学生不断加强道德修养的动力。道德修养必须在道德实践中不断发展和完善。

（二）加强大学生道德修养的方法

——提高道德修养的主动性和自觉性。道德品质的形成和发展，是外部教育和自我教育、自我修养矛盾统一的过程，即内因和外因辩证统一的过程。在这个过程中，外部教育是必不可少的，学校、家庭和社会各方面紧密配合，才能为大学生加强品行修养提供良好条件。但是，这种教育要发挥作用还必须通过个人的自觉努力，外因要通过内因才能起作用。因此，加强道德修养必须强调主动性和自觉性。在实践中，进行自我锻炼、自我解剖和自我改造，才能真正提高品德修养，使自己成为一个品德

高尚的人。

——投身社会实践，实现知行统一。大学生只有通过社会实践，通过参加各种道德活动，才能认识到哪些行为是道德的，哪些行为是不道德的。因而大学生要积极投身于社会主义现代化建设的伟大实践中，不断提升自己的道德境界。同时，要注意坚持知行统一，言必行、行必果，言行一致、表里如一，不要做“语言上的巨人，行动上的矮子”。

——开展批评和自我批评。一个人在学习、工作和生活中难免会犯错误，大学生也或多或少会受一些旧的不健康的思想影响，正因为如此，改造思想、纠正错误是非常必要的。大学生要客观正确地认识和评价自己，要经常进行自我解剖、自我反省，及时发现和纠正自己的错误，同一些不良倾向和错误行为作斗争，帮助他人改正错误，团结一致，共同进步。开展批评和自我批评不要怕丢面子，也不要怕得罪人。要敢于总结并公开承认自己的缺点和错误，勇于改正缺点和错误。看到他人的缺点和错误时，从爱护、团结的意愿出发，进行批评。

——向先进人物学习。人们常说，榜样的力量是无穷的。在改革开放和现代化建设的伟大实践中涌现出了许多道德高尚的英雄模范人物，大学生身边也有不少先进分子，他们的高尚品德和先进事迹，具有强大的说服力和感召力，对大学生道德品质的形成起着重要的作用，成为激励大学生奋发向上和提高自身修养的动力。大学生可以从他们身上直接吸取丰富的道德营养，自觉加强道德修养，从而把自己锻炼成为品学兼优、德才兼备的社会主义建设者和接班人。

——以“慎独”严格要求自己。“慎独”既是指一种道德修养的方法，又是指道德修养所达到的一种极高境界。它是指在独处活动、无人监督、有做各种坏事的可能并且不会被人发觉的时候，仍然能坚持自己的道德信念，自觉地按一定的道德准则去行动，不做任何坏事。它强调在道德修养中树立一定道德信念的重要性。人们只有在一定道德信念的支配下，才能在即使别人看不见、听不到的情况下，也小心谨慎、自觉地遵守道德修养。它强调人的主动性、自觉性在道德修养中的作用，把这种主动性、自觉性看作道德修养的先决条件。能不能在实践中努力树立共产主义道德信念，并用这种道德信念来支配自己的行动，坚持在独立工作、无人监督、有做各种坏事可能的时候，按社会主义道德原则和规范办事，不做任何坏事，是衡量一个人道德觉悟和思想品质的试金石。共产主义道德修养的目的，就是要培养和造就具有共产主义道德品质的新人，这种新人的特点是共产主义道德原则和规范成为他们的道德习惯，亦即共产主义道德原则和规范成为习以为常的行为方式。“慎独”作为一种境界，应该在大学生道德修养中受到重视，大学生必须通过长期艰苦的锻炼，力求达到

“慎独”。

三、大学生道德境界的升华

提高大学生的道德境界，不仅是道德教育和道德修养的落脚点，而且是整个道德理论体系的最后归宿。

（一）道德境界的内涵和层次

境界是指人在处理与外部世界的关系中关于对象的认识、改造和审美所达到的程度，它代表着人的修养水平。道德境界作为境界系统中的一个子系统，是指人们的道德觉悟程度以及所形成的道德品质状况和情操水平。道德境界是一个集合性概念，衡量某个大学生的道德境界，应当从他的道德认识、道德情感、道德意志、道德信念和道德行为五个方面进行综合考察。如果仅仅在某个方面符合了某种道德境界的要求，在其他方面则或过或不及，或者仅仅偶然在诸方面符合了某种道德境界的要求，但不能在较长时期内保持下去，那么就还不能说他已经达到了该种道德境界。

道德境界具有社会性，这是指一定社会的发展水平和道德状况必然决定该社会道德境界的整体状况。因此，在不同的历史时期，道德境界必然显示出自己特殊的存在形态。这客观上要求人们在设定和追求自己的道德理想时，不要脱离特定的社会环境，不要指望实现那种由社会条件决定的可供选择的道德境界之外的境界。

在我国目前的社会主义初级阶段，如果从个人与他人、与社会集体利益关系的角度来考虑，大学生的道德境界大体上可以划分为四种类型：极端自私自利的境界、追求个人正当利益的境界、先公后私的境界、大公无私的境界。

极端自私自利的道德境界，是指一切都以有利于自己的私利为目的的低级落后的境界。处于该境界的大学生，他们活动的唯一动机和目的，就是满足自己自私自利的需要，表现为唯利是图，损人利己，损公肥私，为达到个人目的不择手段。这种道德境界与社会主义社会是根本不相容的。在社会主义初级阶段，之所以还存在这个层次的道德，是因为封建小农经济的余毒仍然存在；而且随着对外开放，这种即使在当今西方社会也为人们所唾弃的道德，随着西方的物质文明一同被一些人盲目“引进”。如果听任这种道德境界在社会上蔓延，不仅会危及社会主义改革和建设事业，而且对我国自古形成的优秀道德传统也是一个严峻的挑战。

追求个人正当利益的道德境界，目前相当普遍。处于该种道德境界的大学生，以追求个人正当利益为目的，但同时又不损害个人和集体利益；他们信奉的基本原则是奉公守法，勤劳致富。在我国目前情况下，具有这种道德境界的大学生走上工作岗位，有利于发展经济，促进生产，活跃市场，有利于社会生产力的发展。但也应当看到，处于这种道德境界的大学生志向不够远大。如果不对他们进行经常、有效的法制教育和道德教育，不注意提高他们的思想道德觉悟，势必会有人在走上工作岗位后，滑入极端自私自利的境界。

先公后私、先人后己是与公有制相适应的道德境界，是共产主义道德境界的初级阶段。社会主义道德所崇仰的“公”，是全体人民利益的集合。这种道德境界只有在社会主义公有制经济基础上才能真正出现，处于该种道德境界的大学生，已经具备社会主义道德觉悟和集体主义道德观念，能以人民和集体的利益为重，凡事先为集体和他人着想。同时，他们追求的“私”是个人的正当利益，决非损人肥己之“私”。

大公无私是共产主义的道德境界，是整个人类社会最高的道德境界。处于这种道德境界的大学生，一切言行都能以有利于集体为原则，并自觉地做到公与私的完美结合。“全心全意为人民服务”、“毫不利己，专门利人”是他们信守的座右铭。大公无私的道德境界十分崇高，因而也不易达到。就今天来说，只有较少数的学生党员、入党积极分子和学生中的先进典型达到了这一境界，对于普通大学生来说，这在很大程度上还只是一种理想。

（二）大学生道德境界的升华

总体上看，道德境界不仅在社会发展的不同历史阶段表现出整体由低到高发展的层次，而且在同一社会阶段内部也表现出由低到高发展的层次。追求较高层次的道德境界，不仅是社会发展的客观要求，也是每个大学生不断完善自我的主观要求。

大学生提升道德境界，必须依靠实践。这是因为，从理论上讲，实践是沟通诸种道德境界的桥梁，是道德境界改变或升华的原动力。社会发展史表明，社会发展的最终动力来源于实践，正是在人们改造客观世界和主观世界的活生生的实践活动中，社会才不断地由低级向高级发展，与之相适应，整个社会的道德境界也不断地由低向高的发展。另一方面，从一个相对稳定的社会阶段来看，客观存在的多层次的道德境界是以往社会实践的历史产物，而且社会中的个体所达到的境界也是自身实践的结果。因此，离开实践，不仅全社会的道德境界无法发展，就连大学生个体道德境界的发展也无从谈起。

实现大学生道德境界的升华，首先要坚持理论联系实际。要认真学习马列主义，刻苦钻研科学文化知识，努力掌握基础理论，并把理论学习同社会主义现代化建设和大学生个人的思想、工作、生活实际以及专业实践紧密结合起来，在社会实践中锻炼和提高自己的政治理论素养和专业知识水平。要深入实际、接触社会，加深对我国还处于社会主义初级阶段基本国情的理解，从而在实践中认清自己肩负的使命，跟上时代的步伐。要反对主观主义，努力克服教条主义和经验主义的错误倾向。

实现大学生道德境界的升华，其次要坚持走与工农相结合的道路。人民群众是历史的创造者，是社会精神财富的创造者，实践证明，知识分子与工农相结合是一条正确的道路。当代大学生要完成历史赋予自己的使命，就必须虚心向群众学习，在思想上培养热爱工农的感情，克服轻视实践、鄙视工农，把自己看作精英、把工农看作群盲的现象。要改掉“骄”、“娇”二气，放下“天之骄子”的架子，自觉地与工农群众交朋友，甘当群众的学生，在思想上和行动上与他们打成一片，与他们建立和发展平等、友爱、互助的社会主义新型关系。

（三）做“四有”新人

邓小平同志对“四有”新人的一系列论述是在新的历史条件下对马克思主义关于培养全面发展的新人思想的继承、丰富和发展，是在总结历史经验，从我国实际出发基础上提出的科学论断，揭示了社会主义现代化新人的本质特征，极大地深化了社会主义精神文明的内涵，对于提高整个中华民族的思想道德水平和科学文化修养，增强整个民族的素质，将发挥重要的指导作用。

青年大学生，是增强整个民族素质、推动经济发展和社会进步的载体和希望。从毛泽东到胡锦涛，都把祖国和民族的希望寄托于青年身上。希望广大青年和全国人民一道，在党的基本理论和基本路线指引下，同心同德，勇于开拓，向着现代化的光辉目标前进，向着中华民族的伟大复兴前进。在新的历史时期，青年大学生要牢记党和人民的希望，努力成长为一名“有理想、有道德、有文化、有纪律”的社会主义建设者和接班人。

首先，要树立远大理想，坚定共产主义信念。因苏联解体和东欧剧变带来的全球共产主义运动的低潮，不少人曾提出“社会主义旗帜能打多久”的疑问。社会主义是共产主义的初级阶段，而中国又处于社会主义的初级阶段，这是一个发展的阶段，但又是不可逾越的阶段，对于在这一全新事业中我国还存在的一些矛盾和问题，大学生既要正确认识和面对，又不能对共产主义失去信心。要认真学习马列主义和中国特色社会主义理论，学会用马克思主义的基本立场、观点和方法去分析和解决问题。为共产主义奋斗是最远大的理想。做到有理想，还必须根据个人或集体的实际情况，结合自己的条件和需要，确立自己的理想，包括分阶段的目标。理想一旦确立，就不能轻易动摇，怎样在实际工作岗位上勤奋工作，刻苦学习，是每个人必须思考的问题。

其次，要塑造高尚人格，提高思想道德素质。道德不是抽象的，而是具体的。社会主义道德建设要以为人民服务为核心，以集体主义为原则，以爱祖国、爱人民、爱劳动、爱科学、爱社会主义为基本要求。面对改革开放和市场经济建设过程中西方错误思潮和腐朽生活方式乘虚而入的严峻形势，大学生既不能惊慌，也不能掉以轻心。抵制它们的关键是大学生自身要有“免疫力”，这就要求大学生不但要从思想上筑起防腐拒变的长城，而且应根据精神文明建设的要求，适应时代发展的需要，注重人格的完善和思想道德素质的提高。像毛泽东同志说的那样，做一个高尚的人，一个纯粹的人，一个脱离了低级趣味的人，一个有益于人民的人。

再次，要保持良好的学习态度，提高科学文化素质。随着现代化科学的演进，边缘学科和综合学科日益增多，各门学科之间相互交叉、渗透、紧密联系，学科高度综合化，特别是人文科学和自然科学互相融合的趋势越来越明显。为此，高等教育和基础教育都提出向素质教育转轨，目标是全面提高学生的基本素质，促进学生在德、智、体等方面全面发展。为了更好地适应科学和社会的发展，大学生必须把自己培养成文理结合、能够创新的复合型人才。要在掌握一定专业技能的同时，掌握较广博的人文和科学知识，从而更好地应对日趋复杂、瞬息万变的各种情况。大学生要保持一种汲取各种知识营养的良好态势，广泛涉猎，刻苦钻研，切实提高自身的文化素质。

最后，要强化纪律意识，妥善处理自由与纪律的关系。“没有规矩，不成方圆”，良好的学习环境、有规律的生活秩序是生存和发展的必备条件，严格的纪律又是保持学习环境良好、生活秩序井然的条件。大学生要特别注意强化纪律意识，养成自觉守纪的良好习惯。对“自由”和“纪律”的关系要有个正确的认识，要妥善处理两者之间的矛盾，要认识无论在什么社会、什么条件下，自由都是相对的、有条件的、有限度的。纪律束缚的不是个性，纪律也不妨碍自身自由独立的发展，但不守纪律则将连同自由一并失去。要注意培养自制能力，克服“不拘小节”的错误思想，为了维护正常的生活、学习、工作秩序，要约束个人的行为，从小事做起，逐步养成遵规守纪的好习惯。

青年是祖国的未来，是希望。跨世纪的青年一代应以“四有”为目标，坚定信念，勤奋学习，艰苦奋斗，实现自我的提高，争取把社会主义现代化建设的美好蓝图描绘得更加灿烂多彩。

第五章　大学生的道德品质

道德品质是个人在道德行为中所表现出来的比较稳定的、一贯的特点和倾向，是一定社会的道德原则和规范在个体中的体现。大学生肩负着建设富强、民主、文明的社会主义国家的历史重任，因此，培养大学生具有良好的道德品质，是社会主义教育的重要任务和要求，其意义重大。

第一节　大学生的道德情感

道德情感既作为道德认识过程中的内心体验而发生，又作为内心体验的成果而稳定下来与丰富起来，并以情感的形式驱动人的道德行为，决定对道德认识对象的取舍。因此，道德情感的形成与发展过程及其作用，是有着丰富的内容可供探讨的。本节拟围绕大学生道德情感的形式与发展的诸环节，分别予以讨论。

一、大学生道德情感的形成和发展

（一）大学生道德情感的形成

青年时期是人的道德情感发生重大变化和趋于成熟的时期。当人越过学龄初期，进入学龄中期，即进入初中教育阶段，也就步入了青春发育阶段。随着青少年身心的迅速发展，他们的自我意识有了迅速发展，青少年内心世界开始形成，并出现了明显的“成人感”。与此同时，他们在家庭和学校中的社会地位也发生了变化。儿童处于一种不独立、不平等和依赖的地位，许多成人可以做的事，他们不能做。进入少年期以后，他们开始向成人过渡，因而这种标准和要求也就发生了质的变化。他们也要求与成人建立相互尊重、相互帮助、相互信任的平等的同志式的关系。这种从“不平等”性关系到对等性关系的转变，促使少年的道德情感发生重大改变。青少年自我的确立，知识经验的不断积累，认识能力的迅速提高，逻辑思维日益占有主要地位，社会交往不断扩大，使他们的道德情感日益深化，促使他们将道德情感与其中包含的道德行为准则联系起来。在社会主义教育和各方面的影响下，对社会主义、共产主义、祖国热爱的道德情感形成和迅速发展起来。义务感、责任感、荣誉感和友谊感都有了发展和深化。

（二）大学生道德情感的发展

大学生处于青年中期，他们的道德情感趋于成熟，世界观、人生观开始形成。由于科学文化知识的逐步积累，抽象思维水平的不断提高，以及社会交往关系的不断扩大，使他们开始思考自己所面对的社会和世界。他们也在思考着自己的人生之路到底该怎么走。也就是说，这一时期是大学生世界观、人生观确立的时期。大学生开始形成对世界、对人生比较稳定、比较系统的看法，他们的道德情感与他们的人生观和世界观有着紧密关系，这是大学生道德情感成熟的显著特点。大学生的道德情感有了深厚的道德内涵。大学生热爱祖国，热爱人民，热爱党，具有爱国主义情感、集体主义情感、同志感、友谊感、正义感等，这是我国大学生道德情感的主流。当然，由于各种社会思潮的影响，社会现实环境的影响，以及大学生自身的原因，在某些大学生身上可能还不同程度地存在某种不良的道德情感，如嫉妒感、自卑感等。大学生应更加认清祖国的过去、现在和未来，认清自己肩负的历史重任以及自身的状况，把自己的努力与奋斗更好地与党的事业结合起来，进一步增强自己的义务感和责任感，更好地为社会主义建设事业贡献自己的一切。

二、大学生的道德情感

在大学生的诸种道德情感中，有必要着重论述并分析大学的友谊感、同情心、责任心和良心这几种情感，它们在大学生的道德情感生活中，占有重要的位置。

（一）友谊

大学生渴求友谊，珍视友谊，最爱交朋友。友谊美化了大学生的生活，给了大学生前进的力量和生活的信心。世界各国的研究调查表明，当今世界各国的大学生，无不珍重友谊。意大利社会投资研究中心抽样调查显示，大学生生活中居首位的是友谊，他们每天都要同朋友们在一起，有的人每周同朋友会面多次。友谊的重要也可以从另一个方面得到证明，在回答不能缺少什么时，多数人回答不能缺少友谊。多数大学生认为，生活中最希望得到的是“自己四周有友情”。苏联列宁共青团中央高级团校科学研究中心等四家单位联合探讨了苏联大学生的道德趋向问题，从调查结果看，对大学生影响最大的是朋友。土耳其等国学生认为，学习阶段能交上知心朋友，是最重要的收获。普希金曾感动地说："不论是多情的诗句，漂亮的文章，还是闲暇的欢乐，都不能代替亲密的友情。"

我国大学生也十分重视友谊。大学生在日常生活中，几乎离不了与朋友的交往。大学生常以能得一知己为自豪。中国历史上流传着许多歌颂高尚、诚挚友谊的佳话。我国古代的许多大诗人，都曾留下了真挚动人的友情诗。唐朝初年诗人王勃的《送杜少府之任蜀川》诗中的"海内存知己，天涯若比邻"，把人的友情可以超越空间写得十分真切。大诗人李白的友情诗，也写得十分动人。如李白的《赠汪伦》诗中的"桃花潭水深千尺，不及汪伦送我情"就写得情深意长。真诚的友谊，亲密的情谊，的确是人类一种优美的情感。

从个人的发展史来看，人只有到大学时期，才强烈地感到友谊的重要。前面已指出，人在学龄初期，即小学儿童阶段，有了初步的对友谊的需要，但这种友谊具有很大的随意性；只有进入大学时期，才发展了真正稳定的友谊，才体验到友谊这种高级情感。这是因为，大学生一方面内心世界迅速形成，另一方面他们的交往有了尤其重要的意义。大学生往往觉得自己长大了，做事要有自己的主张了，因而对父母、师长的话往往不满，觉得管得太多，从而逐渐减弱对父母等的感情依赖。与此同时，大学生则更多地把感情依赖的方向转向同龄人。同龄人集体（班集体等）的存在是这种感情变化的前提条件，而他们之所以把感情依赖的方向转向同龄人，还在于，不同于父母与大学生之间的是，同龄人之间是遵循平等原则的，而父母与大学生之间，大学生往往感到这种关系是不对等的。在坚持平等原则的关系中大学生往往可以获得自尊满足感，而自尊满足与信任感，恰恰是友谊产生的前提。友谊的产生又以个人能感受到他人的爱为前提，当人能感受到他人的爱，他也能够去爱别人时，这种相互的爱，才会有友谊的产生。在某种意义上，甚至可以说，我们是通过他人来发现自我的。法国心理分析学家拉康认为，主体没有独立存在，它只是通过主观内部与另一个人的对话来显示自己。[①] 我们既发现了自我，又发现别人能够理解我，爱护我，这就有了友谊产生的可能。

大学生时期，是友谊的黄金时期。许多人进入中年，还保持着大学生时期的友谊，但成年人具有许多大学时期没有的情感生活，如夫妻感情、父子感情等都得到了稳定发展，进入中年，实际上随着青年后期家庭的建立，友谊在生活中的位置就下降了。因此，如何认识和发展友谊，是青年人一个极重要又特殊的情感生活问题。

人生离不开友谊，但人要获得友谊并不容易。交友必须要以诚相见，

---

① 科恩：《自我论》，北京：三联书店，1986 年，第 214 页。

以诚相处,没有忠诚换不来友谊,对朋友的忠诚,也就是以友爱之心来换取友爱之心。对待朋友,凡是诚所至之处,也就是热情所到之处。友谊是超出同志感和同学感的亲密情感。在大学生时期,友谊最常表现为“同甘苦的友谊”或“抒情的友谊”,这种友谊要求朋友分享自己的欢乐和分担自己的忧愁。

交友的真诚还体现在开诚相见上。由于大学生思想方法、认识能力、生活经验以及看问题角度的不一样,朋友之间难免会出现一些分歧和意见,闹出一些矛盾。这些矛盾和意见如处理不当,就会产生感情上的隔阂,以致导致友谊出现裂缝,最终友谊破裂。当朋友之间有了隔阂,就要以诚相见,坦诚交心,以消除误会,加强感情,增进了解。待人以诚还意味着谦虚待人。友谊是建立在相互信任和尊重基础上的,只有谦虚待人,才能尊重他人,看到他人长处,这样才能建立真诚的友谊。如自恃高明,目中无人,不能友好待人,是难以与他人建立友谊的。

友谊不是无原则、无是非的一团和气和哥们义气。无原则的一团和气,不仅是不应该的,而且是有害的。其中,尤以哥们义气对青年人危害更大。哥们义气是一种以有害原则为支柱的、在青少年中存在的小山头主义。有哥们义气的人认为,只要是哥们的事,不分是非,不分对错都得维护;而且,哥们之间越能互相包庇,互相隐瞒,就越讲义气,越够朋友。这种偏离正确准则的哥们义气,会使大学生在错误中越陷越深,既对别人不利,也会毁坏自己,给生活、学习甚至前途带来严重危害。因此,交友必须讲原则。

友谊还需要谅解来护理。人非圣贤,孰能无过。朋友之间不仅由于认识能力、看问题角度的不同而会产生不同意见,而且由于思想意识、修养水平的不同,会产生一定的矛盾。有了矛盾,造成矛盾的一方应当主动、诚恳地以一定方式去消除矛盾,另一方也应当以体谅的心情接受对方的诚意。大学生应注意相互忍让,有了互谅互让的精神,友谊才能够长存。

(二)同情心

大学生的心中不仅燃烧着友谊的热情,而且富有同情心。所谓“同情心”,即是大学生能够设身处地地与身心遭受痛苦的人共鸣的一种情感。

思想家们在不同时代、不同的社会历史条件下对人类同情心的沉思,揭示了一个真理:同情心(怜悯心)是人的一种基本的道德情感,是道德精神的一个基本方面。从人的道德情感的发生、发展的角度来看,同情心是人的道德情感从私己情感向社会情感发生质的跃进的关键环节,没有同情心和怜悯心,对他人的痛苦、他人的命运没有关注的热情,就不会作出关心他人、关心社会的道德行为。但我们不赞同休谟把人的快乐也看成是同情的客体的观点。同情只是对遭遇不幸的人的同情,我们之所以关怀他人,是因为他们是我们的阶级姐妹和弟兄,是因为他们和我们处于同一社会,都有着和可能有着相同的命运和不幸。

大学生是最富同情心的。社会上人与人之间的不平等与不公正,最易激起大学生的同情。大学生朝气蓬勃,他们总觉得世间的一切都是美好的。所以,一旦看到别人遭遇不幸时,他们就会充满同情。青年人之所以最富同情心,还因为大学生时期是想象力最为丰富的时期,他人的痛苦,他人的不幸,最易在情感中转换成自己的痛苦,从而使自己深深地感受到这痛苦。

有人从利己主义出发,认为"除了我们的利益以外,其他一切对我们都没有什么关系"。其实,我们的利益是与他人的温暖和爱护紧密相连的。如果我们的欢乐不能与人共享之,那么,我们也是自私而又可怜的、孤独而又苦闷的。如果人的心中不存有一点道德的情感,那么,又怎么会被高尚的献身精神所感动?

同情心是完全合乎社会主义伦理本质的道德情感。无产阶级之所以要摧毁旧制度建立社会主义制度,就是为了使广大劳动人民都得到幸福。因此,社会主义的本质要求我们关心人,关心每一个人,关心老、弱、疾、残、幼及一切热爱社会主义祖国的人。富有同情心,就要关心那些由于各种主观原因和客观原因而身处逆境,从而陷入各种灾难、困苦、不幸和失意中的人。人人都会遇到因生、老、病、死等带来的人生困苦,但是,在社会生活中,尤其要注意那些因不公正待遇而处境困难、生命垂危,以及遭遇各种挫折、受到很大痛苦的人。目前我们的社会还处在社会主义初级阶段,政治、道德等思想方面以及社会政治经济制度方面旧的痕迹还存在,致使官僚主义、以权谋私等违背社会主义根本利益的腐败现象时有发生。因此,唤起人的同情心,强调人应当关心人、尊重人,虽然不能从根本上消除普通人的不幸,但对于促使人与人之间形成友爱、互助、团结的新型关系,在一定程度上克服官僚主义,克服不关心群众痛痒的做官当老爷的心理,还是具有不可忽视的作用的。

同情心又是一种人道的情感,是社会主义人道主义精神的体现。社会主义人道主义的伦理原则要求我们必须尊重人,尊重人特别是要尊重那些为社会辛勤劳动而作出重大贡献的劳动者。其次,社会主义人道主义的伦理原则也要求我们必须关心人,尤其需要关心普通劳动者、知识分子、妇女和儿童,关心那些身处逆境和困境中的人。我们之所以要求以人道的精神去对待一般人,以同情心去尊重、关心普通人,是因为在社会主义社会,劳动者、普通的劳动大众,是社会的主体。而且每个人充分而又自由的发展,满足广大人民群众日益增长的物质文化的需要,又是社会主义社会的目的。因此，人道的精神和同情的情感，就要求把人看成是无差等的，要求尊重人，满足每一个人最基本的生存需要。人们要富有人道精神和同情心，要坚决反对因享有某种特权而自以为高人一等、鄙视劳动人民、不关心普通劳动群众、虐待妇女儿童等违反人道主义的现象。把人的尊严提到人类历史上前所未有的高度上来对待，这是人类历史发展对社会主义这一发展阶段的基本要求。

（三）责任心

大学生的责任心是在大学生履行对他人、对社会的义务的基础上形成的。义务即是对社会和他人所承担的道德责任。作为一定社会的成员，人们在社会生活中，不论是否意识到，客观上都要对社会和他人负有一定的职责，因而也都有对社会和他人履行义务的道德责任。在阶级社会中，为了维护本阶级或社会的利益，统治阶级必然向本阶级或全社会成员提出一定的道德要求，并要求人们履行道德义务，以调整人们之间的道德关系。大学时期是人逐渐成熟的时期，是人逐渐向社会迈进的时期，而人一旦进入社会，就必须担负一定的职责。大学生不仅对家庭成员、亲戚、朋友等有应尽的义务，而且对人民、社会等也都有应尽的义务。

大学生最基本的任务是学习。学习就是为职业劳动作准备。大学生无论从事哪种职业，都需要掌握一定的科学文化知识和一定的生产技能。大学生学习，就是为了掌握这些自立于社会的本领。如果一个人只指望他人等而生活的话，那么，到了这些身外之物都丧失的时候，他将在社会上无立足之地。

大学生离开学校走向工作岗位，是大学生履行职业义务的开始。在人类社会的发展过程中，社会生产力的不断发展以及人类交往活动的不断扩大，致使社会分工日益细化，人们的从业领域也不断扩展，以致形成今天不下千百种的社会职业。各种不同的社会职业对人的要求虽然千差万别，但都有一条最基本的要求：忠于职守。忠于职守就是要尽职与尽责，这也是最基本的职业义务要求。

在大学生履行对集体、阶级、社会、民族和国家的义务的过程中，他们的爱国主义情感也日益丰富起来。爱国主义情感也就是对祖国的责任感。“天下兴亡，匹夫有责”。这是明清之际杰出思想家顾炎武的一句名言。天下，指的是中国，匹夫，指的是平民百姓。列宁曾对爱国主义情感有过精辟的概括：“爱国主义就是千百年来固定下来的对自己祖国的一种最深厚的感情。”对祖国的情感之所以能够形成和巩固下来，是因为，祖国的前途和命运是与每个人的前途和命运紧密联系在一起的。祖国的兴衰，与个人利益直接相关。祖国如果面临困境，个人也就不会有安居之处。没有祖国的利益，也就没有个人的利益。个人与祖国利益相联。人总是诞生于一定的国度，人们所使用的也是本民族的语言和文字，这使人形成强烈的民族意识，并对养育自己的祖国产生一种稳定、持久、朴素、真挚而又深厚的热爱之情。这种热爱之情和利益攸关的联系感，是通过历史与传统教育，通过大学生履行社会义务的实践逐步建立和培养起来的。爱祖国的情感，必然激发起大学生强烈的责任感。建设伟大的社会主义祖国，为社会主义祖国的锦绣前程贡献青春，已成为当代大学生的光荣使命。

（四）良心

良心是大学生道德情感发展的最高形态。不过，良心的形成，既是人与人的情感（友谊、同情心等）和人与社会的情感（集体主义情感、义务感、爱国主义情感等）深入发展的产物，又是社会道德准则在大学生心中内化的结果。良心是情感与道德理智深度发展的结晶，是人内在的行为准则。有了良心，人们的行为就不是盲从于外界的舆论、权威和偏见，而是遵从良心的指引。有人说，良心是黑夜的火把，照耀人们走完人生旅途。良心首先是一种情感，只要我们的行为正当，对得起自己的良心，我们的内心就十分恬静。如果我们做了亏心事，就会感到内疚和痛苦。正是良心所造成的这种自责与满足的道德心理状态，使人形成喜善厌恶的道德情感。良心又是人的道德理智。良心是一种直觉的理智，在人即将采取行动时，良心会告诉我们应当如何行动。然而，不论从情感方面还是从理智方面来看待人的良心，我们都可以把良心看作是人的责任感。正是因为有了这种责任感，人们才不会因没有做什么而深深不安。也正是因为有了这种责任感，人们才会毫不后悔地去做自己应当做的事。

良心就是人的内在道德责任感。这种责任感又是以一定的社会道德准则为前提的。良心是一种深刻的义务感和职责感。这种义务和职责在阶级社会中，就是一定阶级的道德原则和规范对个人使命的规定。无产阶级道德把为人民服务、为共产主义事业奋斗看作是最基本的道德规范。作为无产阶级的个人自觉地为共产主义事业而奋斗，就是把社会道德要求看作是自己的使命和义务。这种义务感、责任感的深化，就形成他们的良心。这就是共产主义战士能够勇于为人民和共产主义事业而献身，为他人的幸福作出牺牲的内在原因，也是社会主义社会的广大人民群众能够忘我劳动和工作，积极为社会主义事业贡献力量的精神动力。

由此可见，良心不是外在道德准则的简单内移，而是综合地体现了一个人的道德水平。无论我们做什么，还是不做什么，都得凭着良心。如果我们所要做的是好的行为，我们的良心便鼓励我们去做；如果是不好的，良心便警告我们去戒避。其次，在行为过程中，只要我们做的是善事，是有利于社会、有利于他人或对得起他人的事，我们的良心就鼓励我们去做;如果我们做的是恶事,是有害于社会、有害于他人的事,良心便会阻止我们去做。正是良心使作恶的人感到不安。最后,在我们的行为之后,如果我们发现我们做的是一件恶事,只要我们意识到那是作恶,就会感到不安,即感到良心受到谴责。

我们正是因为有了良心,我们才会有磊落的行为。是良心促使我们去为善和行善;是良心告诉我们什么是应当做的,什么是不应当做的;是良心激发我们去完成人生、集体、阶级和社会的使命,促使我们厌恶和远离丑恶的、败坏的行为。良心的丧失,就是人格的丧失。有的人受自私的欲念的支配,从而听不见良心的召唤,因而往往做出对不起自己亲人,对不起人民,对不起祖国的有失人格、有失国格的丑事。

在现实生活中,凭着良心去做人往往是十分艰巨的做人之道。由于封建残余的影响和我们现行的具体制度某些方面的不完善,人们本着对党、对事业、对集体的公心,本着这种革命的良心去办事,本着一颗正直与正义的心去行事,在实际生活中往往容易碰钉子;而有些昧着良心的人,热衷于用一些卑劣的伎俩去讨得别人的欢心,往往容易得势。行事正义并不一定得福,反而造成人生的苦难。十年浩劫中,这种是非颠倒的景象就十分之多。十年浩劫已经过去,但并不能说这种善恶是非颠倒的根源就已完全消除了,这种情况还是时有发生的。这种实利与德行的分离,在生活中必然会造成两种人:一种是贪图私利和实惠,而逐渐泯灭良心的人;一种是在社会的腐朽力量面前,坚守自己纯洁的良心,维护自己的人格尊严的人。应当看到,社会主义道德环境的主流是好的,是有利于人的良心的发育。这是因为,社会主义的根本制度是保障人民利益和人民当家做主权利的,这与人的社会良心是一致的。我们某些具体社会制度方面,如经济管理方面的制度、干部任免和管理方面的制度等的不完善,致使有的人钻了空子。在这种情况下,人们维护自己的良心,就是十分艰巨的道德责任。但是,也要看到,正是在这种社会条件下,更应发挥良心的作用。良心犹如火炬,它在照亮自己的时候,也能唤醒更多人的良心,即群众的良心,从而激发群众为了正义的事业而奋斗,为了社会主义事业的发展而奋斗。

大学生也会犯错误,但是,大学生犯错误往往不是良心的泯灭,而是认识的不足、情欲与理智的失衡,或是理智的错误。因此,大学生虽也犯错误甚至出现失足现象,然而最易转变。大学生只要良心发现,他们对自我的责备和惩罚甚于任何人,甚于任何肉体的惩罚。然而,一个人很难永远保持自己的良心。有些成年人由于邪恶贪欲的作用,常常将自己的良心收藏起来,久而久之,他们就变得麻木不仁,良心也渐趋泯灭。

大学生应当永葆自己的良心,以自己的良心来护卫自己的人格,以良心的光辉照耀自己走完生命的旅程，把自己在大学时期所达到的道德成就保持终生，这样才能真正成为一个有道德的人、一个高尚的人、一个有益于人民的人。

第二节 大学生的道德内化

如何使社会道德转化成个人的内在品质？这是一个很值得重视的问题。特别是大学生，要成为一个合格的社会成员，就必须掌握该社会基本的道德知识，并将之内化，用以指导和约束自己。本节拟对大学生道德内化问题，如内化的过程、影响道德内化的因素，以及青年道德内化过程的特点与矛盾等，进行探讨。

一、社会化与道德内化

（一）人的社会化

人的社会化是社会心理学、社会学和文化人类学等研究的重要课题，早在19世纪中期到20世纪初国外就开始了研究。“社会化”这个概念也被上述各门学科广泛使用，我国近几年来有关学科也开始引用这一概念。

人是社会的人，从出生之日起就生活在一个有组织的社会中，就得与社会建立这样或那样的联系。人要成为一个社会的人，一个被社会或集体所需要的人，就得社会化，学习社会或集体的规范，知道社会或集体对他的期待，从而使自己具备一个社会成员所应具备的知识、技能、态度、情感和行为。从社会来说，每一个社会或集体又都有自己的社会行为模式，并千方百计地对它的成员施加影响，帮助每个成员了解什么是正确的，什么是错误的，什么事可以做，什么事不可以做，从而使个体逐步形成社会所需要的观念和行为。这个过程就是社会化过程。从个体来说，社会化过程是个体学习文化的过程。这里说的文化不是狭义的文化，而是广义的，除了文学、艺术、科学等，还包括社会的政治、经济、宗教、风俗、习惯、传统等。

人的社会化的含义究竟是什么？美国著名社会心理学家E.弗罗姆把社会化定义为：“社会化诱导社会成员去做哪些要想使社会正常延续就必须做的事”是“使社会和文化得以延续的手段。”[①]美国社会学家则认

---

① 黄育馥：《人与社会——社会化问题在美国》，沈阳：辽宁人民出版社，1986年，第5页。

为,"社会化就是人们借以获得个性并学会其社会的生活方式的社会相互作用的过程"。① 一些人类学家又称社会化为"接受文化熏陶"或"使文化代代相传的过程"。从上述定义来看,人能否实现社会化,关系着社会能否延续、稳定和发展。此外,还有人将社会化与"内化"相提并论。所谓"内化",是指个体不仅遵守社会规定的行为准则,而且身为社会的一员,还愿将这些准则作为自己的价值准则。

人的社会化的内容是相当广泛的。主要有:政治社会化、道德社会化、两性角色社会化等。政治社会化就是个人逐渐学会现有政治制度所采用的规范的过程,这也是一个人政治态度和政治信念形成的过程,是一个人认识自己所处社会的政治制度并决心为巩固和发展这一制度而努力的过程。政治社会化的目的是将个人培养或训练成为能在政治社会中很好地发挥作用的成员,或者说成为一个合格的公民。道德社会化就是通过各种形式的教育和社会舆论力量,使人们逐渐形成一定的道德信念,并用道德规范及习惯来约束自己行为的过程。道德的内容与社会化标准有密切联系。因此,道德社会化必须考虑社会中占主导地位的价值标准。两性角色社会化指的是不同性别不仅有其生理特征,而且有其社会特征。如不同性别发式、装束等的不同。再如社会对不同性别的人有着不同的要求等。

根据马克思主义认识论的原理,人既是社会关系的客体,又是社会关系的主体,我们可以把人的社会化看成是一个客观与主观辩证统一的过程。作为主体的人,通过社会实践创造了环境,而环境又反过来满足人的需要,促进人的发展。如原始的社会环境只能产生原始的人;当人逐步为自己创造了一个文明的、现代化的世界时,人也逐步变成了文明人、现代化的人。可见,社会化是个双方面的过程,它一方面包括个体通过社会环境、社会关系等,掌握种种社会经验;另一方面又包括因个体积极活动,积极介入社会环境,而使社会关系体系积极地再现。这说明,个体不是在社会之外消极地接受社会经验,而是积极能动地对它施加影响。其结果,不只是在已有的社会经验上"添枝加叶",而是作为新的关系再现,把它推到新阶段,个人也就在改造社会过程中,不断求得发展与完善。

现代社会中的社会化只能是"不完全社会化",那种认为达到成人期后社会化就完成了的看法是不符合实际的。过去,在比较统一、单纯的社会里,一般智能正常的青少年,只要学会了社会期待的成人的角色,就可以说基本实现了社会化。而在现代社会里,完全的社会化是不可能的。

---

① 黄育馥:《人与社会——社会化问题在美国》,沈阳:辽宁人民出版社,1986年,第6页。

为什么不可能呢?

第一,由于技术条件以及与之相联系的社会现象瞬息万变,要具体预测将来的社会,显然是困难的。因此,也就不可能预先对青少年进行预先指导,使他们完全适应将来成人的要求。

第二,由于现代化社会在向着多样化和多元化方向发展,因此,青少年必须在更广阔、更复杂的范围中去选择学习内容,并且随着选择范围的扩大,选择的难度也在不断加大,家长已不能预先为他们设想今后将面临的选择,更难事先给他们完全的教育或训练,为其将来的选择做好充分的准备。

第三,教育的范围有限。由于即将在青少年面前展开的世界是一个色彩缤纷的立体世界,有关这个世界的知识、技能、规范等更加复杂化、专门化,不论教育如何面向未来,教育者的知识结构如何更新,都有其局限性,难以满足青少年成人化的一切需要。

这种无法完全社会化的情况,将使青年面对复杂而多样化的社会而不胜应对,他们往往难以选择适当的行为使自己的步调与社会要求统一起来。人的社会化问题,对青年来说也就更加突出,需要引起社会各方面的重视,并开展广泛而深入的研究,提出对策和措施。

(二)道德社会化与道德的内化

如上所述,道德的社会化是人的社会化的主要内容之一,是指个体形成某一特定社会所需要的道德标准和道德行为的过程,亦即把外部道德要求转化为内在信念的过程。其实,这也就是道德的内化。道德的社会化与道德内化是一个过程的两个方面:就社会来说,总是力图把该社会的道德要求、道德原则和规范转化为个人的道德品质;就个人来说,掌握一个社会成员必须具备的道德行为规范和处理各种人际关系的准则,也是个人在道德上的社会化。在我们今天的社会,为了建设社会主义精神文明,就要培养有理想、有道德、有文化、有纪律的社会主义公民。在道德方面,把爱祖国、爱人民、爱劳动、爱科学、爱社会主义作为现阶段社会主义道德的基本要求。为此,社会及有关部门要通过各种途径和形式,对全国人民特别是青少年进行"五爱"教育,要使"五爱"体现在社会生活的各方面和社会各种人际关系中,使人人都能自觉遵守。从个人来说,应该了解"五爱"是社会主义道德的基本内容,作为社会主义的一个成员,就要以"五爱"作为自己行为的准则,培养高尚的道德品质,从而成为有社会主义道德的人。上述两方面既是社会主义道德的内化过程,也是道德的社会化过程。

从伦理学方面着手研究道德的社会化与内化的问题有什么意义呢?只有把道德教育与社会学、心理学结合起来,从整个人的社会化出发,才能提高道德教育的效果。具体来说，有以下两点：

第一，在进行道德教育时，要注意个体的心理特点，应该遵循个体道德发展的规律，不然的话，社会道德就难以内化成个人品质。为此，要研究人的道德认识的形成、道德情感的培养、道德意志的锻炼等一系列问题，亦即开展德育心理研究。据了解，国外在这方面已有不少研究的，如皮亚杰的道德发展认知论、柯尔伯格的“两难法”等都很著名。我国目前还只停留在翻译国外资料阶段。

第二，在进行道德品质培养时，要从整个人的社会化出发，根据社会的需要来培养个人应该具备的品质。像今天的社会，要求培养的是具有开拓性、创造性的人，而非唯唯诺诺、无所作为的人。为此，我们就不能闭门修养，只求自我完善，脱离时代要求，而应开阔视野，结合社会主义现代化建设和经济体制改革的伟大实践，来培育人，造就人。

二、大学生道德内化的条件和特点

（一）社会道德内化的过程

任何一种道德品质都是由一定的道德认识、道德情感、道德信念、道德意志和道德行为等构成的。要形成和发展一个人的道德品质，必须有意识地培养和提高这些要素。培养、提高这些要素的过程，也就是社会道德内化的过程。

第一，提高道德认识。道德认识是指对有关道德知识的理解和掌握。有意识地培养和提高受教育者的道德认识水平是十分重要的。从心理学的角度来看，认识是情感产生的依据，是进行道德意志锻炼的内在动力，是决定行为倾向的思想基础。现实生活表明，有些大学生之所以产生这样那样的不道德行为，甚至违法犯罪，一个重要的原因就在于他们缺乏对道德的基本认识，分不清是非、善恶、荣辱、美丑。提高道德认识，不仅要掌握道德的基本知识，明白什么是好，什么是坏，什么是善，什么是恶，什么是美，什么是丑，等等；更重要的在于提高道德判断和评价能力，在实际生活中对上述种种作出判断。为了培养和提高道德判断和评价能力，教育者不仅要注意对日常生活中的典型事例作出恰当评价，而且要发动和指导大学生对这些典型事例进行讨论和评论，从而使青年的道德判断、评价能力逐步得到提高。

第二，培养道德情感。仅仅有了道德认识，人们并不一定能够自觉实践社会的道德原则和规范，形成高尚的道德品质。这里还有一个道德情感问题。道德情感是指人们对事物所做的善恶判断所引起的内心体验。例如，对高尚的道德行为产生敬仰和喜爱，对不道德或卑劣的行为产生愤怒或厌恶情绪。培养高尚的道德情感是道德内化的重要一环。我们要引导大学生增强对道德情感的体验。特别要运用社会生活和文学艺术中典型形象的感染力，逐步培养对祖国、对人民、对美好事物热爱的情感，对违反道德的言行、丑恶形象憎恶的情感，对社会主义事业的义务感和责任感，以及荣誉感和正义感等。

第三，坚定道德信念。道德信念是对道德要求和义务有了自觉认识之后所形成的发自内心的一种坚定信心和责任感，它是深刻的道德认识和炽热的道德情感的有机统一，是理与情的“合金”。道德信念一旦形成，就具有稳定性、持久性和一贯性的特点，它在道德内化过程中居于核心和主导地位。大学生要树立坚定的道德信念必须通过实际生活的锻炼，不断提高道德认识，丰富道德情感。同时，道德信念与政治信念又是密切联系的，如果没有对社会主义事业的坚定信念，就不可能有坚定的社会主义道德信念。

第四，锻炼道德意志。道德意志是人们在履行道德义务过程中所表现出来的战胜困难和克服障碍的毅力，它是贯彻道德信念，并且使道德行为持之以恒的重要精神力量，因而也是道德内化的重要因素。在道德教育中，必须重视对教育对象特别是青少年道德意志的锻炼和培养。要具备坚定的道德意志，首先必须树立正确的人生观和理想，同时还要积极进行道德实践，在与困难和障碍作斗争中自觉接受锻炼和考验。

第五，培养道德行为。道德行为是指在一定道德意识支配下所采取的行动，它是衡量一个人道德觉悟水平的重要标志。看一个人是否具备一定的道德品质，不在于他的言论多么动听，而在于他的行为是否高尚，言行是否一致，是否始终如一地把道德原则和规范贯彻到实践中。因此，在道德内化过程中必须加强道德行为的训练，使道德行为内化成为人们的日常习惯。

在道德品质形成和发展过程中，道德认识、道德情感、道德信念、道德意志、道德行为等基本要素是相互联系、相互渗透、相互制约和相互促进的。因此，在道德教育过程中应当注意把它们有机结合起来，并且根据教育对象的具体情况，抓住薄弱环节，有针对性地进行。

（二）影响大学生道德内化的因素

影响道德内化的因素很多，主要有下面几个因素：

第一，家庭、学校、社会三个方面的影响。家庭是社会的细胞，父母是孩子的第一任教师。大学生在经济上依赖于家庭，父母和其他家庭成员的言行举止都会对大学生产生潜移默化的影响。家庭教育以及家庭成员的道德面貌对大学生的成长和道德品质的培养有着直接影响。因此，提高大学生的道德水平，正确的家庭教育就显得十分重要了。

学校的道德教育是形成大学生道德品质的中心环节。这不仅是因为大学生的大部分时间是在学校里度过的，这段时期又是对他们进行道德教育的最好时期，而且还由于学校的道德教育活动是有目的、有计划、有组织进行的。学校可以根据培养学生道德品质的需要，对家庭、社会各方面提出建议，使其有意识地配合学校对学生进行教育。因此，与家庭、社会相比，学校的道德教育起着主导的作用。

人生活在社会里，人们的思想品德都是在一定的社会关系和社会环境中形成和发展起来的。大学生也生活在社会里，他们的思想意识不可能不受外界社会环境的影响。特别在今天，信息传递迅速，信息量大，这种影响就更大了。有些大学生变坏和失足也是与社会上不良风气的影响分不开的。因此，为了使大学生健康成长，社会各方面都应该关心青少年，保护他们不受坏的影响。要使社会更好地发挥积极的教育作用，还须努力在全社会建立和发展团结一致、友爱互助、共同前进的新型人与人的社会关系。实践证明，一个人生活在讲文明、讲道德、相互关心、相互帮助的集体和环境里，就比较容易培养起讲文明、讲道德的习惯，懂得关心人、帮助人。相反，如果一个人所在单位或周围的环境中不正之风严重，人与人之间关系淡漠，甚至相互利用，相互排挤，相互妒忌，那就很难培养起关心别人，全心全意为人民服务的精神。

为了使大学生的道德教育更有成效，还要遵循家庭、学校、社会教育一致性的原则。根据这一原则，家庭、社会的教育要与学校的教育相一致。否则，要求不一，就会造成思想混乱，妨碍大学生思想道德的培养。

第二，社会舆论的影响。道德是依靠人们的内心信念和社会舆论来维持的，因此，正确的社会舆论在促进道德内化过程中具有重要意义。

社会舆论是一种精神力量，是对社会上人与人之间关系的主观评价和反映。社会舆论形成和传播的手段，有报纸、广播、电影、电视、文艺、书籍，而最经常、最直接的还是舆论。内心信念也是一种精神力量，从伦理方面来说，它通过良心来发挥作用。社会舆论和内心信念是相互促进的，社会舆论的形成可以增强人们的内心信念，培养人的善恶观念和道德责任感，提高人们对行为善恶自我评价的能力；同样，内心信念的增强，道德责任感的增强，又会促进道德舆论的形成，使社会舆论能够发挥更大的作用。所以，道德舆论和内心信念的一致，就能对人的行为产生积极影响。如社会舆论强烈地赞扬某种道德行为，而人们又对这种行为产生一种强烈的内心信念时，人们就容易形成这种行为品质；同样；当社会舆论谴责某种不道德行为，且人们对这种行为又很蔑视时，人们就会回避这种行为品质。

必须指出，形成正确的社会舆论是很重要的。正确的社会舆论能够倡导或斥责、赞赏或揶揄、鼓励或鞭挞这样或那样的道德意识和道德行为，可以督促人们自觉或不自觉地反省自己的行为，使正气抬头，邪气下降，这对培养人们的道德品质起着很大的作用。

第三，同伴的影响。大学生同伴之间的影响是相当大的。许多资料表明，青年尤其是大学生在谈学习、理想、人生，甚至生活及爱情等方面的问题时，最喜欢找同伴作为交流对象。大学生就是在与同伴的交流中，从别人身上看见自己，从而不断认识和了解自己，最终影响自己。苏联作家奥斯特洛夫斯基在谈友谊有利于培养良好品质时说："我们时代的青年男女正在生长着人类最高尚的感情，这就是友谊，建立在相互尊敬基础上的出色的和美丽的友谊，这就是关心他人和对他人成就没有丝毫的嫉妒心；这就是培养自己意识到集体的利益高于一切，而集体利益并不能埋没人的个性，恰恰相反，它能使人的个性更完美。"为什么同伴对大学生道德品质的形成可起这样大的作用？从心理学方面分析，同伴之间的相互作用，即群体的内聚力，更能够提高群体中大多数成员的道德水平。内聚力是群体的一种特性，不同于个别成员的属性或特征。群体的威望越大，受它吸引的人就愈多。一般来说，随着年龄的增长，同伴之间活动的增多，他们对同伴的作用就更大。从道德方面来说，同伴主要作为道德行为的控制者、强化者而起作用，此外还可作为道德价值观的影响者。同伴和群体对其成员的道德发展究竟起促进作用，还是造成道德障碍，或使道德倒退，这取决于该群体的性质。处在集体中的个人，交际范围越广泛，与周围生活的联系越紧密，深入社会关系的范围就越大，他自己内心的世界就越丰富，个性发展就越全面，道德水平也就越高。

第四，个人的生活经历。个人的生活经历对道德意识发展具有相当大的作用，因为在个人生活经历中，不仅可以形成道德观念，而且可以形成道德情感、道德习惯以及其他意识不到的道德行为。个人所特有的解决道德问题的方法以及和这些问题相联系的价值观，主要是在个人实践活动及其与周围人们的交往中形成的。像小说《蓝屋》中，父子二人围绕遗产问题的不同态度、不同价值观和道德观，就是和父子两人的生活经历、生活经验分不开的。不同的态度、价值观和道德观，表现出父子两代的冲突，但这冲突也并非不可解决，如能抓住生活中的冲突，给予引导、讨论、比较，坚持自我教育，个人的价值观、道德观以及道德行为，还是可以改变的。

（三）大学生道德内化过程中存在的矛盾

大学生道德内化的过程亦即道德品质形成的过程。在大学生道德品质形成过程中一般会产生以下几对矛盾：

第一，道德认识的系统性和不完备性的矛盾。大学生所了解的道德知识尤其是道德理论知识，是不系统、不完备的。拿大学生来说，某校曾对120名学生做过一次简单的调查，提问是“什么是道德”。学生中能用比较接近“调整……关系……规范”的定义回答的不到7%，回答不知道的约占20%，其他的回答则属于不清楚、不完备，如回答“不自私”、“品格高尚”、“遵守公共秩序”、“为别人着想”等占大多数，这说明他们对道德的认识不系统。至于对现实生活中发生的问题进行道德评价，分清是非、善与恶、美与丑，他们就感到更困难了。

第二，道德情感的冲动性与持久性的矛盾。道德情感是一种内心的体验，具体来说，指的是爱国主义、集体主义、革命人道主义等情感，还有义务感、责任感、荣誉感、羞愧感、自尊感等。它是一种高尚的情操，是建立在道德观基础上，与理智、认识密切相联系，因此，比较深厚与持久。大学生的情感较易冲动，来得快，去得也快，当听有关英雄模范、先进人物的事迹报告时，他们会很感动，甚至掉下眼泪，但事后，又会感到难以向他们学习。用他们自己的话来说：“听听激动，事后就忘记。”“道德上我懂，实际做不到。”这表明，他们还缺乏深厚、持久的道德感。

第三，道德信念的稳定性和动摇性的矛盾。一般地说，道德信念是发自内心的强烈的自我责任感，它是建立在一定道德认识基础上的。由于大学生形成道德信念基础的道德认识不完整，大学生易冲动，且感情不持久，加上大学生政治信念、人生观尚在形成中，因此，大学生的道德信念不稳定，易动摇，表现在一会儿信这个，一会儿崇拜那个。

第四，道德行为的自觉性和盲目性的矛盾。道德行为应该是自觉的，在一般正常的、不带有激烈冲突的生活中，他们能按基本的道德规范来行动，虽然其行动有时候会出现盲目性。但在非正常情况下，特别在牵涉到个人需要和利益时，有些青年就会采取不道德行为。如违反纪律、破坏公物，硬行闯入某些他们感兴趣的集会、文娱场所；有的大学生在运动会上不守公共道德，乱起哄、喝倒彩，甚至辱骂运动员和裁判员。事后，问他们为什么这么干？一般回答：“头脑一热，就啥也不管了。”或说：“别人这么干，我也就这么干了。”当然，这还是由于他们缺乏道德修养所致。

在促进大学生道德内化时，应该针对大学生中存在的矛盾，帮助他们逐步提高道德认识，培养道德情感，锻炼道德意志，增强道德信念，减少道德行为的盲目性。

此外，还要注意大学生道德发展的特点，相比儿童来说，大学生受成人制约、外在控制的程度明显减小了，他们不像儿童对成人那样依附。对儿童，成人能简单规定他们什么该做，什么不该做，或以赏罚的手段，促使他们了解分辨是非、善恶的方法。但对青年来说，这些外在控制已失去作用，青年主要是以个人对环境的认识与体验等内在因素来调节自己行为的。因此，对他们可以提供种种有利于道德发展的条件，引导他们充分发挥主体积极性。如果还像对儿童那样对待青年，不仅会事倍功半，还会引起他们的反感。其次，在道德内化的内容上，青年也不像儿童那样仅满足于一般行为准则，而是扩展到与社会发展相适应的规范、价值观、人生观等。学习与成年期，尤其与职业有关的一些本领，处理种种人际关系，包括处理异性关系，为承担成年人的角色做好准备。再次，大学生对榜样的选择，是多样化、多层次的，他们不喜欢一种固定的模式。在对大学生进行典型教育时，还应该注意这点。最后，在现代社会中，给予大学生影响的范围广，不仅有家庭、学校、朋友，还有报纸、杂志、电视、广播、小说、网络等，是多渠道、多样化的，因此，对大学生的道德教育不能是封闭的，而应是开放的，要和他们的社会化进程结合起来。

第三节　大学生的道德品质

道德品质是一定社会的道德原则和规范在个体身上的体现，是人们通过一定的道德行为表现出来的个人的道德形象。培养大学生具有良好的道德品质，是社会主义教育的重要任务。然而，大学生良好的道德品质是在一定的社会环境和物质条件下，通过学校、社会、家庭三个方面的教育与影响，并通过社会实践的锻炼以及个人自觉努力逐步形成的。大学生道德研究的任务之一，就在于阐明大学生道德品质形成和发展的一般过程、特点和规律。

一、道德品质

(一)道德品质的含义

道德品质也称“品德”。它是一定社会道德原则和规范在个人思想和行动中的体现，是一个人在道德行为中所表现出来的稳定的特征和倾向。

道德品质的主体是个人，但它的内容则是社会性的。旧伦理学往往偏重于从人类个体的生理和心理特征来考察道德品质。在马克思主义伦理学看来，社会道德规范与个人道德品质有着密切的联系，道德品质是社会道德规范在个人身上的具体体现。例如扶老携幼、尊敬师长、艰苦朴素、文明礼貌、勤奋学习、立志奋斗、开拓进取、遵守纪律、严己宽人、热爱劳动、热爱祖国等都是社会主义祖国对当代大学生道德品质的基本要求。而这些又是我们的社会道德要求，一个人具备了这些道德品质，也就是说他具备了社会道德。道德品质虽然通过个人的言行来体现，然而，并不是所有获得道德意义的个人言行都可被看作是个人的道德品质，只有当一个人具有某种稳定的道德观念，并在它的支配下经常出现某些道德行为，才能说他具备了某种道德品质。那些偶然的或一时的道德行为，并不能说明他已经具备了某种道德品质，而只能说明他有某种道德行为。

道德和道德品质是社会道德现象的两个基本方面。由于道德是一种社会现象，属于社会意识形态范畴，道德品质则是社会道德在个人身上的具体体现，因此道德表现了较大的社会普遍性，而道德品质则体现为个人道德意识和道德行为。道德的发生和发展服从于社会本身的发展，它不以个别人的存在和个别人的道德品质状况为转移，而道德品质的发生和发展则有赖于个体的存在。道德行为是个人道德品质的表现，而一定的道德品质又是社会道德发展和积累的结果。二者互相联系，互相作用，构成道德教育和道德修养的客观基础。

对于大学生来说，培养良好的道德品质既是社会主义道德建设的客观要求，也是个人道德活动的目的。道德品质的形成，反映了社会道德教育和个人道德活动的成效，标志着自我道德的确定，因此，道德品质又是社会道德教育和个人道德活动的结果。道德品质作为道德活动的积极成果，综合地反映了个人道德意识和道德行为方式的特征。道德品质的形成和发展，从根本上来说是由一定的社会环境和条件决定的，但由于道德品质以个人为载体，因此，任何个人，包括大学生道德品质的形成和发展，一方面受社会因素的制约，另一方面也依赖于人的心理活动规律。

（二）道德品质的结构

道德品质是一个综合性的范畴，一般认为它是由道德认识、道德情感、道德意志和道德行为习惯，即知、情、意、行四种成分构成。这四种成分既相对独立，又互相联系，形成一个完整有序的结构体系。

作为一定社会的道德原则和规范在个人思想行动中体现的道德品质，必不可少地包含着道德认识、道德情感、道德意志和道德行为这四个重要的心理因素。而知、情、意、行四种因素又是互相依存、互相促进不可分割的，但它们在道德品质形成和发展过程中，又各有其不同的作用。其中知是基础和开端，是情产生的根据，对情、意、行起着支配和调节的作用。道德认识的目的在于道德行为，而这个从知到行的转化，要经过情和意这两个中介，情起着内驱力和催化剂的作用，意起着定向和持久的作用，情和意是实现知向行转化的内在条件。道德行为是知通过情意而得到的实现，它是道德品质发展的终端和结果。行对知、情、意起着强化的作用。因此，我们对道德品质概念，不仅要从静态的意义上，即从其构成因素的意义上去理解，而且也要从动态的意义上，即从形成和发展的过程性上去理解。

二、大学生道德品质的形成

(一)大学生道德认识的形成

大学生道德认识的形成,包括道德知识的掌握和道德评价能力的培养这两个基本方面。前者是道德认识形成的先决条件,后者是掌握道德知识的重要标志。

首先,是道德知识的掌握。

要使大学生掌握道德知识,绝不是简单地向他们灌输一些道德概念、规范准则。必须了解大学生思维能力的特点以及认识形成的一般规律,有针对性地对他们进行教育。大学生的独立性与批判性已高度发展,他们已能够进行独立思考,通过自己的逻辑推理、分析论证而作出独立判断。在这种情况下,对大学生进行道德知识教育,必须把理论和实际结合起来,把道德要求与现实社会生活结合起来,从对现实问题的分析中顺理成章地得出科学结论,使感性认识向理性认识发展。

在道德教育实践中常常出现这样的现象:有些大学生不愿意接受道德教育,甚至产生对立情绪和“逆反”心理。这是因为大学生出现了某种意义障碍,这种意义障碍产生的原因是比较复杂的,或是因为教育内容缺乏针对性,或是因为教育方法不得当,或是因为受到某些消极社会现象的严重影响,或者由于个别教育者本身道德修养较差不能身体力行所致。在这种情况下,消除大学生的意义障碍,使他们保持积极的态度,就成为进行道德教育必须首先要解决的问题了。然而一个人只有懂得了是什么和为什么的道理,才能产生相应的行为,因此,不断提高大学生的自觉性,保持积极的态度,又应当贯穿整个道德教育的始终。

其次,是道德评价能力的培养。

道德评价能力是指运用道德知识对已有的道德行为作出是非、善恶判断的能力。道德评价能力是在学生共同的学习、生活、劳动等活动中发生的,是在同学之间、个人与社会之间发生关系的过程中逐渐发展起来的。为了更好地活动,就必须正确地认识自己,认识外界和他人,并努力调解人们之间的相互关系。道德评价能力的提高,需要通过多方面的教育、修养,特别是实践的锻炼,不断增强道德意识。大学生道德评价能力的培养,从教育与被教育的关系上说,是一个不断引导与指导的过程;从大学生本身评价能力的发展来说,是一个从现象到本质,从片面到全面的过程;从大学生评价的领域来说,是一个从学校到社会不断深化和扩大的过程。大学生道德评价能力越高,他们的道德认识越深刻,他们的道德品质就越完善和巩固。

(二)道德情感的培养

人们在进行道德评价或决定自己的行动时,总要伴随一定的道德情感体验。道德情感在学生形成优良道德品质中的作用，就在于通过正确的道德情感体验使抽象的道德概念获得充实的内容，以激发充沛的精力和坚强的毅力。道德情感就其内容来说，是多种多样的，如自尊感、荣辱感、友谊感、同志感、义务感、责任感、集体主义情感、爱国主义情感、国际主义情感等。道德情感都是与一定的道德信念紧密联系在一起的。

由于大学生世界观正在逐步形成，视野不断扩大，他们的自我情感、两性情感与社会情感处于丰富、强烈的时期。这是进行道德情感培养和教育最重要的时期。

道德感就其形式来说，可分为三种类型，即直觉的道德感、想象的道德感和理论性的道德感。直觉的道德感是由某种情境直接引起的，表现为迅速的道德行为定向作用的情感体验。这种道德感自觉性较低，例如由于突如其来的自尊感或羞耻感的体验，而激发起大胆而果断的行动。为了培养正确的道德情感，发展健康的道德舆论，建立正确的道德观念，使学生获得正反两方面经验是很重要的。想象的道德感，是通过某种具有道德意义的人或事物的形象，引起联想，从而激发起人们的一种道德情感体验。例如，当我们看到周恩来总理的崇高形象和光辉业绩时，便通过联想，激发起对无产阶级革命领袖的热爱，并进而联想到我们在社会主义现代化建设中的责任等。为了培养这种道德情感，应当充分利用参观、访问、纪念活动，特别是利用健康有益的文艺作品，进行这方面的教育。理论性的道德感是一种把道德的感性经验和理性认识结合在一起，对道德要求及其意义有较深刻认识的最概括的情感体验。因而也是一种更自觉、更持久而具有强大动力作用的情感。例如爱国主义的情感就属于这一类。培养道德情感是一个渐进的过程，既不能急于求成地只向大学生讲大道理，也不能满足于受具体形象的感染而不去进行说理教育。应当对大学生进行动之以情，寓理于情，再晓之以理的教育。这样才能将他们的感性体验和理性认识结合起来，并经过意识的能动作用，形成更高层次的道德感。

（三）大学生道德行为的训练与培养

大学生的道德品质是通过他的道德行为来体现的。把大学生的道德认识转化为行为，必须经过道德行为的训练与培养这个极为重要的环节。这个环节包括道德行为方式的掌握、道德意志的锻炼和道德行为习惯的养成三个基本的方面。

首先，道德行为方式的掌握。

一般说来，道德行为和道德动机应该是一致的。然而在大学生身上，往往出现相反的情况。一个大学生有时有良好的道德动机和愿望，但由于对自己行为方式的不恰当理解，以致使自己的行为违反了道德准则，造成事与愿违的结果。例如我们常常看到这样的现象,有的大学生出于帮助别人的动机,替同学写作业,为犯有过失的同学隐瞒过失,甚至帮助同学去打架等。这些都会造成不良的行为后果,因此,不仅要解决大学生的道德动机问题,还要帮助大学生选择与良好道德动机相适应的道德行为方式。

培养大学生选择正确的道德行为方式,一方面要进行动机和效果辩证统一关系的教育。不能只看动机不顾效果,应当看到,动机和效果是统一的,因为任何动机都包含着对某种效果的预测和追求,而任何效果都是受某种动机支配的。同时,在日常生活中更要通过各种形式的训练,培养大学生掌握道德行为方式。如通过课程学习活动帮助学生掌握道德行为技能;通过大学生学习守则、校规的讲解与练习,使学生熟知学校生活中最基本的行为要求;总结大学生道德行为的成功经验与失败教训等。通过培养、训练,不仅应该使大学生记住和体验到一些行动的具体要求,更要让他们认识到在不同情况下采取不同行为方式的一般依据。

其次,道德意志的锻炼。

道德意志是道德行为培养、训练的重要环节。坚强的道德意志是保障道德认识转化为道德行为的重要条件;是保障道德行为持久性、经常性的重要条件;也是不断克服非道德动机、需要、行为的重要条件。

培养、训练大学生的道德意志,不是一件简单的工作。心理学研究的成果表明,需强化榜样的作用和经常组织他们参加道德行为实践,这两个方面的培养、训练是最为重要的。强化榜样的作用,如通过各种文艺形式,或组织英雄模范人物事迹报告会等,使英雄模范人物的英雄行为铭刻于他们心中,从而激发他们产生和发展道德意志的愿望。《钢铁是怎样炼成的》一书中的主人公保尔,之所以具有如此巨大的感染力,就在于他那种具有超人般的意志使他创造出感人的业绩;张海迪的事迹也同样鼓舞着青年人去作出新的追求。组织大学生参加道德行为实践,是使他们将道德意志转化为道德行为,发展道德意志力的基本途径。这种道德实践要经常组织并加以认真检查、监督和评价,特别是要在克服各种困难的情况下有意识地去锻炼道德意志,以增强战胜困难的毅力。事实上,大学生的道德意志也存在差异,就消极方面来说,有的表现意志薄弱,经不起外界不良影响的诱惑;有的缺乏高标准要求,得过且过;有的缺乏坚持性和毅力,等等。这些也只有根据不同情况,采取相适应的锻炼措施予以克服。同时要看到,一个大学生的道德意志,总有其积极方面和消极方面,道德训练的目的,在于发展其积极方面,克服其消极方面,并在道德实践的基础上,将二者结合起来。

最后,道德行为习惯的养成。

一个人做一件好事比较容易，做一辈子好事就不那么容易了。道德行为习惯就是将某种道德行为变成一种经常性、持久性和自动性的习惯。

强化道德行为是使之成为习惯的基本条件。在学校中强化大学生道德行为的手段是多种多样的，可分为外部强化手段和内部强化手段。外部强化手段主要通过外部的道德舆论和教育进行，而内部强化手段则主要依靠学生的自我评价来进行。为使大学生形成道德行为习惯，必须以道德行为的反复锻炼为基础。为此就要使大学生了解有关道德行为的社会后果和对个人道德品质形成的意义，从而产生自觉锻炼的意向；要及时把道德行为实践的结果反馈给大学生，使行为练习在不断改进中得到加强。

大学生道德品质的形成，既是一个不断培养教育的过程，也是一个大学生自身加强修养的过程。

三、大学生道德品质发展的特点

（一）阶段性

大学生道德品质的形成和发展，大致可分为四个阶段：萌芽阶段，一般是从入学前后到十岁左右的儿童；初步形成阶段，一般是一岁至十五岁的少年；成型阶段，一般是从十五岁到十八、九岁的青年；成熟阶段，一般是从十八、九岁到二十二、三岁的青年。学生道德品质的形成和发展，与两个基本因素相联系，一是与不同年龄段的生理、心理特征相联系；二是与所受的教育和社会环境相联系。

处在道德品质成熟阶段的大学生，自我意识的社会化倾向大大增强了，个体的自我意识倾向于现实，使他们能够根据一定的社会标准，通过一定的方式，对他人和自己的行为作出善恶褒贬的判断；在多种可能的选择中，他们有可能自觉地作出某种道德行为的选择；他们也能比较深刻地理解个人道德修养的社会意义。随着人际交往范围的扩大，他们有向外人吐露自己的体验和与别人交往的需要，这使得他们更加珍惜友谊；这种友谊在异性之间发展，有的就变成一种爱情关系。有许多大学生道德品质健康、高尚，但有少数大学生则存在着严重问题。这种道德品质存在严重问题的大学生，常常不表现为中学生那种“调皮”、“不听话”，而是有着某种比较特定的认识，这种认识又与他们的处世密切联系。

（二）可塑性

心理学研究表明，大学时期的学生，生理上处于由不够成熟向成熟的转化之中，心理上呈现出独立性和依赖性、自觉性和盲目性并存的矛盾状态。他们大脑神经机能的兴奋性要比抑制性强，因此，接受新奇的东西比较快。在认识方面，由于经验、知识的限制，看问题容易以偏概全，认点为面，他们的理性思维虽然逐渐发展，但仍有着丰富、复杂而又强烈的情感世界。正由于这样，各种社会影响对他们都可能产生作用。

例如有的大学生平时学习刻苦，助人为乐，但他又过分追求享受，甚至干出伤风败俗的事来；有的学生胸无大志，得过且过，但又能在某个关键时刻见义勇为，主持正义，等等。这种情况表明他们由于受到各种道德的影响而在内心产生的矛盾状态，也表明他们的人生观和世界观还处在形成时期，还没有真正确立起来。

（三）曲折性

如同任何新生事物的发展不可能是直线上升的一样，大学生优良道德品质的形成和发展，也不可能是一帆风顺的，它必然在斗争中发展，在曲折中前进，经历着逐步完善的过程。我们这里所说的曲折性，是指大学生道德品质形成和发展过程中的反复性和可逆性。例如有的大学生道德品质本来是健康发展的，但由于经不起某些不良社会现象的影响，走了弯路，分不清什么是善，什么是恶，什么是荣誉，什么是耻辱，他们把追求吃喝玩乐视为“幸福”，把打架斗殴看作是“英雄”，把哥们义气看作是“美德”，把为所欲为，不守纪律看作是“自由”。他们中有的缺乏理想和抱负，苦闷彷徨，缺乏信心；有的自称看破“红尘”，看透了人生，甚至有的对社会主义道路和共产党的领导产生怀疑；极少数人中毒很深，迷恋腐朽的生活方式，道德败坏，甚至走上犯罪的道路而成为具有破坏性的社会力量。但经适当教育，他们中的绝大多数仍能改好。在纠正缺点和改正错误的过程中，还有可能走回头路，甚至经历多次反复，这就形成他们道德品质发展过程中的波浪形曲线。

对于大学生道德品质在发展过程中经历的曲折，我们既不应大惊小怪，认为不可理解，又不应熟视无睹，不予重视。大学生道德品质形成和发展的过程，就是自身正确的道德意识同错误的道德意识斗争的过程。一般来说，当正确的道德意识处于支配地位时，他便在道德行为中呈现出进步的上升趋势，反之，则出现曲折、反复甚至倒退。只有经过认真反复的教育，才有可能把反复、倒退转移到上升的轨道。毛泽东在讲到真理的发展规律时说：“真的、善的、美的东西总是同假的、恶的、丑的东西相比较而存在，相斗争而发展的。”真理发展是这样，大学生道德品质的发展也是这样。

（四）上升性

上升性是就我国大学生道德品质发展的总趋势而言的，这种总体上的上升趋势并不排除个别人或少数人可能出现的下降。

我国大学生道德品质的上升性，首先是同我国社会主义经济制度和政治制度的先进性紧密联系在一起的。我国社会主义的公有制经济，决定必须以集体主义为道德原则和道德标准要求大学生，社会主义政治制度则通过国家政权的力量，使社会主义道德居于社会统治地位，并通过教育等途径使大学生对国家和社会具有相应的道德义务和道德责任感。同时，正确的路线和政策，不仅能够保证我国社会主义建设任务的完成，而且能够推动社会道德风尚的逐步改善，这对大学生道德品质朝着健康、进步的方向发展，具有决定性意义。特别是学校道德教育的加强，必然使学生道德品质的发展呈现上升的趋势。

社会主义道德品质教育的任务，在于培养大学生优良的道德品质。由于大学生道德品质发展过程的复杂性，必然导致道德品质教育在目的实现上具有双重性质——塑造性和批判性。塑造性要求道德教育要以社会主义的道德理论、原则、规范和准则去教育大学生，使之逐步形成优良的道德品质，这是基本的方面。另一方面则是坚持批判性原则，就是不回避对社会上乃至大学生中存在的各种形式的腐朽道德观念影响的批判。但批判应当是说理的，而不是简单粗暴的；应当是讲究方法的，而不是强加于人的，要把正面教育与充分说理的批判结合起来。

后记

文化是民族凝聚力和创造力的重要源泉，是综合国力竞争的重要因素，是经济社会发展的重要支撑。当今时代，国力竞争日趋激烈，各国间的竞争，说到底是综合国力的竞争，它不仅包括经济力、政治力、军事力，还包括文化力。综合国力竞争的一个显著特点，就是文化的地位和作用更加凸显，经济较量中的文化因素日益突出，越来越多的国家把提高文化软实力作为重要发展战略。这种文化软实力，反映了一个民族在精神上的凝聚力量，反映了它的思想道德水平和科学文化水平。而这一切，说到底是人的素质的较量，是民族精神的较量，是整体素质尤其是青年一代整体素质的较量。因此，越来越多的国家愈益重视人才的培养。在这样的国际环境中，我们要保持独立、稳定和发展地位，不加快经济建设不行，不加强精神文明建设不行，不高度自觉更快更好地培养人才不行。

大学时期，是人的道德品质形成和发展的关键时期，也是道德品质奠定基础的时期，他们的道德状况如何，将在很大程度上决定他们未来的人生道路。高等学校是社会主义精神文明建设的重要阵地，肩负着为国家培养社会主义现代化建设人才的使命，大学生是我国未来社会主义现代化建设的生力军。中华民族的振兴，美好未来的创造，社会主义事业的胜利，要靠全体人民的努力，归根结底，要靠大学生继往开来、脚踏实地、艰苦奋斗。大学生的伦理道德素质如何，关系到我国未来的前途和命运。因此，加强大学生伦理研究，培养大学生良好的道德品质，在现实情况下，具有重要的现实意义和深远的历史意义。

本书是在学界同行们的研究基础上写作而成的，书中未能一一注明出处，在深表谢意的同时，恳请专家们海涵。由于水平有限，时间仓促，书中难免有这样那样的缺点甚至错误，敬祈读者批评指正。

作　者

2012 年 5 月 30 日